权威·前沿·原创

皮书系列为
“十二五”“十三五”国家重点图书出版规划项目

品牌蓝皮书
BLUE BOOK OF BRAND

中国品牌战略发展报告（2018）

REPORT ON THE DEVELOPMENT OF CHINESE BRAND STRATEGY (2018)

品牌中国战略规划院／编写
主　编／汪同三
副主编／才大颖　孙　瑞

社会科学文献出版社
SOCIAL SCIENCES ACADEMIC PRESS (CHINA)

图书在版编目（CIP）数据

中国品牌战略发展报告. 2018／汪同三主编. --北京：社会科学文献出版社，2018. 12
（品牌蓝皮书）
ISBN 978－7－5201－3971－7

Ⅰ. ①中… Ⅱ. ①汪… Ⅲ. ①品牌战略－研究报告－中国－2018 Ⅳ. ①F279. 23

中国版本图书馆 CIP 数据核字（2018）第 273802 号

品牌蓝皮书
中国品牌战略发展报告（2018）

编　　写／品牌中国战略规划院
主　　编／汪同三
副 主 编／才大颖　孙　瑞

出 版 人／谢寿光
项目统筹／周　丽　王玉山
责任编辑／王玉山

出　　版／社会科学文献出版社·经济与管理分社（010）59367226
地址：北京市北三环中路甲 29 号院华龙大厦　邮编：100029
网址：www. ssap. com. cn
发　　行／市场营销中心（010）59367081　59367083
印　　装／三河市龙林印务有限公司

规　　格／开　本：787mm×1092mm　1/16
印　张：19. 75　字　数：260 千字
版　　次／2018 年 12 月第 1 版　2018 年 12 月第 1 次印刷
书　　号／ISBN 978－7－5201－3971－7
定　　价／98. 00 元

皮书序列号／PSN B－2016－580－1/3

品牌蓝皮书编委会名单

主要编撰者简介

汪同三　中国社会科学院学部委员、数量经济技术经济研究所研究员，品牌中国战略规划院院长，长期从事数量经济学研究。先后任数量经济技术经济研究所经济模型研究室副主任、主任，所长助理、副所长、所长，中国社会科学院首批学部委员，并被人事部授予“中青年有突出贡献专家”称号，我国著名的经济形势分析与预测专家。

才大颖　中国轻工业联合会副秘书长、中国轻工业出版社社长、《瑞丽》杂志社社长、中国轻工业信息中心主任，品牌中国战略规划院副院长，享受国务院政府特殊贡献津贴的教授级高级工程师，受聘国家发改委产业协调司和工信部消费品司轻纺行业专家，新华社民族品牌工程专家咨询组专家，长期从事行业品牌战略问题研究。

摘　要

《品牌蓝皮书》是在陈光亚、杨圣明、张晓山、乌家培、汪同三等多位两院院士和学部委员联署的“关于推进自主创新，打造中国品牌大国，保障国家经济安全的建议”和“关于推进自主创新，打造中国品牌大国，保障国家经济安全的进一步建议”精神的基础上，在中央有关领导重要批示精神的指导下，由品牌中国战略规划院牵头编撰的、以品牌战略为研究对象的年度性研究报告，具有综合性、战略性、学术性、产业性、政策性的特点。

《中国品牌战略发展报告（2018）》（以下简称《报告》）主要分为总报告、品牌战略安全形势篇、品牌战略前沿理论篇、品牌生态指数发展研究篇与品牌生态指数评价报告篇五个部分，并以附录形式对品牌创新案例和品牌政策进行了汇编分析。《报告》贯彻在新的历史方位下对“三个转变”重要指示的创新理解，重点把握宏观趋势分析、理论应用创新和区域生态评价三个重点方向，进行系统分析和论证。

总报告全面回顾了2017年国内外宏观经济发展形势和品牌发展趋势，并对我国国家品牌发展从推进制度创新、丰富内涵主题、夯实产业基础、推动国际认同和培育区域特色五个方面进行了综合评述，结合国内外评价体系对我国国家品牌战略的发展水平进行了评价并提出了年度专家建议。

品牌战略安全形势篇围绕国家总体安全观与中国品牌战略安全、五位一体与中国品牌生态安全关系、全球化发展与中国品牌海外安全三个当前热点话题进行了充分的阐述，建立了国家品牌战略安全问题研究的逻辑体系。

品牌战略前沿理论篇聚焦国家品牌战略创新问题，品牌生命周期与品牌战略选择，品牌经济、高质量发展与全要素生产率关系研究三个热点话题，同时对品牌信用指数和“一带一路”沿线国家品牌战略风险问题建立了基础评价模型。

《报告》结合品牌生态系统发展的最新趋势，对品牌生态指数指标体系进行了重新调整，描述了构建原则与依据、指标体系框架和评价模型，并在 2017 年首次评价的基础上进一步将研究对象放大到 130 个城市。在此基础上形成了 2018 年度的中国品牌生态指数综合评价报告和综合评价结论，建立了区域标准城市模型，形成了专项指数运行情况分析和区域领先城市品牌发展报告。

《报告》坚持从国家战略安全的高度研究我国品牌建设的制度环境和经济环境；坚持从学术角度深入探寻品牌战略的内在结构、影响因素和形成机制；坚持从生态的角度分析区域品牌发展的要素环境和优势资源；坚持从全球层面分析中国品牌在全球化过程中面临的机遇挑战与实施路径。

当前，品牌经济作为一种更高级的经济发展模式正在得到广泛的认同，推动品牌经济的发展成为实现高质量发展和建设美好生活的战略选择，也必将成为贯彻习近平总书记“三个转变”重要指示的有力抓手。2018 年中国经济发展面临逆全球化发展和国内“消费降级”的正面挑战，《报告》重点把握中国品牌经济发展的宏观形势、应用理论和区域生态三个重点，从推动制度创新、丰富内涵主题、夯实产业基础、推动国际认同和培育区域特色五个维度，实现中国品牌的战略发展。

关键词： 品牌战略　品牌生态　评价指数　区域品牌

序　言

“推动中国制造向中国创造转变、中国速度向中国质量转变、中国产品向中国品牌转变”提出已经四年了，从中央政策到地方发展，从理论研究到产业应用，从企业动能转化到人民美好生活，品牌的关注度逐渐升温，品牌的理念逐渐落地。习近平同志在党的十九大报告中指出，中国特色社会主义进入了新时代，我国社会主要矛盾发生了新的变化，中国的品牌建设迎来了新的发展机遇，同时也面临着新的挑战。如何在新的历史方位下深化对“三个转变”的理解和认识，是2018年“品牌蓝皮书”研究的重要责任。

中华民族有着悠久的商业文明历史，蕴含着勤劳、勇敢、创新的品质，沉淀下令世人赞叹的品牌文化，在波澜壮阔的历史进程中，品牌是一个时代商业文明最好的承载者和传播者，寻找这些珍贵的记忆，是这个时代赋予我们的责任和我们应有的担当。践行“三个转变”是习近平新时代中国特色社会主义思想在推动品牌经济发展中的理论创新，践行“三个转变”重要指示需要传承、发展和创新。

第一，践行“三个转变”重要指示需要传承。“三个转变”重要指示，突出了中国制造、中国速度和中国产品三个基本优势。这些业已具备的优势是需要我们传承的，而传承好这些优势，需要我们把发展经济的着力点放在实体经济上，把提高供给体系质量作为主攻方向，显著增强我国经济质量优势，推动中国经济的高质量发展。

第二，践行“三个转变”重要指示需要发展。“三个转变”重要指示，指明了中国创造、中国质量和中国品牌三个目标方向。这三个方向的确立与中华民族伟大复兴的梦想是息息相关的，与中国特色社会主义主要矛盾的转化是息息相关的，而脚踏实地地向这个目标努力，需要我们从战略上重新认识和发挥品牌的引领作用，真正用品牌来体现企业和国家的竞争力，用品牌引领供需结构的升级方向。

第三，践行“三个转变”重要指示需要创新。品牌建设关乎国家经济和战略安全，关乎民族文化传承和发扬。中国特色社会主义已经进入了新时代，人民日益增长的美好生活需要和不平衡不充分的发展之间的矛盾成为主要矛盾，中国的品牌战略正在经历一个划时代的变革期，要彻底摆脱以评促建的传统模式，让品牌建设更好地发挥战略引领、提高溢价、优化生态的应有价值。品牌不仅仅是营销传播和企业管理的工具，更应该成为促进国家发展和综合实力提升的战略取向。

2018 年以来，中国经济遭遇很多不确定因素的挑战，尤其是制造业仍然面临大而不强的痛点，自主创新技术缺失、高端制造回流、全球化经营能力不足这些问题都是品牌战略缺失在不同层面的具体反映。

中国社会发展进入“两个一百年”奋斗目标历史交会期的关键节点，品牌经济已然成为中国社会进入高质量发展最重要的动力引擎。从老字号到新时代、从站起来到强起来，践行“三个转变”，我们要有新目标、要有新任务，但更需要有战略定力，需要在“品牌热”的风口浪尖上，经得起、耐得住，踏踏实实把基础研究搞好。要肯于埋下头去，坚守一张蓝图绘到底的精神，从基础研究开始，摸清家底、发现典型、找出差距、明确方向；要在挑战与机遇并存的历史方位中，思考品牌战略应该如何与时俱进服务高质量发展；要在改革开放四十周年的历史思辨中，思考品牌战略应该如何引领深化改革、扩大开放；要在社会主义主要矛盾发生转变过程中，思考如何让品牌战略更好地服务美好生活的建设。

谨以此文为《中国品牌战略发展报告（2018）》之序，并与品牌业界同仁共勉。

品牌中国战略规划院理事长

刘振华

2018 年 9 月 30 日于北京

目 录

Ⅰ 总报告

Ⅱ 品牌战略安全形势篇

Ⅲ 品牌战略前沿理论篇

Ⅳ 品牌生态指数发展研究篇

Ⅴ 品牌生态指数评价报告篇

Ⅵ 附录

总 报 告

General Report

B.1 中国品牌战略发展年度报告（2018）

《中国品牌战略发展报告（2018）》课题组*

摘 要： 随着中国社会主要矛盾的转化，中国品牌建设进入了全新的发展阶段，习近平总书记十九大后首次考察企业再次提及“三个转变”、2017年5月10日中国品牌日正式设立，以及李克强总理对首届自主品牌博览会的重要批示，再次将品牌经济的发展推上了热点。推动中国品牌经济的发展需要推进制度创新、丰富内涵主题、夯实产业基础、推动国际认同和培育区域特色，更需要充分发挥智库专家的作用，形成推动中国品牌经济的战略决策。

* 本报告系《中国品牌战略发展报告（2018）》课题组年度研究成果。

关键词： 品牌战略　品牌经济　品牌发展水平

随着中国社会主要矛盾由“人民日益增长的物质文化需要同落后的社会生产之间的矛盾”转化为“人民日益增长的美好生活需要和不平衡不充分的发展之间的矛盾”，党的十九大进一步提出了决胜全面建成小康社会，开启全面建设社会主义现代化国家新征程的伟大战略任务，为推动这一战略任务的实现，十九大明确指出，必须贯彻新发展理念，建设现代化经济体系，这是进一步转变发展方式、优化经济结构和转换增长动力，实现经济发展方式由高速增长阶段向高质量发展阶段跨越的迫切要求和战略目标。

现代化经济体系是以创新、协调、绿色、开放、共享的五大新发展理念为引领，通过创新实现经济发展质的突破，通过协调解决效益增长的问题，通过绿色实现宜居生活的建设，通过开放坚定全球化发展的定位，以共享让全民分享发展的红利。现代化经济体系是把经济体系的各环节、各层面、各领域视为一个有机整体，对整个经济体系发展的现代化做出制度规划和战略部署。因此，我们对中国品牌战略的研究必须基于现代化经济体系建设的核心内容和目标要求，紧紧围绕大力推动发展实体经济、加快实施创新驱动发展战略、积极推动城乡区域协调发展、着力发展开放型经济和深化经济体制改革等具体工作开展战略研究，发挥品牌引领作用，满足高质量发展和建设美好生活的需要。

中国品牌战略的发展正在迎来提速变轨的新时代，在 2014 年 5 月 10 日做出“推动中国制造向中国创造转变、中国速度向中国质量转变、中国产品向中国品牌转变”重要论述的基础上，十九大后习近平总书记在徐工集团再次重提“三个转变”重要论述，同时将自主创新提到了更加重要的位置，他指出“创新是企业核心竞争力的源泉，很多核心技术是求不到、买不来的”，“落实党的十九大关于推动经济发展质量变革、效率变革、动力变革的重大决策，实现中国制造向中国创造转变、中国速度向中国质量转变、中国产品向中国品牌转变，必须有信心、有耐心、有定力地抓好自主创新”[①]。

在2018年第二个中国品牌日上，李克强总理就中国品牌建设作了重要批示，指出“加强品牌建设，增加优质供给，是实现高质量发展、更好满足人民群众对美好生活需要的重要内容，坚持以推进供给侧结构性改革为主线，立足我国实际，借鉴国外经验，深入实施创新驱动战略，促进提高全要素生产率和企业综合竞争力，以大众创业、万众创新和‘互联网+’汇聚各方面力量，瞄准人民群众的新需要和不断升级的市场需求，着力增品种、提品质、创品牌，弘扬企业家精神和工匠精神，使更多中国品牌伴随中国制造走向世界、享誉世界”。胡春华副总理在讲话中指出“加快品牌发展是推动经济高质量发展的必由之路，是顺应人民美好生活新期待的客观要求，是增进全球消费者福利的多赢选择”。[②]

从历史上看，毛泽东、邓小平、江泽民、胡锦涛等历任领导人都曾经对品牌发展有过重要讲话，以习近平同志为核心的新一代领导集体，对我国品牌战略的发展更是给予了高度的重视，在2017年首次将每年5月10日确定为“中国品牌日”的基础上，2018年5月10日，中国政府在上海举办了首届中国自主品牌博览会，博览会以“中国品牌世界共享”为主题，吸引了来自全国各地的50多个参展代表团、600多家国内知名品牌企业、100多家创新型中小企业和20多个品牌服务机构参与其中，重点展示了中国自主品牌的独特魅力。

① 《习近平在江苏徐州市考察时强调深入学习贯彻党的十九大精神紧扣新时代要求推动改革发展》，http：//cpc. people. com. cn/n1/2017/12/14/c64094 －29705356. html。

② 《李克强就加强品牌建设作出重要批示》，http：//www. gov. cn/guowuyuan/2018 －05/10/content_ 5289951. htm。

伴随政府针对加强品牌发展的一系列部署，政府引领品牌发展的意识不断增强，市场消费品牌的需求不断增长，中国品牌的全球认知不断深化，区域品牌发展的环境日益优化，企业品牌建设的水平不断增强，机构品牌服务的实力不断提高，由此也触发了中国品牌战略在目标取向、生态系统、服务创新和价值研判上出现新变化、新趋势和新问题。

当前，我国经济面临全球经济复苏“换挡提速”的有利环境，表现出政策空间充裕、比较优势明显、增长韧性强劲的积极特征，国企改革不断深化、消费升级稳步提速、“一带一路”成果丰硕、新兴产业投资加速等都成为推动我国经济中长期发展的动力。但经济前景的整体向好并不能掩盖潜在风险的暗流涌动，美国政策的不确定性增强、欧洲一体化倒退加速、地缘政治风险高发都将成为影响我国经济中长期发展的制约因素。

机遇值得期待，风险不容小觑。《中国品牌战略发展报告（2018）》课题组针对2017～2018年度我国品牌战略发展的整体情况，结合我国现代化经济体系建设的重点要求，从国内外品牌战略发展的宏观形势，我国品牌战略发展的综合评价，推动中国品牌战略升级的专家建议三个维度进行了广泛调研和重点研究，并形成《中国品牌战略发展报告（2018）》年度总报告。

一　宏观经济形势与品牌经济发展分析

自2017年以来，全球经济经历了一轮共振式复苏，表现出明显的同步性和可持续性，中国供给侧结构性改革、新兴市场需求的弹性增长、油价回升的溢出效应都成为推动本轮全球经济复苏的驱动力，也进一步促使全球各经济体更紧密地联结在一起。但是2018年以来美国为加强吸引和促进制造业回流，实施了一系列减免税优惠政策，降低制造业成本，全球经济面临着“逆全球化”的现实挑战。而中国经济伴随着供给侧结构性改革的深化，经济韧性日趋增强，尽管面临着贸易战和全球需求的不确定性外在风险和内部融资环境亟待改善的内部挑战，但总体上来看，中国经济新旧动能的转换正处于从量变到质变的关键阶段，新动能占比加速提升，规模效应已可以与部分旧动能等量齐观。

在全球经济宏观经济形势处于旧力已弱、新力渐强的关键窗口期，在全球经济复苏的大形势下依然存在结构性不平衡、不充分的矛盾，全球品牌战略的发展也在不同区域表现出差异化的主导性。差异化识别、系统整合管理、资产价值评价、互动传播体验和社区生态共享等梯次性的战略演进呈现交叉融合、取长补短、共同进化的格局。

（一）中国宏观经济形势与品牌经济发展

2017 年中国国内生产总值为 827122 亿元，首次超过 80 万亿元大关，同比增长 6.9%，超出上年增速 0.2 个百分点，实现了自 2011 年以来经济增速的首次回升。2018 年上半年以来，平稳增长态势继续延续，经济发展的韧性不断增强。随着供给侧结构性改革的深化，经济总量稳步增长，结构日趋合理，产业增长面达到 87.8%；新旧动能转化加快进行，经济增长聚焦质量和效益的提升。消费继续成为拉动经济发展的主要动力，服务业新订单指数和活动预期指数连续多月处于景气区间，成为品牌经济发展新的推动力量。从 2018 年上半年数据来看，中国经济延续 2017 年以来稳中向好的趋势，经济韧性和抗风险能力不断增强，有力支持了我国品牌经济的稳步发展。

第一，经济总量增长平稳，品牌经济基础强化。

根据国家统计局公布的数据，2018 年上半年国民生产总值同比增长 6.8%，固定资产投资同比增长 6.0%，社会消费品零售总额同比增长 9.4%，居民消费价格同比上涨 2.0%，整体处于温和区间内。

2018 年 5 月份的失业率为 4.8%，环比下降 0.1 个百分点。社会消费品零售总额的规模化增长、居民消费价格指数的温和上涨和失业率的持续下降，进一步强化了发挥品牌引领作用，推动供需结构升级的发展基础。

第二，产业结构不断优化，品牌经济动力增强。

从产业结构看，2018 年上半年第三产业增加值增速达到 7.6%，比第二产业快 1.5 个百分点，达到 227576 亿元；占国内生产总值的比重为 54.3%，比上年同期提高 0.3 个百分点，高于第二产业 13.9 个百分点。第三产业的高速和持续增长是品牌经济发展的重要特征，也反映了制造业品牌化发展动能不断增强。

第三，需求结构不断升级，消费升级增长明显。

从需求结构看，2018 年上半年我国社会消费品零售总额为 180018 亿元，同比增长 9.4%，增速比一季度回落 0.4 个百分点，全国居民人均消费支出 9609 元，同比名义增长 8.8%，其中商品零售收入 160561 亿元，增长 9.3%，餐饮收入 19457 亿元，增长 9.9%；最终消费支出对经济增长的贡献率达到 78.5%，高于资本形成总额 47.1 个百分点，从新需求、新消费来看，服务消费在加快增长，旅游、健康、养老、教育、文化增长比较快，实物消费方面升级类的商品增长也比较快，限额以上单位家用电器和音像器材类、通信器材类和化妆品类同比分别增长 10.6%、10.6% 和 14.2%，分别比上年同期提高 0.2、0.5 和 2.9 个百分点。这些也都将成为品牌经济发展的重点。

第四，外贸结构不断改善，品牌出口日渐增多。

从外贸结构来看，2018 年上半年，我国进出口总额达到 141227 亿元，同比增长 7.9%。其中，出口 75120 亿元，增长 4.9%；进口 66107 亿元，增长 11.5%。贸易顺差 9013 亿元，比上年同期收窄 26.7%，巩固了我国多边贸易均衡发展的外贸形象；一般贸易进出口增长 12.2%，占进出口总额的 59%，比上年同期提高 2.3 个百分点。

机电产品出口增长 7%，占出口总额的 58.6%，反映出口企业品牌意识逐渐增强，自主品牌产品出口逐渐增多；我国对外贸易的国别构成正在不断多元化，2018 年上半年以来，我国对欧盟、美国和东盟的进出口分别增长 5.3%、5.2% 和 11%，占我国进出口总额的 41%，与此同时，中国对中东欧 16 国进出口增长 14.7%，高出货物进出口总额增速 6.8 个百分点。新兴市场逐渐成为我国品牌经济发展的新选择。

中国社会经济发展进入了追求高质量发展和建设美好生活的新时代，品牌经济是将品牌作为核心要素引领、整合和激活全要素增长的高级经济形态。从供给侧来看，品牌经济的发展能够有效减少低端供给总量，提升中高端供给水平，增强对需求结构变化的动态适应能力，更充分地发挥对创新需求的带动引领作用。从需求侧来看，品牌经济的发展是消费升级发展的必然要求，是建设美好生活的客观需要，有利于改变传统落后消费需求，创建新型市场业态，助力新消费模式的加速形成。发展品牌经济抓住了我国当前阶段供给和需求不充分不协调的矛盾，抓住了全球化发展中推动国际贸易，提高出口附加值、输出优质产能和开放国内市场等关键问题，抓住了我国企业在“走出去”战略中国际化运作能力不强的症结所在。我们在看到 2017 年，特别是 2018 年以来中国经济在规模、结构、动能、支撑等多项指标上有力支持了品牌经济发展的同时，也需要警惕经济活动中影响品牌经济发展的潜在风险。

第一，要注意防范消费增速过快下滑的风险。从 2017 年上半年开始中国社会消费品零售总额增速一直呈现震荡下行的态势，特别是进入 2018 年，增速跌破 10%，4 月份同比增长下降到 9.40%，5 月份同比增长仅为 8.5%，尽管 6 月份数据回升到 9.0%，但增长动能依然不稳。截至 2018 年 6 月，居民消费价格指数（CPI）已经连续 4 个月环比负增长。增速下滑的同时我们也遇到结构性发展的问题，一方面上半年居民住房消费在各项支出中占比大幅提升，而代表消费升级方向的教育文化和娱乐支出同比下降了1.2个百分点，具有较强刚性的农村消费也出现下降趋势。增速下滑和结构性问题的出现引发了“消费降级”的担忧，截至2018年5月，我国居民家庭贷款规模快速增长，住房贷款同比增速达到19.3%，远高于居民人均可支配收入增速，导致家庭债务压力继续加大，其他消费支出必然下降。虽然上半年最终消费支出对经济增长的贡献率达到78.5%，但其中很大的原因是投资和进出口增速下滑快于消费增长。

第二，要注意防范投资趋势性下滑的风险。2018年以来，受基础设施固定资产投资增速下降影响，截至2018年5月，全国固定资产投资增速下降到6.1%，再创1999年12月以来新低，而基建投资增速从2017年11月的20.1%跌到2018年5月的9.4%，跌速之快令人措手不及。同时民间投资也面临融资成本提高的问题，表现在利息支出增速的大幅提高，融资难、盈利难成为制约民间投资的主要因素。民间投资的趋势性下滑不仅会影响品牌的投入，更将对企业发展品牌经济的信心造成极为负面的影响。

第三，要有应对进出口下滑的措施。2018年上半年外贸数据的表现并不足以掩盖全球外贸环境的危机，反而印证了为避免贸易战影响，零售商开始加快订单进度，以达到规避贸易战的目的。然而随着美国关税增加相关措施的落地和加码，2018年下半年中国对美国出口增速可能显著下降，并拖累整体出口的增长。从贸易结构看，中国进口商品主要集中在初级产品和高科技产品等刚需产业上，而出口商品主要集中在低端加工品上，贸易战的升温，会导致我国低端加工品竞争优势下降，同时也进一步影响中国品牌“走出去”的竞争优势。

第四，要防范部分企业效益状况恶化的风险。2018年以来，规模以上工业企业的数量出现近年来罕见的减少，截至4月末，总数同比下降1.6%，这一数据意味着达到2000万元规模以上纳入统计范畴的企业绝对数量是减少的，也正是因为这样的剔除，才能维持

1～5月份全国规模以上工业企业同比增长16.5%这样乐观的利润增长，大量规模以下企业效益的恶化在2018年下半年将更为普遍，也最终将延缓中国经济向品牌经济升级的步伐。

（二）主要经济体宏观经济形势与品牌经济发展

2017年全球经济增长明显回升，自2008年以来的持续性经济危机和负面冲击因素开始消退，全球经济增长率明显提高，联合国经济和社会事务部发布的《2018年世界经济形势与展望》报告显示，2018年全球经济增长将达到3.0%，同比增长0.6个百分点，达到2011年以来的历史最高值。2018年上半年以来，全球制造业继续保持较高的景气度，但由美国逆全球化战略引发的贸易摩擦紧张局势加剧了品牌经济下行的风险，各国贸易保护政策的陆续实施，将会进一步影响各主要经济体的出口增长率，引发贸易顺差持续收窄，进而降低全球经济增速。

区域品牌经济发展与所在区域的经济增长率、劳动市场供给情况、物价水平、国际贸易水平、国际直接投资热度、私人消费投资水平密切相关，并对企业的经营管理、发展战略、市场研判和技术进步产生深刻的影响。2017年全球经济的复苏性增长成为各主要经济体品牌经济发展难得的机遇，选择适合自身发展需求的品牌经济发展道路，应对发展的挑战，成为摆在各主要经济体决策者面前共同的课题。

第一，美国经济发展形势。

从美国宏观经济数据来看，2017年美国经济增长率为2.27%，比上年提高0.62个百分点，经济增长预期不断增强；全年总失业率为4.44%，已经连续五年下降，就业人数显著增加，人均国民收入达到5.83万美元，保持增长态势，2017年美国私营企业全部员工平均周薪从887.86美元提高到了912.98美元，涨幅达到2.8%，人均收入的平稳增长对美国品牌消费起到了促进作用。

从对外贸易看，2017 年美国货物进出口额为 38896.4 亿美元，同比增长 6.9%。其中，出口 15467.3 亿美元，增长 6.6%，以机电产品、运输设备、化工产品和矿产品为主；进口 23429.1 亿美元，增长 7.1%，以机电产品、运输设备和矿产品为主。贸易逆差 7961.8 亿美元，同比增长 8.1%。中国、墨西哥、日本和德国是美国主要贸易逆差来源国。

从消费市场看，2017 年美国 CPI 为 2.1%，其中一、二季度私人消费同比增速分别达到 2.87% 和 2.73%，作为消费占比高达 70% 的消费大国，稳定的消费增长很大程度上支撑了 GDP 较快增速。2017 年 6 月以来的零售销售同比增速增幅扩大，也验证了其消费增长较为强劲。与此同时，较高的美国消费者信心指数、低位运行的通货膨胀水平、不断增加的就业以及金融市场的财富效应都有效支撑了个人消费的增长，尤其是服务型消费对 GDP 增长率的贡献呈现明显改善的趋势。

2018 年以来，美国贸易保护政策引发的全球贸易危机不断升温，美国经济延续增长势头略有回落但内生动力不断增强；通胀压力适度抬头、失业率依然维持历史低位；外贸规模不断扩大、逆差额大幅收窄；货币政策逐步常态化，预期加息步伐将提速；但贸易收支不平衡、财政收支状况恶化以及联邦债务规模高企等结构性问题将成为限制品牌经济发展的主要因素。

第二，欧洲经济发展形势。

2017 年欧元区经济增长率达到了 2.1%，是 2007 年以来的最高水平，呈现稳步复苏的态势，德国、法国、意大利、西班牙等主要经济体均呈现稳步增长，爱尔兰增速明显领先，希腊经济回升；英国脱欧的负面影响正逐步显现，尤其是消费支出下降明显，进而引发商业投资下滑。

2017 年以来，欧元区国家劳动力市场稳步改善，劳动力供给增加，失业率平缓下降，失业率从 2013 年 4 月的 12.1% 的最高值下降到 2017 年 9 月的 8.9%，成为经济向好的典型表现。希腊和西班牙较高的失业率已经开始稳步回落，提高了欧洲的整体就业水平。

从对外贸易来看，欧元区对主要经济伙伴出口均为正增长，显示出强劲的内部复苏势头和稳定的外需环境，其中内部贸易增长水平高于外部贸易增长水平，外部贸易顺差下降了 21.8%。

从消费市场来看，欧洲物价已告别零增长，2017 年 10 月欧元区消费价格调和指数（HICP）同比增长 1.7%，比上年同期提高 1.2 个百分点，扣除能源和季节性食品的核心 HICP 同比增长 1.1%，比上年同期提高 0.3 个百分点。私人消费和投资已经成为支撑欧元区经济复苏的主要力量，欧元区商业信心处于 2017 年以来最高水平。

进入 2018 年以来，欧洲经济在美国贸易保护政策影响下，开始承压前行，欧元区和英国经济增速均有所下降，英国脱欧负面影响仍在加剧，意大利和德国两国也出现政治危机，欧洲经济下一步走向的不确定性开始增加。

第三，日本经济发展形势。

2017 年日本经济增长率达到 1.6%，创下了 28 年来最长的连续增长纪录。其增长主要得益于私人消费、净出口和私人部门设备投资的支撑，其中私人消费贡献了 1.9 个百分点。2017 年 9 月日本季调后的失业率下降到 2.8%，为进一步发挥私人消费作用提供了有力的支撑。

从对外贸易来看，受世界经济复苏加快、外部需求回升以及主要贸易对象国增长拉动等影响，日本出口增长明显，海外需求和外来游客消费需求均增长明显，出口形势明显好于进口，贸易顺差进一步扩大。

从消费市场来看，2017 年前 8 个月，受益于外需的回暖，日本产能利用率同比月均大幅提高，但由于日本企业推行以资历为主的工资制度，企业利润的增长并没有转化为工资和消费的增长，同期家庭可支配收入（剔除税金、社保等）月均同比下降0.14%，工资的疲软影响了日本国内需求的增长潜力，消费者信心的提升难以延续。有效激活家庭消费成为当前困扰日本政府的重大课题。

进入2018年以来，日本经济开局不利，日本一季度实际GDP同比增长仅为1.1%，较2017年四季度的1.9%下滑0.8个百分点，经济复苏趋弱态势明显，日本政府公布的数据显示，由于商业投资和私人消费的疲弱，日本经济结束28年来最长的一轮连续增长。作为外向型经济特征明显的国家，全球经济增长趋缓和贸易保护主义的抬头，将给日本出口带来非常严重的影响，拖累消费和投资的增长，同时长期的经济增长并未转化成收入的增长，造成了贫富差距的进一步扩大，加之不断攀升的老龄化比重进一步拉低了品牌性消费的潜力。

第四，新兴市场与发展中经济体。

2017年新兴市场与发展中经济体经济增速止跌回升，自2010年达到7.5%的历史最高水平后，呈现逐年下滑、底部震荡的态势，2017年实现了七年来的首次回升。

亚洲国家总体经济状况出现改善，经济增长速度略有回升。作为全球经济复苏的重要引擎，2017年亚洲经济表现抢眼，一方面出口回暖拉动了经济的增长，尤其是东盟各国出口复苏坚定了该地区外向型增长的战略方向；另一方面内需持续向好，区内私人部门消费、私人投资、居民消费的好转和房地产建筑业的周期性繁荣，成为推动本国经济复苏的动力。加之中国“一带一路”倡议引领下的基础建设工程和供给侧结构性改革的溢出效应，刺激了经济的增长。印度是亚洲主要经济体中经济波动较大的代表，由于“废钞令”负面影响的持续，印度经济在2016年一季度取得9.1%的高速增长后持续回落。总体而言，亚洲新兴市场与发展中经济体是全球经济复苏的重要动力源泉，也是品牌经济发展的重要舞台，随着中国经济围绕高质量发展不断推进产业结构升级，引领作用和发展动能不断溢出，亚洲区域已经成为品牌经济发展的重要舞台。

独联体国家经济增长率从2016年的0.4%提高到2017年的2.1%，其中俄罗斯经济增长率从2016年的-0.2%上升到2017年的1.8%，扭转了负增长态势，呈现企稳向好趋势。从就业情况来看，俄罗斯的失业率从2016年9月的5.2%下降到了2017年9月的5.0%，就业形势趋好成为进一步提升消费的重要保障。从对外贸易来看，俄罗斯坚持进口替代战略，汽车、制药、化学、食品工业和电器设备增幅明显，进出口都呈现强势增长的势头；从消费来看，俄罗斯国内需求正在复苏，消费者信心指数回升。全年俄罗斯财政运行平稳，卢布汇率稳定，国际储备稳步回升，对汽车、轻工业、机器制造和农业等产业发展的投资力度不断加大，为俄罗斯进一步发展本国品牌经济创造了良好发展氛围。

西亚和北非地区经济增长动力有所减弱，经济增速从2016年的5.1%下降至2017年的2.2%，地缘政治经济冲突加剧、石油限产保价力度减弱成为主要制约因素。作为该区域内最大的经济实体，沙特和埃及正在推行经济多元化和吸引外资的政策，呈现复苏增长的态势。

拉美和加勒比地区在经历连续两年的衰退后，正在呈现恢复性增长。2017年经济增长率为0.4%，其中投资增长4.7%，私人消费增长0.1%，虽然公共消费仍在萎缩，但国内需求实现0.9%的增长。2018年拉美出口将增长8%，进口增长6%。从该地区的主要经济体来看，巴西经济2016年萎缩3.6%，2017年经济增长达到0.5%，出口的拉动作用进一步显现，宽松的货币政策和较低的通胀水平也为该国品牌经济发展带来正向刺激。墨西哥经济延续了平稳增长态势，2017年经济增长达到2.8%，墨西哥经济增长的主要动力来自私人消费，随着墨西哥国内收入增加、通胀降低和消费信贷的进一步扩张，私人消费的增长将加速墨西哥品牌经济的繁荣。阿根廷经济出现了向好势头，投资、消费和出口均实现增长，拉动了经济扩张。2018 年前 7 个月，阿根廷出口增长 1.4%，进口增长 15.4%。预计阿根廷 2018 年经济增长 2.0%，为品牌经济带来新的发展机遇。

二　国家品牌战略发展宏观形势分析

“国家品牌”的概念最早源自 1993 年菲利普·科特勒等人提出的“地方战略营销”（Strategic Places Marketing）概念，即面对全球化竞争、技术创新和城市的衰退，某个地方（国家或城市）也需要像商业企业一样去经营自己、营销自己。① 1996 年英国学者和政策分析家西蒙·安霍尔特（Simon Anhoh）将品牌概念引入国家和城市形象研究当中，把“地方战略营销”发展成为“国家品牌”，成为具有独立主体价值的概念。本来属于市场经济的品牌概念被引入政治学和外交学领域，成为评估国家和城市形象与声誉的一种重要方法。国家品牌成为一个国家在全球公民心目中的整体印象，是一个民族素质和综合国力的集中体现，它不仅是一个国家所具有的产品品牌、服务品牌、企业品牌和组织品牌的商誉总和，更是指基于国家和民族文化所建立的国家自身品牌。②

中国政府在 2010 年制作了首部中国国家形象宣传片，被视为拉开了中国“国家品牌”建设的大幕。我们日益清醒地意识到一个大国的崛起远远不只是经济的崛起，而是要推动自身的文化、意识形态和价值观在全球范围内形成强大、深入和持久的影响力。以习近平同志为核心的新一届领导集体，高度重视国家品牌形象的建设，2013

① Philip Kotler, Donald H. Haider & Irving Rein, *Marketing Places: Attracting Investment, Industry, and Tourism to Cities, States and Nations* [M]. New York: The Free Press, 1993.

② 刘瑞旗、李平等：《国家品牌与国家文化软实力研究》，经济管理出版社，2014。

年12月30日习近平总书记在中共中央政治局第十二次集体学习时强调，“塑造我国的国家形象，重点展示中国历史底蕴深厚、各民族多元一体、文化多样和谐的文明大国形象，政治清明、经济发展、文化繁荣、社会稳定、人民团结、山河秀美的东方大国形象，坚持和平发展、促进共同发展、维护国际公平正义、为人类做出贡献的负责任大国形象，对外更加开放、更加具有亲和力、充满希望、充满活力的社会主义大国形象”。文明大国、东方大国、负责任大国和社会主义大国，构成了当代中国最重要的形象基础，首次从战略高度明确了我国国家品牌形象的独特内涵，中国政府开始系统构建符合中国历史背景、文化传统、具有自身鲜明特色的国家品牌形象。

国家品牌的建设需要政治、经济、文化和特色产业的高度统一协调，国家品牌的建设离不开国家内政外交实力的提升，离不开雄厚的产业基础和高品质的制造形象，离不开一个国家独特而强大的文化软实力，更离不开不同区域具有强烈代表性的优秀品类品牌的支撑。我们坚信建设强大的中国国家品牌需要在内政外交上推动制度创新，需要在经济发展上夯实产业基础，需要在文化提升上推动精神认同，需要在区域规划中培育具有特色优势的品类品牌。

（一）强化政策规划引领，推进国家品牌的制度创新

从国家层面加强中国国家品牌建设的顶层设计是推进国家品牌发展的重要保障。2017年国务院正式批复确定每年5月10日为“中国品牌日”，中国品牌日的确立，是对习近平同志2014年5月10日在河南中铁装备考察时发表“推动中国制造向中国创造转变、中国速度向中国质量转变、中国产品向中国品牌转变”重要指示精神的贯彻落实，是从中央层面持续推动品牌战略制度创新的具体表现。国家发改委等九部门联合组织召开的新闻通气会上，将“深化供给侧结构性改革，全面开启自主品牌发展新时代”作为中国品牌日的主题。

习近平同志 2017 年 12 月视察徐工集团时，再次提到“三个转变”，并重点强调“必须有信心、有耐心、有定力地抓好自主创新”。

在习近平同志“三个转变”重要指示的指导下，在 2016 年各项支持政策频出的基础上，2017 年顶层制度设计更趋向于政策的执行落地，主要涉及综合政策、工业自主品牌建设、农业和林业品牌培育等领域。2017 年全年，中央层面共出台与品牌相关的行政法规 1 条，部门规章 25 条，从部门来看，国务院发布 1 条，农业部发布 7 条，工信部发布 7 条，国家质检总局发布 6 条，国家林业局发布 2 条，国家发改委、商务部和国家工商总局各发布 1 条，具体发布情况如表 1 所示。

表 1　中央层面出台的与品牌相关的行政法规和部门规章

政策名称	发布单位	发布时间	政策类型
国务院关于同意设立“中国品牌日”的批复	国务院	2017/04/26	行政法规
工业和信息化部办公厅关于印发重点跟踪培育服装家纺自主品牌企业名单(2016 版)的通知	工信部	2017/01/05	部门规章
农业部关于 2017 年农业品牌推进年工作的通知	农业部	2017/01/22	部门规章
农业部办公厅关于召开全国农业品牌推进大会的通知	农业部、工信部	2017/03/03	部门规章
工业和信息化部办公厅关于做好 2017 年工业质量品牌工作的通知	工信部	2017/03/08	部门规章
质检总局质量管理司关于开展 2017 年区域品牌价值评价工作的通知	国家质检总局	2017/03/16	部门规章
农业部市场与经济信息司关于开展 2017 年中国十大茶叶品牌推选工作的通知	农业部	2017/04/05	部门规章
质检总局关于同意命名宁河区采暖散热器产业聚集区等 15 家园区为“全国知名品牌创建示范区”的公告	国家质检总局	2017/04/24	部门规章
质检总局质量管理司关于开展 2017 年全国知名品牌创建示范区建设工作的通知	国家质检总局	2017/05/02	部门规章

续表

政策名称	发布单位	发布时间	政策类型
质检总局办公厅关于开展“中国品牌日”活动的通知	国家质检总局	2017/05/05	部门规章
工商总局关于深入实施商标品牌战略推进中国品牌建设的意见	国家工商总局	2017/05/17	部门规章
商务部流通发展司关于开展流通领域品牌建设工作调研的函	商务部	2017/05/19	部门规章
农业部办公厅关于组织开展全国农产品加工业品牌创建宣传周活动的通知	农业部	2017/05/31	部门规章
质检总局关于开展 2017 年品牌价值评价工作的通知	国家质检总局	2017/06/09	部门规章
质检总局质量管理司关于提供“全国知名品牌创建示范区”有关建设情况的函	国家质检总局	2017/07/03	部门规章
国家林业局办公室关于成立国家林业局林业品牌工作领导小组的通知	国家林业局	2017/07/07	部门规章
工业和信息化部办公厅关于开展 2017 年产业集群区域品牌建设试点区申报工作的通知	工信部	2017/07/25	部门规章
农业部办公厅关于开展休闲渔业品牌培育活动的通知	农业部	2017/08/02	部门规章
工业和信息化部办公厅关于开展 2017 年服装家纺自主品牌建设调查工作的通知	工信部	2017/08/31	部门规章
国家发展改革委关于征集中国品牌日标识的公告	国家发改委	2017/09/04	部门规章
农业部渔业渔政管理局关于开展 2017 年度休闲渔业品牌培育活动集中研讨活动的通知	农业部	2017/10/18	部门规章
农业部办公厅关于公布 2017 年休闲渔业品牌创建主体认定名单的通知	农业部	2017/10/25	部门规章
工业和信息化部关于公布 2017 年工业品牌培育示范企业名单的通告	工信部	2017/11/30	部门规章

续表

政策名称	发布单位	发布时间	政策类型
工业和信息化部关于同意河北省石家庄高新技术产业开发区管理委员会等34家单位开展产业集群区域品牌建设试点工作的通知	工信部	2017/11/30	部门规章
工业和信息化部关于公布2017年消费品工业"三品"战略示范城市名单的通告	工信部	2017/12/15	部门规章
国家林业局关于加强林业品牌建设的指导意见	国家林业局	2017/12/29	部门规章

资料来源：北大法宝数据库。

从中央行政法规有关涉及品牌建设和培育工作的条文来看，2017年有34条国务院或国务院办公厅发布的政策法规涉及与品牌相关的工作，其中国务院发布16条，国务院办公厅发布18条，涉及包括教育、交通运输、食品安全、产业规划、区域规划、知识产权、经济体制改革、放管服改革、双创、供应链和人工智能等多个领域（见表2）。从各部委发文来看，有近600条部门规章涉及品牌工作，从各地方发文来看，2017年我国地方发布的与品牌相关的规范性文件有90条，地方工作文件有117条。涉及品牌工作的地方性法规有63条、地方规范性文件有3374条、地方工作文件有3479条，地方政策出台进入高发期。

表2　2017年发布的涉及品牌工作的行政法规

政策名称	发布单位	发布时间
国务院关于印发国家教育事业发展"十三五"规划的通知	国务院	2017/01/10
国务院关于印发"十三五"市场监管规划的通知	国务院	2017/01/12
国务院办公厅关于创新管理优化服务培育壮大经济发展新动能加快新旧动能接续转换的意见	国务院办公厅	2017/01/13

续表

政策名称	发布单位	发布时间
国务院办公厅关于促进开发区改革和创新发展的若干意见	国务院办公厅	2017/01/19
国务院办公厅关于进一步改革完善药品生产流通使用政策的若干意见	国务院办公厅	2017/01/24
国务院关于印发“十三五”现代综合交通运输体系发展规划的通知	国务院	2017/02/03
国务院关于印发“十三五”国家食品安全规划和“十三五”国家药品安全规划的通知	国务院	2017/02/14
国务院办公厅关于促进建筑业持续健康发展的意见	国务院办公厅	2017/02/21
国务院关于印发“十三五”国家老龄事业发展和养老体系建设规划的通知	国务院	2017/02/28
国务院办公厅关于印发东北地区与东部地区部分省市对口合作工作方案的通知	国务院办公厅	2017/03/07
国务院关于新形势下加强打击侵犯知识产权和制售假冒伪劣商品工作的意见	国务院	2017/03/07
国务院办公厅关于转发文化部等部门中国传统工艺振兴计划的通知	国务院办公厅	2017/03/09
国务院关于印发中国（四川）自由贸易试验区总体方案的通知	国务院	2017/03/15
国务院关于印发中国（湖北）自由贸易试验区总体方案的通知	国务院	2017/03/15
国务院关于印发中国（河南）自由贸易试验区总体方案的通知	国务院	2017/03/15
国务院关于印发中国（陕西）自由贸易试验区总体方案的通知	国务院	2017/03/15
国务院关于落实《政府工作报告》重点工作部门分工的意见	国务院	2017/03/22
国务院办公厅关于印发 2017 年食品安全重点工作安排的通知	国务院办公厅	2017/04/06
国务院批转国家发展改革委关于 2017 年深化经济体制改革重点工作意见的通知	国务院	2017/04/13

续表

政策名称	发布单位	发布时间
国务院关于推进供给侧结构性改革加快制造业转型升级工作情况的报告	国务院	2017/04/24
国务院办公厅关于转发国务院国资委以管资本为主推进职能转变方案的通知	国务院办公厅	2017/04/27
国务院办公厅关于县域创新驱动发展的若干意见	国务院办公厅	2017/05/11
国务院办公厅关于支持社会力量提供多层次多样化医疗服务的意见	国务院办公厅	2017/05/16
国务院办公厅关于印发2017年全国打击侵犯知识产权和制售假冒伪劣商品工作要点的通知	国务院办公厅	2017/05/16
国务院办公厅关于印发兴边富民行动“十三五”规划的通知	国务院办公厅	2017/05/28
国务院办公厅关于建设第二批大众创业万众创新示范基地的实施意见	国务院办公厅	2017/06/15
国务院关于深化改革推进北京市服务业扩大开放综合试点工作方案的批复	国务院	2017/06/25
国务院办公厅关于加快发展商业养老保险的若干意见	国务院办公厅	2017/06/29
国务院关于印发新一代人工智能发展规划的通知	国务院	2017/07/08
国务院办公厅关于推进城镇人口密集区危险化学品生产企业搬迁改造的指导意见	国务院办公厅	2017/08/27
国务院关于支持山西省进一步深化改革促进资源型经济转型发展的意见	国务院	2017/09/01
国务院办公厅关于加快推进农业供给侧结构性改革大力发展粮食产业经济的意见	国务院办公厅	2017/09/01
国务院办公厅关于积极推进供应链创新与应用的指导意见	国务院办公厅	2017/10/05
国务院办公厅关于深化产教融合的若干意见	国务院办公厅	2017/12/05

资料来源：北大法宝数据库。

综览2017年顶层设计上出台的相关政策，可以梳理出我国目前品牌战略在顶层设计上的三条主线，一是在战略层面明确发挥品牌引领作用，推动供给侧结构性改革，满足高质量发展和建设美好生活的需要；二是立足于产业和区域，加快培育品牌的竞争力；三是构建品牌的服务系统，创造有利于品牌经济发展的营商环境。

从战略层面看，《国务院关于同意设立“中国品牌日”的批复》明确了国家发改委作为品牌战略规划的牵头单位的主体地位，《国家发展改革委关于征集中国品牌日标识的公告》体现了品牌工作全民参与、创意引领的基本特征，《国务院批转国家发展改革委关于2017年深化经济体制改革重点工作意见的通知》中，再次突出了以提高质量、效益和竞争力为中心，坚持品牌引领升级，全面提高创新供给能力，以创新引领实体经济转型升级。

从加快品牌建设的层面看，政策倾向分别从产业和区域两个维度推动品牌的建设，农业、林业、渔业、传统工艺、纺织服装、人工智能、食品药品、医疗服务、交通运输、养老产业、商业保险、危化品产业转移等领域的产业规划均涉及品牌的具体工作，四川、湖北、河南、陕西等自由贸易试验区的总体方案，北京服务经济，东北对口合作，山西转型升级等区域规划也重视了特色品牌的建设和培育。

从优化品牌经济发展环境来看，《国务院关于印发“十三五”市场监管规划的通知》《国务院办公厅关于创新管理优化服务培育壮大经济发展新动能加快新旧动能接续转换的意见》《国务院办公厅关于印发2017年全国打击侵犯知识产权和制售假冒伪劣商品工作要点的通知》等文件均明确了支持品牌发展的具体措施。

（二）提高内政外交实力，丰富国家品牌的内涵主题

国家品牌是国家综合竞争力的体现，决定着这个国家在全球政治经济体系中的话语权。一个国家的治国理念、执政方略、外交政策、国际责任、重要战略和重大工程都是国家品牌的重要组成部

分。以习近平同志为核心的新一代中央领导集体，高度重视通过提高内政外交实力来实现国家品牌在政治制度层面的创新。2017 年中国政府正式明确每年的5 月 10 日为“中国品牌日”，标志着从2014 年 5 月 10 日习近平同志提出“三个转变”重要指示，到2016 年国务院办公厅发布《发挥品牌引领作用 推动供需结构升级》重要文件，到中国品牌日正式确认，“品牌”逐步上升到国家战略层面。综观2017 年中国内政外交的发展，其取得了不少具有里程碑意义的成果。

第一，“新时代”见证伟大复兴，构建国家品牌建设的新主题。

2017 年 10 月 18 日中国共产党第十九次全国代表大会在北京隆重开幕。习近平向大会作了题为《决胜全面建成小康社会 夺取新时代中国特色社会主义伟大胜利》的报告。报告指出，中国特色社会主义进入新时代，我国社会主要矛盾已经转化为人民日益增长的美好生活需要和不平衡不充分的发展之间的矛盾。① 全国政协副主席马培华指出：“党的十九大向世界描绘了奋力开启社会主义现代化强国新征程的壮美图景。品牌强国正成为展现国家综合竞争力、彰显国家文化魅力的重要途径，成为经济全球化浪潮中决胜的重要表现和关键指标。”② 品牌引领高质量发展和品牌建设美好生活，成为中国品牌战略发展的新使命。

第二，雄安新区横空出世，打响国家品牌建设的新名片。

2017 年 4 月 1 日，中共中央、国务院发布决定设立河北雄安新区的通知。新华社在授权发布稿中指出，设立河北雄安新区是继深圳经济特区、上海浦东新区之后又一具有全国意义的新区，是千年大计、国家大事。2018 年 4 月，中共中央、国务院正式批复《河北雄

① 习近平：《决胜全面建成小康社会 夺取新时代中国特色社会主义伟大胜利》。

② 卢泽华：《让中国品牌叫响全球（新时代新气象新作为）》，《人民日报海外版》2017 年 12 月 23 日。

安新区规划纲要》。批复文件再次指出，雄安规划要坚持世界眼光、国际标准、中国特色、高点定位，要将雄安新区建设成为绿色生态宜居新城区、创新驱动发展引领区、协调发展示范区、开放发展先行区。雄安新区规划的批复，描绘了中国未来高质量发展的全国样板，构建了建设现代化经济体系的新引擎。雄安将成为未来打响中国品牌的又一张亮丽的名片。

第三，“一带一路”论坛成功举办，奏响国家品牌全球化的新乐章。

2017 年 5 月 14 日至 15 日，“一带一路”国际合作高峰论坛在北京举行，这是近年来“一带一路”框架下最高规格的国际会议，也是新中国成立以来由中国首倡、中国主办的层级最高、规模最大的多边外交活动。论坛以“加强国际合作，共建‘一带一路’，实现共赢发展”为主题，习近平主席出席论坛并做主旨演讲，中方作为论坛主办国与参会各方深入交流，会议取得了“凝聚更多共识、明确合作方向、推动项目落地、完善支撑体系”四方面主要成果，达成丰硕成果，展示了“一带一路”建设的广阔潜力和美好前景。2017 年，以“一带一路”为主题，我国分别组织举办了 2017 年夏季达沃斯论坛，金砖国家领导人厦门会晤、中美元首北京会晤等一系列主场外交活动，2018 年上半年上海合作组织青岛峰会再次精彩呈现，中国理念、中国品牌通过各项精彩纷呈的国际活动得以展现和传播，构建起一个丰富、饱满而有内涵的国家品牌形象。

第四，重大项目喜报频传，奠定国家品牌实力形象。

2017 年我国国家级重大项目陆续竣工，2017 年 4 月 26 日，我国自行研制的首艘航空母舰出坞下水，体现了中国海军装备水平的跃升，标志着我国已具备自主设计建造航空母舰的能力，进一步彰显了中国国家整体力量的提升；2017 年 5 月 5 日，我国首款按照最新国际适航标准研制的干线民用飞机 C919 成功实现首飞，标志着我国已成为世界上少数几个拥有研制大型客机能力的国家，中国航空装备制造水平迈上了新台阶。2018 年以来，我国自主研制的首艘货运飞船"天舟一号"成功发射，首次海域天然气水合物试采成功，基于国产众核处理器的"神威·太湖之光"连续四次斩获全球超级计算机 TOP500 第一名；7 月 7 日，港珠澳大桥海底隧道贯通，标志着先后经历 13 年论证、设计、施工的"世纪工程"港珠澳大桥主体工程全线贯通。大桥总长 55 公里，是连接香港、珠海和澳门的超大型跨海通道，实现了"六个最"：世界总体跨度最长、钢结构桥体最长、海底沉管隧道最长的跨海大桥，也是世界公路建设史上技术最复杂、施工难度最高、工程规模最庞大的桥梁。

第五，军政活动勇于创新，彰显国家品牌使命担当。

2017 年 7 月 30 日，庆祝中国人民解放军建军 90 周年阅兵在朱日和训练基地举行，这次阅兵打破了以往广场阅兵的惯例，突出作战味道，没有徒步方队和正步，没有军乐团合唱队，没有群众观摩，受阅官兵着作战装具，受阅装备直接从训练战场而来，展现了中国军队强大威武的战斗力，弘扬了民族自豪感和荣誉感。通过强大军事实力的展现，为国家品牌注入强大国防的独特内涵；2017 年 11 月 30 日至 12 月 3 日，中国共产党与世界政党高层对话会在北京举行，对话以"构建人类命运共同体、共同建设美好世界：政党的责任"为主题，是中国共产党首次与全球各国政党举行高层对话，也是出席人数最多的首次全球政党领导人对话活动，推动各国各类政党在涉及人类前途命运等重大战略问题上形成共识，在世界政党史上具有突破性的意义。

全球主流媒体的评价从一个侧面印证了 2017 年中国国家品牌建设取得的丰硕成果，反映了国际社会对中国持续崛起的关注；新加坡《海峡时报》指出，中国是 2017 年的大赢家，2018 年在北京举行的"一带一路"论坛，吸引了 65 个国家和地区参加，中国领导人无须宣布“中国优先”，但用实际行动做到了这一点；美国《明星论坛报》指出，30 年、50 年乃至 100 年后编写我们这个时代的经济史，我们认为主要内容不会是美国的预算赤字、税收和医保，也不会是欧盟的欧元之困，甚至也不会是全球化问题，定义我们这段历史时刻的，可能是中国惊人的经济崛起；“今日俄罗斯”电视台指出，全球化成为中国快速崛起的重要跳板，自由贸易也是解决国际问题的最佳途径，而美国却在反其道而行，正是在这一形势下，2017 年美国霸权失色，而中国确定了在世界的大国角色。①

（三）推动经济高质量发展，夯实国家品牌的产业基础

强大的国家品牌离不开雄厚的产业基础，我国经济已由高速增长阶段转向高质量发展阶段，推动经济不断朝着更高质量、更有效率、更加公平、更可持续的方向发展成为建立雄厚产业基础的新标准和新要求，国家品牌建设的经济内涵不仅强调量的规模，更强调质的提高，高质量发展是经济发展新常态的主动选择，是贯彻新发展理念的根本体现，是适应我国主要矛盾转化的必然要求，是建设现代化经济体系的必然要求。高质量发展已经成为国家品牌最重要的经济内涵。

衡量一个国家品牌的产业基础，除了传统体现经济规模的指标以外，一些表现产业特征的指标尤其值得关注，一般我们会通过服务贸易额、经常账户余额两个指标反映国家开放的程度和深度，我们会用外国直接投资净流入、总储备反映国家经济实力，我们会用人均 GDP 指标、人均可支配收入和人均消费支出反映国民的消费能力。

不断提高的开放程度是国家品牌外向型特征的集中表现，从相关

① 李珍青木：《外媒：中国是 2017 年的赢家?》，《环球时报》2017 年 12 月 26 日。

指标来看，2017 年中国服务贸易进出口总额达到 4.70 万亿元人民币，同比增长 6.8%，其中以技术、品牌、质量和服务为核心的新兴服务优势不断显现。全年新兴服务进出口总额达到 14600.1 亿元，同比增长 11.1%，高于整体增速 4.3 个百分点，占比达 31.1%，同比提升 1.2 个百分点[①]，充分反映了我国品牌经济进入有较高附加值品牌经济的阶段；2016 年我国经常账户实现顺差 1649 亿美元，其中我国储备资产因国际收支交易（不含汇率、价格等非交易因素影响）增加 915 亿美元，外汇储备增加 930 亿美元，在国际货币基金组织的储备头寸等减少 15 亿美元，储备资产规模位居全球第一。这一方面是我国经济实力雄厚的标志，另一方面也通过较高的清偿能力和资信反映了国家品牌的建设能力。

日益雄厚的经济实力是国家品牌竞争力的重要体现，2017 年外国来华直接投资净流入保持了 1527 亿美元的较高水平，由 2016 年的净流出 176.1 亿美元转为大幅净流入，充分反映了中国营商环境的持续改善和中国经济较强的吸引力。2017 年我国外汇储备规模为 3.13 万亿美元，比上年增加 1294 亿美元，从全年来看，宏观经济面的改善，加上外汇监管的适度增强，抑制了资本外流，导致人民币对美元汇率持续走强，人民币汇率的持续增强有利于品牌产品的国际市场竞争力，更好推动中国外贸品牌化转型升级，提高产品和服务的附加值。

规模化的内需消费能力是国家品牌的重要基础。从人均 GDP 指标、人均可支配收入以及人均消费支出指标来看，2017 年中国大陆人均 GDP（国内生产总值）为 59660 元，同比增长 6.3%；2017 年全国居民人均可支配收入 25974 元，实际增长 7.3%，其中，城镇居民人均可支配收入 36396 元，实际增长 6.5%；农村居民人均可

① 商务部：《2017 年我国服务贸易情况》。

支配收入 13432 元，实际增长 7.3%；2017 年全国居民人均消费支出 18322 元，实际增长 5.4%。其中，城镇居民人均消费支出 24445 元，实际增长 4.1%；农村居民人均消费支出 10955 元，实际增长 6.8%。

衡量一个国家品牌的经济内涵，我们也会选取国内外一些有较大影响力、长期发布的企业品牌榜单作为研究的重要参考内容。目前全球有较大知名度的品牌企业榜单有英国著名品牌咨询机构 Interbrand 发布的《Interbrand 2017 年全球最具价值品牌 100 强榜单》、WPP 集团旗下调研机构华通明略（Millward Brown）编制的《2017 年 BRANDZ 全球最具价值品牌百强榜》，以及世界品牌实验室发布的 2017 年度《世界品牌 500 强》排行榜。

在 Interbrand 发布的《Interbrand 2017 年全球最具价值品牌 100 强榜单》上，中国品牌华为（Huawei）和联想（Lenovo）连续第二年跻身全球最佳品牌之列，分别占据了第 70 位和第 100 位。与 2016 年相比，华为的品牌价值增长了 14%，增长 66.8 亿美元，但联想的品牌价值下降了 1%，下降 40 亿美元。苹果、谷歌、微软、可口可乐、亚马逊、三星、丰田、Facebook、梅赛德斯 - 奔驰和 IBM 位居前 10 强。

在 WPP 集团旗下调研机构华通明略（Millward Brown）编制的《2017 年 BRANDZ 全球最具价值品牌百强榜》上，中国大陆有 13 个品牌上榜，比上年少两家，京东和中国石油跌出百强榜单。在该榜单中，谷歌、苹果、微软、Amazon、Facebook、AT&T、Visa、腾讯、IBM 和麦当劳位居前 10 强，其中腾讯首次超过 IBM、麦当劳，品牌价值比上年增长 27%，增幅与 Facebook 并列第二，仅次于 Amazon。在入围百强榜单的中国品牌中，区域银行有 4 家、科技类企业有 3 家，保险企业有 2 家，能源、食品、零售和电信提供商各 1 家，入围品牌及排名情况如表 3 所示。

表 3　中国品牌入围《2017 年 BRANDZ 全球最具价值品牌百强榜》名单

单位：亿美元

排名	品牌	行业	品牌价值
8	腾讯(Tencent)	科技	1082.92
14	阿里巴巴(Alibaba)	零售	591.27
17	中国移动(China Mobile)	电信提供商	565.35
28	中国工商银行(ICBC)	区域银行	315.70
39	百度(Baidu)	科技	235.59
49	华为(Huawei)	科技	203.88
54	中国建设银行(China Construction Bank)	区域银行	187.70
61	中国平安(Ping An)	保险	172.60
64	茅台(Moutai)	烈酒	169.83
72	中国农业银行(Agricultural Bank of China)	区域银行	149.81
78	中国人寿(China Life)	保险	139.10
85	中国石化(Sinopec)	石油和天然气	126.39
94	中国银行(Bank of China)	区域银行	120.13

资料来源：《2017 年 BRANDZ 全球最具价值品牌百强榜》。

在世界品牌实验室发布的 2017 年度《世界品牌 500 强》排行榜中，中国有 37 个品牌进入 500 强，比上年多 1 家，有 9 家企业入围 100 强，比上年多 1 家，分别是国家电网、腾讯、海尔、中国工商银行、中央电视台、华为、阿里巴巴、中国移动和联想。

为了更系统地分析我国产业品牌的发展态势，本报告选取了具有相对广泛代表性的《世界品牌 500 强》排行榜进行比较分析，根据最新公布的榜单，中国品牌上榜《世界品牌 500 强》情况如表 4 所示。

表 4　中国品牌上榜《世界品牌 500 强》基本情况

2017 年排名	2016 年排名	品牌名称	主营行业	排名升降
32	36	国家电网	能源	4
36	43	腾讯	互联网	7
50	76	海尔	白色家电	26
52	40	中国工商银行	银行	-12
59	62	中央电视台	传媒	3
64	81	华为	计算机与通信	17
74	264	阿里巴巴	互联网	190
78	79	中国移动	电信	1
100	90	联想	计算机与通信	-10
132	221	中国石化	能源	89
139	209	中国石油	能源	70
143	190	中国人寿	保险	47
146	226	中国华信	能源	80
200	192	中国建设银行	银行	-8
202	197	中国银行	银行	-5
222	228	中粮	食品与饮料	6
231	255	中国平安	保险	24
236	220	百度	互联网	-16
242	254	中国联通	电信	12
252	248	中国电信	电信	-4
261	265	中信集团	多元金融	4
286	288	长虹	信息家电	2
290	295	中国国际航空	航空	5
295	296	中国中铁	工程与建筑	1
299	—	中国南方电网	能源	—
312	311	中国建筑	工程与建筑	-1
315	319	青岛啤酒	食品与饮料	4
319	—	中国中车	交通运输	—
330	322	中国农业银行	银行	-8
332	339	中化	能源	7
333	358	茅台	食品与饮料	25

续表

2017 年排名	2016 年排名	品牌名称	主营行业	排名升降
338	—	五粮液	食品与饮料	—
356	361	人民日报	传媒	5
358	338	中国铁建	工程与建筑	-20
363	365	新华社	传媒	2
388	439	中国太平	保险	51
424	432	万科	房地产	8

资料来源：《世界品牌 500 强》（2016~2017 年）榜单。

通过对 2017 年度《世界品牌 500 强》排行榜的分析，从总量上来看，美国占据 500 强中的 233 个，比上年增加 6 个，稳坐品牌大国头把交椅；法国和英国分别以 40 个和 39 个分列第二、三位；日本、中国、德国、瑞士和意大利是品牌大国的第二阵营，分别以 38 个、37 个、26 个、21 个和 14 个品牌入选（见图 1）。中国品牌入围数量相对于第二大经济体而言，依然有较大差距。

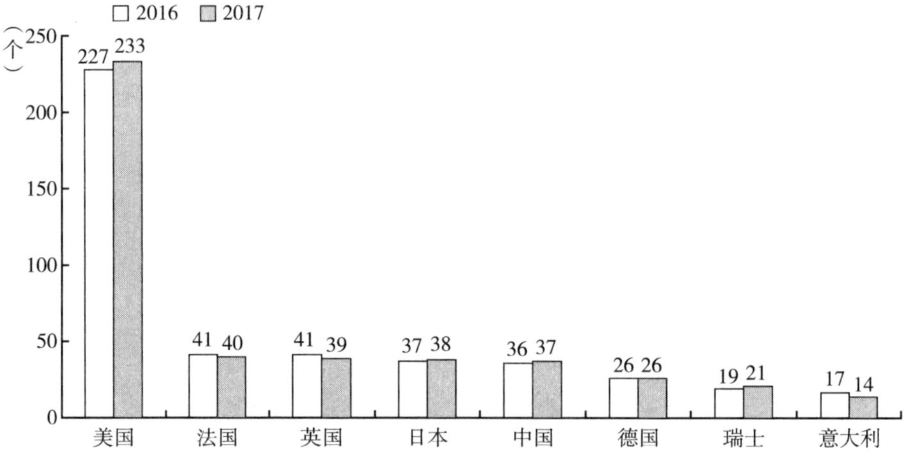

图 1　2016~2017 年《世界品牌 500 强》主要国家分布情况

资料来源：《世界品牌 500 强》（2016~2017 年）榜单。

从入围品牌的产业分布来看，在全球品牌最集中的11大行业中，总共集中了500强中的260家企业，而中国仅有25家，占总数的9.6%，其中在汽车与零件、零售、奢侈品、日化四个品牌比较集中的领域，中国无一品牌入选；中国品牌最集中的行业在能源（占24%）、银行（23.53%）、电信（20%），行业比重均超过20%；在互联网、计算机与通信等新兴产业领域，中国品牌的占比分别为13.04%和10.53%，以食品与饮料为代表的快消品领域，中国仅有4个品牌入选，占比11.43%（见图2）。从整体分析来看，我们依然延续2016年对中国品牌发展的研判，尽管中国制造遍布全球，但在品牌集中度比较高的产业，中国品牌依然处于边缘地带，中国品牌在面临总量不足的同时，同样存在结构性不足的问题。

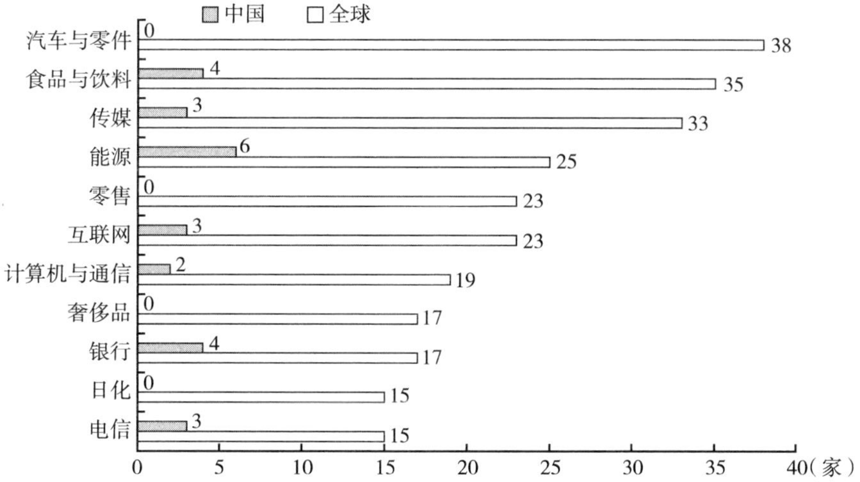

图2　2016~2017年《世界品牌500强》主要行业中外对比情况

资料来源：《世界品牌500强》（2016~2017年）榜单。

新上榜品牌和上升最快的品牌代表了国家品牌发展活力和后发优势，从新上榜的品牌来看，2016~2017年共有39个品牌上榜，其中有25个品牌来自美国，其余分别来自中国、瑞士和日本等国家，通过对新上榜品牌的产业分布进行分析，新上榜品牌主要集中在教育、非营利机构、医院和计算机与通信领域（见图3），其中美国新上榜品牌主要集中在教育、医院和非营利机构，而中国新上榜的3个品牌分别是能源领域的中国南方电网、交通运输领域的中国中车和食品与饮料领域的五粮液。

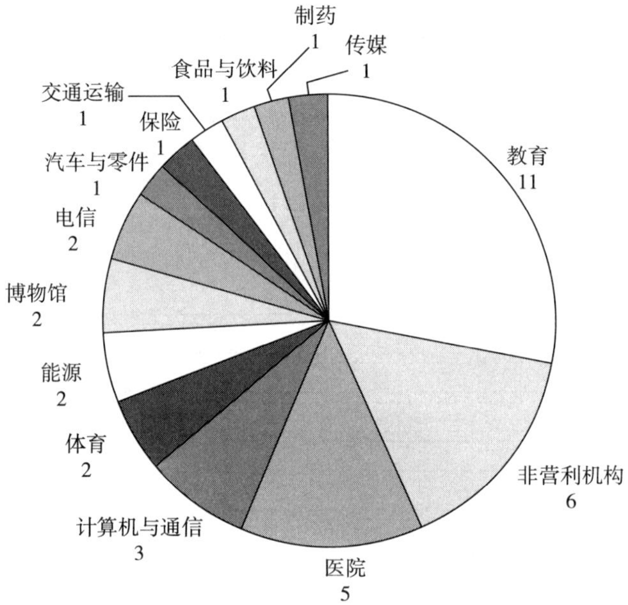

图3 2016～2017年《世界品牌500强》新上榜品牌产业分布

资料来源：《世界品牌500强》（2016～2017年）榜单。

另外，我们从上升最快的前10个品牌来看，中国占据4席，美国2席、法国2席、韩国和德国各1个品牌，其中来自互联网领域的阿里巴巴和来自能源领域的中国石化上升幅度居全球前两位，分别上升了190名和89名。涨幅最快的4家中国品牌分别来自互联网行业和能源行业（见表5）。

表 5　2016～2017 年《世界品牌 500 强》新上榜品牌涨幅分析

单位：名

排名上升	2017 年排名	2016 年排名	品牌名称	主营行业	国家
190	74	264	阿里巴巴	互联网	中国
89	132	221	中国石化	能源	中国
88	334	422	SK 集团	能源	韩国
80	146	226	中国华信	能源	中国
79	214	293	ORANGE 电信	电信	法国
78	120	198	奈飞	传媒	美国
70	139	209	中国石油	能源	中国
53	122	175	博世	汽车与零件	德国
52	99	151	特斯拉	汽车与零件	美国
52	102	154	道达尔	能源	法国

资料来源：《世界品牌 500 强》（2016～2017 年）榜单。

对落榜品牌和跌幅最大的品牌的研究有助于我们更清晰地分析品牌与产业生命周期的关系，从 2017 年落榜品牌来看，美国落榜品牌达到 19 家，英国落榜品牌达到 5 家，法国落榜品牌有 3 家，中国和意大利各有两家落榜品牌。从落榜品牌的产业分布来看，分布范围涉及 29 个行业，主要集中在食品与饮料（4 个品牌落榜）、防务与飞机制造（3 个品牌落榜）、计算机与通信（3 个品牌落榜）、制药（2 个品牌落榜）、服装服饰（2 个品牌落榜）、酒店（2 个品牌落榜）和电信（2 个品牌落榜）。

另外，我们从跌幅最大的 10 个品牌来看，其主要集中在美国（6 家）、韩国（1 家）、日本（2 家）和英国（1 家），其中韩国乐天、日本三菱和东芝成为跌幅最大的三个品牌，排名分别下降 111 名、104 名和 96 名，中国品牌排名下降最大的三家企业分别是中国铁建（下降 20 名）、百度（下降 16 名）和中国工商银行（下降 12 名）。

通过对中国开放程度、经济实力和国民消费能力数据的分析，结合对《Interbrand 2017 年全球最具价值品牌 100 强榜单》、《2017 年 BRANDZ 全球最具价值品牌百强榜》和世界品牌实验室发布的 2017 年度《世界品牌 500 强》排行榜进行的总量和结构性分析，我们发现全球品牌经济的结构正在悄然发生变化，因此，要高度重视这一变化对中国国家品牌建设带来的影响。

第一，要高度关注中国品牌在全球品牌最集中的行业中的分量。应在汽车与零件、食品与饮料、传媒、能源、互联网、零售、计算机与通信、银行、奢侈品、日化和电信等品牌较为集中的行业，遴选有竞争力的中国品牌，抓住全球经济复苏的战略机遇期和中国“一带一路”倡议稳步推进的政策时间窗口，以差异化的品牌定位打开市场，特别是在食品与饮料、互联网、零售、奢侈品等领域要努力提高品牌国际化的运作能力，灵活运用自主品牌建设和品牌并购的不同优势，增强中国品牌在全球的话语权。

第二，要高度关注服务经济领域品牌创建的问题。以教育、非营利机构、医院为代表的公共服务品牌正在逐步增长，服务经济已经成为未来品牌竞争新的蓝海，2017 年中国服务贸易进出口总额已经达到 4.70 万亿元人民币，以技术、品牌、质量和服务为核心的新兴服务成为新的出口亮点。而中国服务经济的品牌仍无人关注，大量品牌集中在国企，依然集中在能源等垄断行业，中国国家品牌的产业基础遭遇制造业品牌鲜有起色、服务类品牌仍是空白的尴尬。

第三，要高度重视人均消费能力不足产生的品牌经济基础不稳的问题。尽管从全球水平来看 2017 年我国人均 GDP 指标、人均可支配收入指标以及人均消费支出指标均呈现增长态势，但从增速来看，我们发现 2017 年中国大陆人均 GDP 增速下降 5.12 个百分点，中国人均 GDP 排名从 2016 年的全球第 69 名下降到第 70 名；2017 年全国居民人均可支配收入实际增长 7.3%，增速下降 1.0 个百分点。其中，城镇居民人均可支配收入增速下降 1.3 个百分点；农村居民人均可支配收入增加 1.2 个百分点；2017 年全国居民人均消费支出增速下降 1.4 个百分点。其中，城镇居民人均消费支出增速下降 1.6 个百分点；农村居民人均消费支出增速下降 1.0 个百分点。增速的下降反映出代表品牌经济特征的城市消费信心严重不足，而随着精准扶贫政策的推动，农村可支配收入不断增长，而供给侧端的有效供给严重不足，无法满足农村消费升级的需求。

（四）注重民族文化提炼，推动国家品牌的国际认同

习近平同志在党的十九大报告中指出，文化自信是一个国家、一个民族发展中更基本、更深沉、更持久的力量。文化是一个国家、一个民族的灵魂。文化兴则国运兴，文化强则民族强。没有高度的文化自信，没有文化的繁荣兴盛，就没有中华民族伟大复兴。文化软实力是国家品牌的特质内涵，国家品牌是文化软实力传播的载体，品牌的输出不仅能够壮大国家的经济实力，而且也能够实现自身文化和价值观推广的目标。尽管中国国际地位日渐提升，但西方主流思想依然认为中国文化是一个不断强大的异己力量，在发达国家传统的利益区域，中国品牌的认知度和美誉度相对较低，从《中国国家形象全球调查报告（2016～2017）》来看，海外受访者认为中餐、中医药和武术，以及中国产品、科技发明是中国文化的代表，而源远流长的东方文明、传统艺术、儒道思想却鲜有认知。

2017 年以来，尽管逆全球化思潮依然继续抬头，但世界多极化、经济全球化和各种思想文化激烈碰撞已经成为主流，中国文化的传播既面临历史发展的机遇，也面临局部文明冲突、文化侵略与本土化冲突等巨大挑战，党的十九大报告指出，推动文化事业和文化产业发展，要加强中外人文交流，以我为主、兼收并蓄。推进国际传播能力建设，讲好中国故事，展现真实、立体、全面的中国，提高国家文化软实力。以下，我们从强化中外人文交流的层面，对 2017 年中国国

家品牌建设所取得的成就进行梳理。

第一，民族文化顶层设计不断加强，品牌强国需要文化自信。

党的十九大报告提出“坚定文化自信，推动社会主义文化繁荣兴盛”，正式把中国特色社会主义文化同中国特色社会主义道路、中国特色社会主义理论体系、中国特色社会主义制度写入党章，对新时代中国特色社会主义文化建设和文艺工作指明了前进方向，提供了根本遵循。在这个根本理论指导之下，2017 年我国文化建设的顶层设计不断推出：《国家“十三五”时期文化改革发展规划纲要》《关于加强和改进中外人文交流工作的若干意见》正式公布，为有中国特色的社会主义文化建设指明了方向；国家品牌的仪式感不断增强，《中华人民共和国国歌法》正式颁布并实施，三军仪仗队履行国旗护卫职责，国宾摩托车护卫队、国宾车队多次精彩亮相；《公共文化服务保障法》《公共图书馆法》正式颁布并实施，为构建现代公共文化服务体系提供了法制保障，全民阅读蔚然成风，阅读成为新的国民形象特征；基本公共服务均等化、公共文化机构法人治理结构改革等规划或实施方案不断细化。

第二，传统文化传承成为社会共识，品牌强国需要文化自立。

2017 年以来，重视民族传统文化成为社会普遍共识，从政策层面来看，中办、国办印发《关于实施中华优秀传统文化传承发展工程的意见》；传承发展中华优秀传统文化的国家级重点工程中国民间文学大系出版工程启动；国办转发《中国传统工艺振兴计划》《中国民间工艺集成》编纂工作启动，成为传统工艺振兴的理论基础。2017 年以来，《中国诗词大会》《见字如面》《朗读者》《中国戏曲大会》《国家宝藏》等多档文化类节目精彩纷呈，带动全年传统文化热潮不断，《诗经》《唐诗三百首》《宋词三百首》《论语译注》等传统文化典籍的销量呈现暴涨趋势；北京全面启动课程改革，将诵读、书法、传统艺术等元素融入中小学课程教材体系，天津在高校尝试开设非物质文化遗产公选课，中国美术学院国画专业将唐诗引入命题创作，教育成为引领中华传统文化传承与发展的重要引领力量；我国将每年6月第二个星期六设立为“文化和自然遗产日”，可可西里和鼓浪屿申遗成功，我国的世界遗产数量达到52项，甲骨文成功入选《世界记忆名录》；2017年传统文化传承和发扬成为品牌文化自强的重要表现，也在全社会带动了传统文化热潮，引领中国特色社会主义进入新时代。

第三，中外文化融合更加常态化，品牌强国需要文化自强。

寻求文化融合是推动价值认同、思维习性、生活方式、精神愉悦的集中体现，弱势文化由于其强烈的依赖性是无法支撑强大的国家品牌的，而强势文化往往由于较强的侵略态势而形成抵触心态，因此把握文化强度，推动文化融合才能更好地服务于品牌强国的发展目标。中美文化融合在两国元首的互动下成为2017年文化融合的精彩之笔，特朗普访华首站选择参观故宫，展现了中国主场外交的文化内涵，而特朗普展示外孙女阿拉贝拉演唱中文歌曲、背诵三字经和唐诗的视频为这位争议不断的美国总统添分不少；响应“一带一路”倡议，中国在成都举办了“丝路之魂”大展，创下108万人次的观展纪录，中国—阿拉伯国家博览会在银川隆重开幕，为中阿拓展合作搭建了重要平台，中国宣布举办中国国际进口博览会，组建中国国际进口博览局；2017年“欢乐春节”在全球140多个国家和地区的500余座城市举办了2000多项文化活动，海外受众总人数突破2.8亿人次，“欢乐春节”品牌效应逐步形成；在举办孔子学院和海外中国文化中心项目顺利推进，《战狼2》《红海行动》影视出海的同时，新兴网络媒体成为中外文化融合的新渠道，抖音的海外版本Tik Tok在日本、韩国和东南亚等地迅速占据当地视频类排行榜首位，同时肩负起讲好中国故事、输出中国优秀文化的重任，越来越多中华优秀传统文化在短视频类载体快速传播，模仿中国文化的各种技艺、翻译中国歌曲、穿戴中国传统服饰成了时下海外新的流行趋势。

（五）打造区域品类支撑，培育国家品牌的区域特色

国家品牌的发展需要对国家品牌、产业品牌和品类品牌进行综合协调，也离不开对经济发展周期、产业发展规律、城市竞争优势等区域情况的研判，中国国家品牌的建设面临文化多样性和消费地域性的客观现实，区域品牌是构成我国国家品牌不可或缺的组成部分，更是展现我国国家品牌的重要内涵。

区域品牌形成的前提是区域产业特色的形成，区域特色产业与该区域的自然资源、人文特色、历史传统等要素有着非常密切的关系。区域品牌是指某个行政或地理区域内形成的以产业集群为依托，具有较大生产规模、较高市场占有率和较强社会影响力，并为该区域产业与企业所共同拥有的知名品牌，并由此延伸到文化旅游等相关产业。[①] 作为更高级别的经济发展模式，品牌经济适应了我国区域经济特别是产业集群和特色区域转型升级的需求，在品牌经济理念的指导下，从做大行业到做强品类，从遍地开花到一枝独秀已经成为区域品牌发展的核心理念。

2017 年 4 月 24 日，国家质量监督检验检疫总局根据《“全国知名品牌创建示范区”建设工作指导意见》文件的要求，同意命名宁河区采暖散热器产业聚集区等 15 家园区为“全国知名品牌创建示范区”，这 15 家园区分别被授予全国采暖散热器产业知名品牌创建示范区、全国春秋文化旅游知名品牌创建示范区、全国绵柔型白酒产业知名品牌创建示范区、全国泵阀产业知名品牌创建示范区、全国六安瓜片茶产业知名品牌创建示范区、全国稀土永磁及钨粉深加工产业知

① 陈栋：《区域品牌的内涵及其价值》，《光明日报》2010 年 1 月 12 日。

名品牌创建示范区、全国精细磷化工产业知名品牌创建示范区、全国时尚服饰产业知名品牌创建示范区、全国服装（内衣家居服）产业知名品牌创建示范区、全国半导体照明产业知名品牌创建示范区、全国现代电源（不间断电源）产业知名品牌创建示范区、全国丝光棉针织服装产业知名品牌创建示范区、全国石油机械配套产业知名品牌创建示范区、全国工程特种车辆及零配件产业知名品牌创建示范区、全国朱鹮生态保护产业知名品牌创建示范区。

值得注意的是，此次在公布示范区名称外还同时公布了示范期内创建知名品牌的骨干企业名单，基本构建起了区域品牌与产业支撑之间责任主体关系（名单详见附录1和附录2）。比如六安市人民政府作为责任主体将六安市茶谷园区作为全国六安瓜片茶产业知名品牌创建示范区，同时将示范区内的安徽省六安瓜片茶业股份有限公司的“徽六”品牌、金寨县露雨春茶叶有限责任公司的“露雨春”品牌、霍山汉唐清茗茶叶有限公司的“汉唐清茗”品牌、谢裕大（六安）茶叶有限公司的“谢裕大”品牌、六安市裕安区百家冲有机茶叶专业合作社（六安市黄府茶业有限公司）的“黄之江”品牌、安徽冷水村有机茶有限公司的“冷水村”品牌、安徽省竹茗农业开发有限公司的“云中翠”品牌和安徽省金寨县金龙玉珠茶业有限公司的“金龙玉珠”等8个品牌作为创建知名品牌的骨干企业①，实现了区域品牌和企业品牌的有机关联。

2017年7月25日，工业和信息化部办公厅发布《关于开展2017年产业集群区域品牌建设试点区申报工作的通知》，并于2017年11月30日发布《关于同意河北省石家庄高新技术产业开发区管理委员会等34家单位开展产业集群区域品牌建设试点工作的通知》，同意

① 《质检总局关于同意命名宁河区采暖散热器产业聚集区等15家园区为“全国知名品牌创建示范区”的公告》。

河北省石家庄高新技术产业开发区管理委员会等34家单位（名单见附件）为第四批产业集群区域品牌建设试点工作组织实施单位，开展区域品牌建设工作（详见附录3）。

从公布的名单来看，此次试点的产业集群集中在生物医药、童车、轨道交通装备、轴承、汽保设备、北派服饰、运动户外服装、袜业、道路照明灯具、智能装备、大气治理、医药、安全、水暖厨卫、金属家具、箱包皮具、白莲、工业陶瓷、农机、交通铝材、休闲服装、棉纺织、休闲食品、轨道交通装备、电磁装备、汽车、电子信息、软件和信息技术服务业、磷化工等领域，产业选择上以传统产业为主，兼顾了战略新兴产业，组织实施单位为申报集群所在地的管委会或工业和信息化部门等政府机构，政府成为区域品牌建设试点的责任主体。①

为贯彻落实《国务院办公厅关于开展消费品工业“三品”专项行动营造良好市场环境的若干意见》的要求，工信部消费品司确定了2017年度的消费品工业“三品”战略示范试点城市名单，在继2016年河北省石家庄市、江苏省苏州市、浙江省金华市、山东省烟台市、广东省佛山市和广东省中山市等6家城市被确定为示范城市之后，② 河北省保定市、吉林省通化市、江苏省镇江市、安徽省合肥市、安徽省滁州市、福建省莆田市、湖北省襄阳市、青岛市即墨区、宁波市海曙区等9个市区成为新的消费品工业“三品”战略示范试点城市。

从2017年公布的区域品牌发展规划来看，据不完全统计，2017年共有内蒙古、吉林、云南、辽宁、江西、西藏、四川、甘肃、浙江等9个省和自治区出台了实施品牌战略的意见和方案，累计有36个

① 《工业和信息化部关于同意河北省石家庄高新技术产业开发区管理委员会等34家单位开展产业集群区域品牌建设试点工作的通知》。

② 《2016年消费品工业“三品”战略示范试点城市名单公示》，工业和信息化部网站，http：//www.miit.gov.cn/n1146295/n1652858/n1653100/n3767755/c5392117/content.html。

城市出台了39个综合性的品牌战略意见、“十三五”规划或行动方案。山西、四川、山东、陕西、福建、海南和湖南等7个省份围绕农业和食品安全等特色品牌出台了省级的战略规划，24个地级市围绕特色农业出台了专门的工作方案和实施意见。

2017年，国务院办公厅发布《关于县域创新驱动发展的若干意见》，意见指出“实施创新驱动发展战略，基础在县域，活力在县域，难点也在县域”。意见提出结合地方资源禀赋和发展基础，发展知识产权密集型产业，促进县域特色主导产业绿色化、品牌化、高端化、集群化发展；培育一批掌握行业“专精特新”技术的科技“小巨人”企业；发挥企业家在县域创新驱动发展中的关键作用等。

2017年3月15日，国务院正式批复陕西、河南、湖北、四川四个自由贸易试验区的总体方案，对试验区的品牌建设方向提出明确的指导意见，其中对四川自由贸易试验区定位为“西部门户城市开发开放引领区、内陆开放战略支撑带先导区、国际开放通道枢纽区、内陆开放型经济新高地、内陆与沿海沿边沿江协同开放示范区”。明确指出“支持和鼓励商标品牌服务机构在品牌设计、价值评估、注册代理、法律服务等方面不断提升服务水平”、“支持发展以传统手工技艺、武术、戏曲、民族音乐和舞蹈等为代表的非物质文化遗产与旅游、会展、品牌授权相结合的开发模式”；湖北自由贸易试验区定位于中部有序承接产业转移示范区、战略性新兴产业和高技术产业集聚区、全面改革开放试验田和内陆对外开放新高地，明确指出“积极培育、拓展新型贸易业态和功能，形成以技术、品牌、质量、服务为核心的外贸竞争新优势”；陕西自由贸易试验区定位于全面改革开放试验田、内陆型改革开放新高地、“一带一路”经济合作和人文交流重要支点，明确指出“打造服务外包产业集聚区，培育一批领头企业和国际品牌，提高服务外包产业国际竞争力”；河南自由贸易试验区定位为服务于“一带一路”建设的现代综合交通枢纽、全面改革开放试验田和内陆开放型经济示范区，明确指出引导优势企业积极参与国际标准化活动，打造质量标准品牌新高地。截至2017年底，我国共建有11个自由贸易试验区，随着中央赋予自由贸易试验区更大的改革自主权以及自由贸易港的落地，自由贸易试验区将成为我国品牌经济新的增长极。

国家级新区是由国务院批准设立，承担我国重大发展和改革开放战略任务的综合性功能区，承担规划引领、科学开发、改革创新、先行先试的职责，截至2018年1月，我国共批复设立国家级新区19个，其中东北地区3个，华北3个，华东4个，中部3个，华南1个，西部5个。尤其是雄安新区的建设，将打造“新区品牌”升级为国家级新区发展的重要目标，2018年4月，《河北雄安新区规划纲要》全文公布，提出建设绿色生态宜居新城区、创新驱动发展引领区、协调发展示范区、开放发展先行区，努力打造贯彻落实新发展理念的创新发展示范区，建设高水平社会主义现代化城市的城市品牌发展理念。青岛西海岸新区在19家新区内首先设立了“青岛西海岸新区品牌推广办公室”，在2016年提出“品牌兴区”战略的基础上，成立品牌创建推广领导小组，制订《青岛西海岸新区新旧动能转换品牌创建工程三年行动计划（2017～2019）》，通过内强品牌矩阵，外塑区域品牌，品牌培育创建工作取得了一系列成绩，彰显了“品牌之城”的魅力。

三　国家品牌战略发展水平评价

从全球国家品牌研究的发展来看，GFK国家品牌指数（NBI）应用国家品牌六边形模型具有广泛的代表性，该模型分别从商品、治理、文化、人民、旅游、移民与投资六个领域对全球50个国家和地区进行评价；美国皮尤调查公司（Pewresearch）发布《全球态度与趋势调查》，该调查对全球38个国家4.2万名受访者进行问卷调查；Simon Anholt先生创立的The Good Country Index，对全球163个国家从科学与技术贡献、文化贡献、国际和平与安全贡献、世界秩序贡献、地球和气候贡献、繁荣与平等贡献、健康与幸福贡献七个维度（35个指标）进行评价。还有中国外文局对外传播研究中心与凯度华通明略自2012年开始发布《中国国家形象全球调查报告》，对中国的整体形象及影响力、国家与国民形象、政治外交形象、经济形象、文化科技形象进行评价，调查范围涉及全球22个国家和地区；《中国品牌战略发展报告》课题组自2016年开始对国家品牌战略进行策略性的研究分析，2016年课题组提出，推动中国国家品牌战略提升应从推动文化认同、夯实产业基础、培育区域特色和推进制度创新四个维度进行战略规划和系统建设，对2016~2017年我国国家品牌战略发展进行了定性的研究，进一步提出提炼国家品牌气质、塑造产业品牌内涵、推动品类品牌支撑的梯次发展的建议。为更好地把握我国品牌战略发展的全面情况，我们选取《中国国家形象全球调查报告（2016~2017）》中的调查指标和The Good Country Index的分析结果进行比较研究，更好展现东西方不同标准下中国品牌战略建设的成果。

第一，对《中国国家形象全球调查报告（2016~2017）》评价结果的综合分析。

《中国国家形象全球调查报告（2016~2017）》在整体形象评价的基础上，分别从国家与国民、政治外交、经济和文化四个方面进行了调查，同时对信息接触渠道和来华意愿进行了客观分析。调查在全球22个国家开展，涵盖了亚洲（中国、日本、韩国、印度、印度尼西亚、沙特阿拉伯）、欧洲（英国、法国、德国、意大利、俄罗斯、西班牙、荷兰、土耳其）、北美洲（美国、加拿大、墨西哥）、南美洲（巴西、阿根廷、智利）、大洋洲（澳大利亚）、非洲（南非）等不同区域国家的民众。访问样本共计11000个，每个国家500个样本。①

调查发现，中国整体形象好感度稳中有升，整体形象得分为6.22分，发展中国家受访者、18～25岁年轻群体对中国持有更好的印象，意大利、加拿大和英国的受访者对中国的印象近年出现了较大幅度的提升。

中国对全球治理的贡献正在得到更多的认可，综合得分为6.5分，中国对国际事务的影响力位居全球第二，仅次于美国，高于俄罗斯、德国和英国，海外受访者对中国在科技和经济领域参与全球治理的表现认可度较高。中国国内治理能力的总体得分为6.2分。发展中国家受访者和年轻群体对中国内政外交能力的认可依然保持在较高水平，值得注意的是，发达国家受访者对中国国内治理能力的认可度增幅较大。

调查发现，中国历史悠久、充满魅力的东方大国形象在海外受访者尤其是发达国家中最受认可（达到59%），超过30%的发达国家受访者和48%的发展中国家受访者认可中国是全球发展的贡献者。勤劳敬业依然是海外受访者对中国国民最突出的形象认知，集体主义的形象也广受认可，但更多的发达国家受访者仍然认为中国国民比较传统保守。

中国执政党形象正在成为国家品牌形象的重要支撑，全面从严治党，“具有很强的组织动员能力”和“具有高度凝聚力”成为海外受访者的普遍共识；越来越多的海外受访者认可中国道路和发展模式，国有经济占主体也是主要的印象；发展中国家受访者和年轻群体认为中国模式对本国发展有借鉴意义。63%的受访者希望加大与中国的经贸合作，55%的发达国家受访者希望中国进口更多本国产品。

① 《中国国家形象全球调查报告（2016～2017）》。

海外受访者对“一带一路”倡议的认可正在提升，从2014年的6%提升到2017年的18%，在东盟国家的认可度更高；61%的海外受访者希望中国在金砖国家合作机制中扮演更积极的角色，尤其是经济合作领域期待更高。

调查发现，中国经济的国际影响力已经获得全球公认，中国正在成为越来越多国家最大的贸易伙伴，31%的发达国家受访者认为中国市场需求仍然很大，同样也有24%的发达国家受访者认为中国经济增速将会放缓。34%的海外受访者认为中国企业进入当地市场能够带来新的资金和技术、29%的海外受访者认为能够给当地增加就业和20%的海外受访者认为能够增加当地财政收入，17%的海外受访者认为中国企业进入本地市场有助于当地产业结构升级，与上年相比，26%的海外受访者认为中国品牌影响了本地品牌发展，同比下降了10%。

联想、华为、阿里巴巴、中国国际航空公司和中国银行是海外受访者较为熟悉的中国品牌。63%的海外受访者认为质量问题是阻碍中国品牌发展的主要因素，30%的发达国家受访者认为中国品牌的售后服务有待提升，35%的发展中国家受访者认为中国品牌的认知度不高，意味着传统的订单贸易在发展中国家也遇到了市场需求的挑战。

调查发现，中餐、中医药和武术是海外受访者对中国文化最具代表性的认知，而国内受访者广泛认可的孔儒思想、文化典籍、曲艺杂技等传统文化，海外受访者认可程度较低，但对中国产品、科技发明是中国文化代表的认可程度明显高于国内受访者。

78%的海外受访者接触过中餐，72%的海外受访者给出了好评，发达国家受访者和年长人群接触过中餐和给予好评的比例明显高于发展中国家受访者和年轻群体。30%的海外受访者接触过中医药，64%的受访者给予了好评，发展中国家受访者和海外年长群体的接触率和好评率都高于发达国家受访者。中国高铁、载人航天、超级计算机成为最受海外受访者认可的三大科技成就，其认可比例分别达到了36%、19%和16%，发展中国家受访者认可度普遍要高于发达国家受访者认可度。

从《中国国家形象全球调查报告（2016～2017）》调查来看，作为中国国家品牌的外在表现，越来越多的海外受访者对中国的了解程度日渐加深，使用中国产品成为继媒体传播之外第二大影响渠道，与2015年相比，这一比重提高了6个百分点，达到41%。而中国媒体的传播能力却广受诟病，25%的受访者不知道看什么中国媒体，19%的受访者表示看不明白中国媒体。中国媒体的全球影响力与中国国家品牌全球化的要求和中国品牌“走出去”需求还有很大的差距。

第二，对*Good Country Index1.2*评价结果的综合分析。

作为一份用中国希望表达的内容去让世界评价的报告，《中国国家形象全球调查报告》客观反映了全球主要国家对中国成就的认可程度，为了更好地用全球统一的标准去衡量一个国家品牌发展的水平，我们选取了Simon Anholt先生的*The Good Country Index1.2*（2017）[①] 版本的分析结果，就其主要指标进行分析。

Good Country Index1.2（2017）分别从科学与技术贡献、文化贡献、国际和平与安全贡献、世界秩序贡献、地球和气候贡献、繁荣与平等贡献、健康与幸福贡献七大纬度（35个指标）对全球163个国家的国家品牌发展水平进行评价。2017年位居全球前十的国家分别是荷兰、瑞士、丹麦、芬兰、德国、瑞典、爱尔兰、英国、澳大利亚和挪威，荷兰由上年的全球第三位跃居首位，爱尔兰和挪威取代法国和加拿大成为新的前十国家。中国的排名居第76位，比上年排名下降12位。

---

① https：//goodcountry.org/index/results.

Good Country Index1.2（2017）科学与技术贡献（Contributions to Science & Technology）由国际留学生数、出口期刊、国际出版物、诺贝尔奖和专利总量五个指标构成。2017 年该榜单认为此项指标最高的 3 个国家是乌克兰、捷克和匈牙利，中国列第 70 位，分项结果显示，中国在国际出版物、诺贝尔奖和专利总量三个指标上均高于全球平均水平，但国际留学生数远低于全球平均水平，出口期刊数量与全球平均水平持平。

Good Country Index1.2（2017）文化贡献（Contributions to Culture）由创意产品出口、创意服务出口、教科文组织会费、出行自由度和新闻自由度五个指标构成。2017 年该榜单认为此项指标最高的 3 个国家是比利时、荷兰和爱沙尼亚。中国列第 111 位，分项结果显示，中国在创意产品出口指标上远远高于全球平均水平，教科文组织会费指标略高于全球平均水平，创意服务出口指标略低于全球平均水平，但出行自由度和新闻自由度方面均远低于全球平均水平。

Good Country Index1.2（2017）国际和平与安全贡献（Contributions to International Peace and Security）由维和团队、联合国维和经费、因制止国际暴力冲突而伤亡、武器出口和网络安全五个指标构成。2017 年该榜单认为此项指标最高的 3 个国家是萨摩亚、南非和突尼斯。中国列第 40 位，分项结果显示，中国在联合国维和经费和网络安全两项指标上较大幅度高于全球平均水平，维和团队数量上略高于全球平均水平，但因制止国际暴力冲突而伤亡和武器出口指标均低于全球平均水平。

Good Country Index1.2（2017）世界秩序贡献（Contributions to World Order）由慈善捐赠、难民托管、难民人数、人口出生率和联合国条约签署量五个指标构成。2017 年该榜单认为此项指标最高的 3 个国家是澳大利亚、德国和荷兰。中国列第 109 位，分项结果显示，中国在人口出生率和难民人数方面优于全球平均水平，难民托管和联

合国条约签署量上达到全球平均水平，但在慈善捐赠方面远低于全球平均水平。

Good Country Index1.2（2017）地球和气候贡献（Contributions to Planet and Climate）由生态足迹账户、植树造林规模、有害农药出口限制、二氧化碳排放和臭氧消耗五个指标构成。2017 年该榜单认为此项指标最优的 3 个国家是冰岛、瑞士和法国。中国列第 96 位，分项结果显示，中国在植树造林规模和有害农药出口控制方面优于全球平均水平，生态足迹账户指标达到全球平均水平，但二氧化碳排放和臭氧消耗方面远低于全球平均水平。

Good Country Index1.2（2017）繁荣与平等贡献（Contributions to Prosperity and Equality）由贸易开放、驻外联合国志愿者、公平贸易市场规模、对外直接投资和发展援助五个指标构成。2017 年该榜单认为此项指标最优的 3 个国家是爱尔兰、德国和瑞典。中国列第 113 位，分项结果显示，中国在对外直接投资方面优于全球平均水平，贸易开发程度达到全球平均水平，但发展援助和驻外联合国志愿者两项指标均低于全球平均水平。

Good Country Index1.2（2017）健康与幸福贡献（Contributions to Health and Wellbeing）由食品救助、药品出口、国际卫生组织捐赠、人道主义援助捐赠和国际卫生公约合规五个指标构成。2017 年该榜单认为此项指标最优的 3 个国家是瑞典、爱尔兰和德国。中国列第 48 位，分项结果显示，中国在国际卫生公约合规方面优于全球平均水平，国际卫生组织捐赠、药品出口、食品救助指标均达到或略高于全球平均水平，但人道主义援助捐赠指标远低于全球平均水平。

与 *Good Country Index1.1*（2016）相比，中国在各项指标中仅有地球和气候贡献、繁荣与平等贡献两项指标排名上升，其他指标均有不同程度的下降，通过对比两年分项指标数据，得出各分项指标状态和趋势（见表 6）。

表 6　*Good Country Index1. 2*（2016～2017）中国排名情况

类　别	2016 年	2017 年	状态	趋势
科学与技术贡献	60	70	下降 10 位	
国际留学生数			低于平均水平	下降
出口期刊			由低于平均水平转为达到平均水平	上升
国际出版物			高于平均水平	下降
诺贝尔奖			高于平均水平	上升
专利总量			高于平均水平	上升
文化贡献	102	111	下降 9 位	
创意产品出口			高于平均水平	上升
创意服务出口			低于平均水平	下降
教科文组织会费			高于平均水平	上升
出行自由度			低于平均水平	下降
新闻自由度			低于平均水平	不变
国际和平与安全贡献	16	40	下降 24 位	
维和团队			高于平均水平	下降
联合国维和经费			高于平均水平	不变
因制止国际暴力冲突而伤亡			由高于平均水平转为低于平均水平	下降
武器出口			低于平均水平	下降
网络安全			高于平均水平	不变
世界秩序贡献	97	109	下降 12 位	
慈善捐赠			低于平均水平	不变
难民托管			由达标转为低于平均水平	下降
难民人数			由达标转为高于平均水平	上升
人口出生率			高于平均水平	下降
联合国条约签署量			低于平均水平	下降
地球和气候贡献	121	96	上升 25 位	
生态足迹账户			由低于平均水平转为达到平均水平	上升
植树造林规模			高于平均水平	下降
有害农药出口控制			高于平均水平	首次发布

续表

类　别	2016 年	2017 年	状态	趋势
二氧化碳排放			低于平均水平	不变
臭氧消耗			低于平均水平	不变
繁荣与平等贡献	118	113	上升 5 位	
贸易开放			由高于平均水平转为达标	下降
驻外联合国志愿者			低于平均水平	上升
公平贸易市场规模			无数据	无数据
对外直接投资			高于平均水平	上升
发展援助			低于平均水平	不变
健康与幸福贡献	27	48	下降 21 位	
食品救助			高于平均水平	下降
药品出口			高于平均水平	下降
国际卫生组织捐赠			高于平均水平	下降
人道主义援助捐赠			由高于平均水平转为低于平均水平	下降
国际卫生公约合规			高于平均水平	上升

资料来源：译自 www. goodcountry. org。

通过对 Good Country Index 指标体系的分析，我们可以比较清晰地了解国外对国家品牌的理解，其主要侧重于一个国家对全球发展所做的贡献，与中国对国家品牌形象的理解有较大的不同，排名靠前的国家也与我们经验上的认识有很大的差距，但这个指标体系能够较好地展现“大不一定强”的理念，反映了传统品牌强国对国家品牌的系统认知。排名升降的背后是对国家品牌理解的差距，客观分析中国排名下降的原因，有助于我们有方向性地提高发展水平，作为全球第二大经济体，我们应该重视提高对全球发展的贡献能力。

以上对于中外两个榜单的比较分析，从表面上看，《中国国家形象全球调查报告》展现了越来越多的海外受访者对中国国家品牌形象的认可，而 *Good Country Index1. 2* 却从西方主流价值观的视角上，看到了规模巨大的中国经济体在全球贡献方面却少有建树，排名的倒退反映了我们的贡献在不断增长的经济体中所占的比重不升反降。客观分析两个不同文化体系下对中国国家品牌形象的认知，具有非常重要的参考意义。

四　中国品牌战略发展年度专家建议

党的十九大以后，特别是2018年以来，随着我国社会主要矛盾的转化，中国的品牌战略进入了引领高质量发展和满足美好生活需要的发展新时代，中国的品牌战略在战略取向、生态系统、服务创新、价值研判等方面都出现了新的变化、新的趋势，也遇到了新的问题，传统思路、模式和观点都遇到了新的挑战。

从学术研究层面来看，全球范围开展品牌专业化研究已经有60多年的历史，品牌已经发展成一门多学科交叉的系统工程学，品牌与文化发展、质量标准、科技创新、商业管理、营销传播、美学设计、产业经济等多种学科都有广泛的联系，结合我国社会经济发展当前的热点问题，我们对品牌战略发展要有新的认识。

（一）要从高质量发展的层面理解品牌战略发展

新时代对质量强国的理解已经突破了传统的产品和服务质量提升的范畴，质量强国承载着高质量发展的全部内涵，是一个既包括宏观经济发展质量，也包括微观经济活动中产品质量、工程质量、服务质量的“大质量”的概念。而品牌是质量强国的引领者、承载者和协调者。要通过品牌推动供给体系和结构的升级，满足个性化、多元化的新需求；要通过品牌的品类创新引导和释放市场需求，进而推动供给的提升；要通过品牌的资本价值聚集优质资源，进而提升要素投入产出比；要通过品牌的收益回报促进生产、流通、分配、消费各环节循环顺畅。

（二）要从提高全要素生产率的层面理解品牌战略发展

随着长期支撑我国经济高速发展的要素红利的逐渐消失，我国全要素生产率也呈现一定程度的下降趋势。这就需要不断挖掘驱动全要素生产率增长的新要素、新动力。传统上我们重视对劳动力、土地、资本等要素在促进质量增长中作用的体现，而较少对各要素在经济体中的协同关系开展研究，而品牌不仅具有整合创新要素，提高质量效益、提升综合竞争力的作用，而且能够进入生产、消费、流通等领域和环节，促进创新与效率提升，并通过品牌要素的应用、扩散与渗透能够对资本、劳动、企业家才能等传统生产要素产生改造与提升作用，并进一步通过改善技术效率、组织管理效率和优化商业模式，带动全要素生产效率和质量的大幅提升。

（三）要从品牌生态的层面理解品牌战略发展

随着品牌发展的日趋多样化，品牌与生态的结合已经成为当前品牌理论发展的热点，生态系统理论开创了品牌理论和实践研究的新视角，有助于解决品牌实践中所产生的复杂化、系统化、动态化的问题。品牌作为一种生态系统，是一个由品牌与品牌产品、品牌拥有企业、企业股东、供应商、最终顾客、中间商、竞争者、金融机构、媒体、政府、社会公众、相关企业以及客观环境等组成的内外部生态系统。内部生态系统侧重于在构建品牌战略的同时，组建相互关联、相互促进的品牌群来创造可持续的竞争力、提高企业运行质量和产品服务水平；外部生态系统侧重于激活政府对企业品牌和质量发展的引导、扶持、协调和监督，创造积极宽松的营商环境、文化基因和公平有序的市场竞争环境。激活协同效应，共享流量和美誉，激发品牌活性，创造出高于平均资本回报率的收益。

（四）要从自主创新的层面理解品牌战略发展

2017 年，习近平总书记考察徐工集团时，指出创新是企业核心竞争力的源泉，实现“三个转变”，必须有信心、有耐心、有定力地抓好自主创新。核心技术受制于人、引进技术消化能力和再创新能力弱等问题是制约我国质量发展的关键瓶颈。2018 年以来不断升级的中美贸易摩擦，更是敲响了我国制造业大而不强、全而不精的警钟，迫使我们再次正视自身在高新技术领域存在的短板，掌握核心技术、提高产品质量、形成自主品牌刻不容缓。“创新是引领发展的第一动力”，持续创新才能拥有持续的竞争优势。

一个国家的品牌是一个国家在全球公民心目中的整体印象，是一个民族素质和综合国力的集中体现，是一个国家所具有的产品品牌、服务品牌、企业品牌和组织品牌的商誉总和，更是基于国家和民族文化所建立的国家形象。习近平总书记曾从文明大国、东方大国、负责任大国、社会主义大国四个层面高度明确了我国国家形象的独特内涵，而代表国家文明的品牌和代表国家责任的质量是一个国家形象最关键的名片，我们要从高质量发展的过程中树立中国质量的标杆，要从培育中国品牌的过程中实现品牌中国的梦想。提升大质量意识，不断推动品牌的高质量发展；发挥品牌引领作用，不断提高全要素生产率；优化品牌生态，不断凝聚品牌核心竞争力；强化自主创新，构建品牌持续发展优势。针对当前品牌建设发展中的热点问题，应注意把握以下发展机遇。

第一，以评促建的品牌建设已经不能适应新时代的发展，荣誉导向的品牌将不被社会所认可，也不能真正反映并满足人民群众对于美好生活的需求。品牌不应仅仅停留在荣誉阶段、高高挂起，而是要通过多样化方式来真正实现并强化品牌所蕴含的价值，无论是产品品牌、企业品牌，还是区域品牌、国家品牌，其蕴含与表现的都是核心竞争力。要高度重视对品牌竞争力的研究、培育、指导和测评，帮助企业认识并理解品牌成长的周期与规律，实现对品牌的科学、有效管理。

第二，推动中国品牌走向世界，打造具有影响力和竞争力的国际品牌。“一带一路”倡议对于重塑我国对外开放格局、实现品牌的国际化拓展提供了难得的历史机遇。推动中国品牌“走出去”、走向世界，不仅仅是单纯的企业为谋求利润、扩张市场而进行的大规模境外收购资产、跨国并购等，更是要在这个过程中不断强化品牌的影响力，增强品牌意识，树立对所在国家和消费者的责任意识，面向全球消费者输出高质量的产品和优质的品牌。要通过对“一带一路”重要通道和节点的把握，有序推动中国品牌开展务实的对外合作，建立服务平台、打开拓展渠道，积极参与全球品牌竞争，不断提高中国品牌的国际影响力、知名度和话语权。

第三，要建立适应品牌成长的区域生态系统。综观全球品牌发展强国的实践经验，企业品牌的发展与壮大，与政府的引导、扶持是密切相关的。我们建议各级政府应强化对创建、保持整个品牌战略系统良好生态环境的作用，着力从经济、环境、消费、业态和文化等维度形成对品牌发展的支撑，通过品牌生态指数的评价，提高政府相关引导扶持政策的科学性和可操作性，控制好整个系统人才、资金、技术的输入与良性循环。

第四，要实现品牌和金融创新发展服务实体经济。实体经济的发展离不开品牌和金融的协同支持。品牌经济是创建品牌、拓展品牌、投资品牌、实现品牌和保护品牌等过程的统一，并由此衍生出广泛的资金需求和供应链场景。当前金融与品牌经济的深度融合尚未实现，围绕品牌经济发展的实体经济还存在明显的融资缺口。金融机构对于品牌经济的价值仍停留在无形资产、商誉等资产角度的价值理解与价值评估方面，未能深入品牌经济的场景中，从供应链、产业链、价值链的角度，用全链价值与风险评估的工具审视品牌经济的价值，从而创造更为丰富和灵活的金融产品支持实体经济的发展。

参考文献

[1] 国务院办公厅：《关于发挥品牌引领作用推动供需结构升级的意见》，中国政府网，http：//www. gov. cn/zhengce/content/2016 –06/20/content_ 5083778. htm。

[2] 联合国经济和社会事务部：《2017 年世界经济形势与展望》。

[3] 邢志宏：《2016 年 CPI 温和上涨 PPI 由降转升》，中国经济网，http：//www. ce. cn/xwzx/gnsz/gdxw/201701/22/t20170122 _ 19797656. shtml。

[4] 刘瑞旗、李平等：《国家品牌与国家文化软实力研究》，经济管理出版社，2014。

[5] Simon Anholt，Competitive Identity：The New Brand Management for Nations，Cities and Regions，New York：Palgrave Macmillan，2007.

[6] 中国外文局对外传播研究中心：《第四次中国国家形象全球调查报告（2015）》。

[7] 刘瑞旗、李平等：《国家品牌战略问题研究》，经济管理出版社，2012。

[8] 陈栋：《区域品牌的内涵及其价值》，《光明日报》2010 年 1 月 12 日。

[9] 《关于印发质量发展纲要（2011 ~2020 年）的通知》，中国政府网，http：//www. gov. cn/zhengce/content/2012 –02/09/content_ 8351. htm。

[10] 《国务院办公厅关于印发贯彻实施质量发展纲要 2016 年行动计划的通知》，中国政府网，http：//www. gov. cn/zhengce/content/2016 –04/19/content_ 5065730. htm。

[11]《工业和信息化部关于公布首批产业集群区域品牌建设示范区名单的通告》，工业和信息化部网站，http：//www. miit. gov. cn/n1146295/n1652858/n1652930/n4509627/c5330089/content. html。

[12]《国务院关于印发“十三五”国家知识产权保护和运用规划的通知》，中国政府网，http：//www. gov. cn/zhengce/content/2017 - 01/13/content_ 5159483. htm。

[13]《关于印发促进中小企业发展规划（2016 ~ 2020 年）的通知》，工业和信息化部网站，http：//www. miit. gov. cn/n1146285/n1146352/n3054355/n3057527/n3057538/c5099364/content. html。

[14]《2016 年消费品工业“三品”战略示范试点城市名单公示》，工业和信息化部网站，http：//www. miit. gov. cn/n1146295/n1652858/n1653100/n3767755/c5392117 /content. html。

[15]《东北振兴“十三五”规划》，http：//www. sdpc. gov. cn/zcfb/zcfbghwb/201612/t20161219_ 830406. html。

[16]《促进中部地区崛起“十三五”规划》，http：//www. ndrc. gov. cn/zcfb/zcfbtz/201612/t20161226_ 832527. html。

[17]《国务院关于印发北京加强全国科技创新中心建设总体方案的通知》，http：//www. gov. cn/zhengce/content/2016 - 09/18/content_ 5109049. htm。

[18]《国家级新区发展报告 2016》，中国计划出版社，2016。

[19]《贯彻实施质量发展纲要 2016 年行动计划》，http：//www. gov. cn/zhengce/content/2016 - 04/19/content_ 5065730. htm。

[20]《质量品牌提升“十三五”规划》，http：//www. aqsiq. gov. cn/xxgk_ 13386/jlgg_ 12538/qtwj/201612/t20161227_ 479702. htm。

[21]《贯彻实施质量发展纲要 2016 年行动计划》，中国政府网，http：//www. gov. cn/zhengce/content/2016 - 04/19/content _ 5065730. htm。

品牌战略安全形势篇

Brand Strategy Security Situation

B.2 中国品牌战略安全分析报告（2018）

《中国品牌战略发展报告（2018）》课题组*

摘　要： 品牌的发展关系到国家战略安全，对品牌战略安全的认识应该坚持从国家总体安全观的角度，从经济建设、政治建设、文化建设、社会建设、生态建设“五位一体”总体布局的角度，从全球化与中国品牌海外安全的角度进行系统分析，构建起符合中国特色的品牌战略安全分析逻辑和体系。

关键词： 品牌战略安全　五位一体　总体安全观　海外风险

* 本报告系《中国品牌战略发展报告（2018）》课题组年度研究成果。

一　国家总体安全观与中国品牌战略安全

国家总体安全观是习近平总书记根据国家安全形势变化新特点新趋势提出的全新的安全体系，相比于计划经济时期、改革开放初期我国国家安全的内涵和外延都更加丰富，时空领域更加宽广，内外因素都更加复杂。国家总体安全观是习近平新时代中国特色社会主义思想的有机组成部分，包括集政治安全、国土安全、军事安全、经济安全、文化安全、社会安全、科技安全、信息安全、生态安全、资源安全、核安全等11种安全为一体的国家安全体系。《中华人民共和国国家安全法》规定，国家安全工作应当坚持总体国家安全观，以人民安全为宗旨，以政治安全为根本，以经济安全为基础，以军事、文化、社会安全为保障，以促进国际安全为依托，维护各领域国家安全，构建国家安全体系，走中国特色国家安全道路①。

品牌战略安全是基于品牌是国家重要战略资产的认识，从国家总体安全观的视角对不同维度品牌战略的安全性进行分析研究。我们处在一个全球资本市场、技术市场、商品市场、信息传递不断全球化的时代，品牌战略安全不仅表现在经济安全层面，同时关系到文化安全和社会安全，并与国家安全观的不同层面发生不同深度的关联，2016年品牌中国战略规划院提出要从国家战略安全的高度去规划我国品牌战略的发展，发挥品牌引领、协调、推动的作用去防范、化解和消除国家安全不同层面的风险和威胁，提升国家安全总体水平，提升我国品牌战略安全的发展水平，在推动中国品牌由量的积累向质的提升的同时，推动“品牌中国”整体建设的提升。2017年以来，我国国家安全总体呈现持续向好态势，安全状态持续巩固，从不同层面进一步

① 《中华人民共和国国家安全法》。

提升了我国品牌战略安全能力。

第一，政治安全、国土安全、外交安全和军事安全是品牌战略安全的前提，国家政治稳定态势不断强化、维护国土安全和军事安全的能力不断增强，为全面发展品牌经济、提升品牌发展战略，维护品牌战略安全提供了发展前提。党的十九大提出了中国特色社会主义进入新时代、我国社会的主要矛盾发生重大转变，人民日益增长的美好生活需要和不平衡不充分的发展之间的矛盾上升为主要矛盾，在习近平新时代中国特色社会主义思想指引下，全面加强党的领导和党的建设，坚持反腐败无禁区、全覆盖、零容忍，不断加强党的执政能力建设，不断健全社会主义民主制度，夯实了制度基础、提供了执政保障、强化了党对军队的领导，维护国土安全和军事安全的能力不断提高，大国外交亮点频现，凸显了压舱石的战略价值，中国国际秩序观和国际事务参与更加积极和广泛，国际安全合作进一步加强。

第二，经济安全、文化安全、社会安全是品牌战略安全的支撑，国家经济稳定态势良好，文化社会建设繁荣稳定，为全面发展品牌经济、提升品牌发展战略、维护品牌战略安全提供了有力支撑。2017年，中国经济面对国内外形势的深刻复杂变化，始终坚持稳中求进工作总基调，坚持新发展理念，以推进供给侧结构性改革为主线，不断强化经济安全能力建设，有效预防和消除影响中国经济的危险和威胁因素，维护金融安全，促进国家经济体系和整体国民福利安全稳定；重视中华民族传统文化传承，不断推进社会主义核心价值观建设，创新中华文化表达方式，讲好中国故事，传播好中国声音，抵制西方敌对势力对中国文化安全的侵蚀和威胁；伴随着人民获得感、幸福感、安全感的不断增强，社会保障范围、水平不断提升，社会稳定态势不断强化，精准扶贫效果明显，建立了良性可持续的社会安全保障体系。

第三，提升科技安全、信息安全、生态安全、资源安全能力水平是品牌战略安全的保障。国家重大自主创新能力不断提高，信息和网络安全能力不断提升，生态和资源保护力度不断加强。为全面发展品牌经济、提升品牌发展战略、维护品牌战略安全提供了坚实保障。2017 年以来，我国国家级重大项目陆续竣工，科技实力与日俱增，提升自主创新能力成为科技发展的共识，网络信息安全能力不断提升，《网络安全法》等法律相继颁布，网络与信息安全相关战略规划陆续出台；生态保护和资源安全备受关注，中央环境保护督察实现全覆盖，生态文明制度建设不断加强，绿色发展指数首次发布，“绿水青山就是金山银山”实践不断创新，领导干部离任自然资源审计启动试行。

国际关系与一国的国家安全有着密不可分的关系。在这个时代，我们在享受世界各国经济发展的“外溢效应”的同时，也可能不得不承受国际上某些问题的演化对本国整体根本经济利益的不利影响，甚至是伤害。面对“一分为二”的两个方面，理性的选择只能是千方百计地“扬其利，驱其弊”。而要理性地扬其利，驱其弊，就必须了解影响一国经济安全的国际经济关系因素，了解这些因素影响一国经济安全的传导机制，了解影响以至危害一国经济安全的某些国际经济关系问题。

二 “五位一体”与中国品牌生态安全

从全球品牌战略和品牌经济发展的历程看，相对于西方国家成熟的品牌运营体系，中国的品牌战略和品牌经济尚处于发展的初级阶段，不仅在品牌运营理念、品牌管理体系、品牌发展的实力、品牌生态环境上与西方国家有较大的差距，还面临着国际社会在文化差异、意识形态和思维定式上对中国品牌的排斥，尽管中国社会主要矛盾发生了变化，但仍将长期处于社会主义初级阶段的基本国情没有变，我国是世界最大发展中国家的国际地位没有变。党的十九大报告指出，当前中国经济已由高速增长阶段转向高质量发展阶段，正处在转变发展方式、优化经济结构、转换增长动力的攻关期，建设现代化经济体系是跨越关口的迫切要求和我国发展的战略目标。[①] 而品牌经济是建设现代化经济体系的内在要求，在社会主要矛盾发生转化的新的历史阶段，中国品牌的战略安全面临着更多新的挑战。

2018 年是习近平同志首次提出“三个转变”重要指示的第四个年头，而在这四年里，我们推动“中国制造向中国创造转变”，但自主创新实力还有待提高；我们推动“中国速度向中国质量转变”，但高质量发展还面临思想僵化、指标落后、创新乏力等诸多问题；我们推动“中国产品向中国品牌转变”，但依然面临政策体系和激励机制有待完善，品牌创新能力和治理水平有待提高、供给结构难以满足消费升级要求，以及品牌运作能力严重落后等多种问题。

中央多次提出坚定不移贯彻经济建设、政治建设、文化建设、社会建设、生态建设“五位一体”总体布局，但我们对品牌战略的认识和促进品牌经济的发展仍存在经济发展上重短期利益轻价值体现、政策制度上重思想引导轻政策抓手、文化提升上重文娱活动轻内涵构建、社会管理上重制度规范轻人文关怀、生态环境建设上重底线意识轻模式引领等共性问题。

第一，经济发展上重短期利益轻价值体现。从 2017 年我国品牌发展的基本趋势来看，我国品牌建设以追求短期经济利益为导向的发展思路还广泛存在，尽管国内外开展了多年品牌价值的评价工作，但价值导向尚未形成，很多知名品牌注重短期经济利益，严重影响了品牌的健康发展。2017 年知名烤肉餐饮品牌汉丽轩在长沙、北京相继曝出“鸭肉冒充牛肉”丑闻，暴露出汉丽轩为加速扩张，采取品牌加盟扩张，但食材并非统一提供的管理失控问题，引发平价自主餐品

① 中国共产党第十九次全国代表大会报告。

类沦为廉价食材聚集地的品类品牌危机。

第二，品牌制度建设上重示范引领轻制度激励。2017 年，中央层面共出台与品牌相关的行政法规 1 条，部门规章 25 条，从政策性质来看，依然延续以评促建的发展思路，工信部开展工业品牌培育示范企业评选、产业集群区域品牌建设试点、消费品工业“三品”战略示范城市评价；质检总局开展品牌价值评价、区域品牌价值评价、“全国知名品牌创建示范区”评选等；农业部启动品牌推广年，开展十大茶叶品牌推选等，但在制度激励上缺乏创新。农业部的休闲渔业品牌培育、国家林业局的林业品牌培育活动、工信部对服装家纺企业重点跟踪培育等专门文件也基本保持了鼓励和引导的态度。而涉及品牌建设和培育工作的文件虽然广泛涉及教育、交通运输、食品安全、产业规划、区域规划、知识产权、经济体制改革、放管服改革、双创、供应链和人工智能等多个领域，但在系统性、协调性方面还缺乏整体的规划。

第三，文化提升上重文娱活动轻内涵构建。文化是品牌战略的灵魂，尽管中央多次提及在文化建设中要重视中国特色、中国风格和中国气派，树立文化自信，但在品牌文化的打造中，主要表现为文娱活动居多但内涵构建较少的态势。2017 年以央视国家品牌计划为代表的国家级媒体吹响了品牌强国的号角，但赤裸的广告意图、高额的广告门槛、违规使用国家名义以及鸿茅药酒事件使其难以撑起国家品牌的担当；《中华诗词大会》、《朗读者》等弘扬传统文化的文娱节目成为现象级传播的经典，但类似汾酒打出“骨子里的中国”这样的时代创新还是乏善可陈，更令人担忧的是低俗文化、追求眼球经济的现象有升温趋势，椰树椰汁的“从小喝到大”引发品牌危机、绝味鸭脖以低俗化和性暗示广告追求眼球经济更引发争议，部分知名景点以低俗恶搞追求曝光度的行为有常态化的趋势。

第四，社会管理上重制度规范轻人文关怀。品牌是广泛存在但客观依附于一定社会发展环境的，品牌的社会管理是研究品牌在特定社会发展环境中的价值取向和运行模式。当前我国品牌建设从无管理、内部管理、市场管理逐步进入社会管理层面，越来越多的品牌开始注重加强自身的制度建设，但很多制度建设过于刚性而缺乏人文关怀，知名演员韩雪痛诉携程捆绑销售，携程以行业领导者姿态敷衍问题整改，引发社会层面不满情绪不断升温；红黄蓝幼儿园虐童事件引发重大社会关注，但红黄蓝向受到伤害的孩子和家长所做出的回应或行动却远不如给投资方的答案来得诚恳；丽江古城区委宣传部在面对丽江女子被打毁容事件后，竟在官方微博回复“你最好永远别来！有你不多无你不少！”，公然“污蔑”受害者、怒“怼”网友的负面评价，令丽江城市品牌形象一落千丈。

第五，生态环境建设上重底线意识轻模式引领。随着生态发展理念日趋深入人心，生态建设已经成为品牌建设中一个重要的亮点和热点，但在品牌建设的过程中，却存在重视守住生态的底线，忽视发展的高线引领，很多区域的品牌政策和规划中，对守住生态底线都有明确的指导意见，但是对如何更高水平地实现“绿水青山就是金山银山”却缺乏有效的模式，“不发展就是最好的发展”不是社会经济停滞不前的借口，生态保护不是不开发、不利用，要实现高水平保护和高质量发展的统一。2017 年以来，以特色小镇为代表的新型产业业态快速发展，全国建设的特色小镇多达五六千个，很多特色小镇打着生态保护的旗号，却由于缺乏内容和模式等高线引领，生态保护变成了围栏圈地，原本特色鲜明的生态品牌却由于商业化失败遭遇难以为继的尴尬。因此各级政府在生态保护中不仅要有底线、红线的意识，更要有高线模式和品牌思维的引领。

三　全球化发展与中国品牌海外安全

伴随着全球化发展的加快，中国企业海外投资规模不断壮大、合作不断深入，中国品牌海外战略安全问题日益严峻，特别是2017年以来，全球政治格局风云变幻，经济复苏不确定性增强、区域投资政策日趋严格、非传统安全风险加大、大国地位引致理念冲突，中国品牌战略海外安全的复杂性、不确定性有所增强。

从中国对外贸易形势来看，2017年中国外贸总体形势向好，但不确定不稳定因素有所增多。发达国家传统产业向外转移已基本结束，而新兴产业尚未发展到开始转移的阶段，全球产业分工正处于旧力已弱、新力未强的阶段，产业分工进程处于减速期，而发达国家的“逆全球化”和贸易保护主义势力抬头，全球范围内贸易摩擦明显增多，大宗商品需求回升对财政依赖性过大，全球地缘政治矛盾有所加剧。

从中国对外直接投资数据来看，2000年至2016年，中国对外直接投资长期保持快速增长，但从2017年开始，中国对外直接投资出现大幅下降。根据商务部发布的数据，2017年全年，我国境内投资者共对全球174个国家和地区的6236家境外企业新增非金融类直接投资，实现投资1200.8亿美元，同比下降29.4%。[①] 对于2017年对外直接投资骤降的原因，官方解释是非理性投资得到有效遏制，但客观上对外投资审查趋严、全球投资风险增大等因素也是不可忽视的重要原因。

2017年以来中国品牌海外安全形势主要表现出以下几方面的主要特征：

第一，贸易保护主义倾向对中国品牌海外安全构成直接威胁。2017年以来，在美国主导的“逆全球化”思潮影响下，全球贸易保护主义倾向上升，美国奉行的单边主义政策，给全球贸易复苏带来威胁，直接影响经济全球化进程。2017年中国共遭遇21个国家（地

① 商务部数据。

区）发起贸易救济调查75起，涉案金额110亿美元。平均不到4天就有1起涉华案件发生，影响钢铁、铝、光伏、轮胎、家电、化肥等诸多出口产品，中国已连续23年成为全球遭遇反倾销调查最多的国家，连续12年成为全球遭遇反补贴调查最多的国家。比如欧盟委员会决定将对华铝轮毂反倾销措施延长5年，印度对中国透明玻璃纸薄膜发起反倾销调查，美国商务部就中国生产的非晶织物等产品裁定高额关税等，已经严重影响钢铁、铝、光伏、轮胎、家电、化肥等诸多产品的出口，中国品牌在海外的竞争优势被严重削弱。

第二，海外投资的结构性调整将增加中国品牌海外并购的不确定性。2017年受中国政府对中国企业出海收购监管力度加强和境外对中国企业投资审查政策趋紧的影响，中国企业海外并购与2016年相比出现大幅下降，普华永道在《2017年中国企业并购市场回顾与2018年展望》中披露，中国境内单笔10亿美元以上的超大型海外并购案例数量，由2016年的103宗下降至2017年的89宗，高科技、工业和消费品依旧是海外投资最活跃的领域，但工业并购项目从2016年的201宗下降到2017年的158宗，实体企业并购高科技产业的案例由2016年的100宗下降到2017年的86宗，并购消费相关项目的案例从117宗下降到83宗，实体企业投资并购总量的下降将影响中国吸收海外技术、品牌、知识产权进入国内市场促进产业升级的步伐。

第三，合规性风险不断趋紧成为中国品牌海外安全的最大隐患。在我国海外投资审查趋严的同时，境外国家安全审查以及外国投资审查制度日趋严格，而中国企业则普遍出现轻视尽职调查、投资情绪过热、服务机构国际化水平低等问题，比如美国监管机构已经将知识产权和消费者数据问题列为审查的重点领域，境外被执法的中国企业有69%遭受过反腐败执法，2017年3月，中国电信设备制造商中兴通讯承认违反美国出口管制法律和相关法规，同意支付8.92亿美元罚款；而在“一带一路”沿线国家，由于当地市场规则、政策制度尚不成熟或出于保护主义的认识，一些国家对中国企业海外投资设置了较高的隐形门槛，而中国企业由于规划建设项目规模大、资金需求大，而自身对外投资经验不足、国际化水平不高等，合规性隐忧开始集中显现。比如欧美发达国家以及“一带一路”沿线国家对中国企业在环保标准、劳工用人标准、当地法律法规标准以及社会企业责任等方面都提出了相当高的要求。

第四，意识形态偏见严重影响中国品牌向高端化发展。西方社会对成长起来的中国企业带有明显的意识形态偏见，很多国外媒体在得知中国企业要来投资时，首先关心的是企业董事长是否中共党员，与中国政府和军方是否有关系，是否有国有成分，并由此挑起民众对中国企业投资是纯粹商业行为的质疑，比如赴美投资超十亿美元的“玻璃大王”曹德旺在美因劳资关系、工作安全条件、带薪休假等问题水土不服，青岛双星并购锦湖轮胎受挫，遭韩国政府商界联手抵制都成为2017年品牌海外安全典型的案例。同时西方社会的主流价值观对中国品牌“原产国”的印象等同于“劣质低价”，一方面西方社会存在对中国产品达到甚至超过了欧美制造水平进行选择性忽视的问题，另一方面中国企业总是以“低价”切入的逻辑思维，也引导国际主流市场形成“劣质低价”的印象，这也是我国少数拥有世界级规模的中国企业在迈向全球知名品牌过程中的困惑。

第五，海外产业园面临差异化困境难以支撑中小品牌抱团出海。目前中国企业在海外建设的产业园区有近100个。这些境外产业园合作国家主要以发展中国家为主，运营管理主要以民营企业为主，普遍面临境外投资主体和行业差异化，园区规划缺乏本土化设计，投资风险意识不强，招商能力弱，引领性项目缺乏，综合协调东道国能力不足，本土化不足，投融资水平有限，园区资本、技术、人才软实力匮乏等问题，由此产生海外产业园普遍遭遇的发展模式封闭化、项目运作空心化的问题。在组织国内企业抱团出海的过程中，海外产业园过于强调与当地政府关系、资源能源，而忽视产业链的衔接、本土化人才团队和国际市场需求规律的分析，加之无法有效地衔接金融市场、建立信用体系，难以为中小企业品牌抱团出海提供有效的支撑服务。

参考文献

［1］国务院办公厅：《关于发挥品牌引领作用推动供需结构升级的意见》，中国政府网，http：//www. gov. cn/zhengce/content/2016 - 06/20/content_ 5083778. htm。

［2］《中华人民共和国国家安全法》。

［3］中国共产党第十九次全国代表大会报告。

［4］商务部数据。

品牌战略前沿理论篇

Frontier Theory of Brand Strategy

B.3
国家品牌战略创新问题研究

郭美晨*

摘　要： 国家品牌是一个国家获取国家竞争优势的重要战略资源。塑造一个有影响力与辨识度的国家品牌对于提高我国经济发展质量、提升国际竞争力、增强国际话语优势、维护国家战略安全至关重要。在塑造国家品牌的过程中，既需要坚实的生产力基础，也需要国家文化与价值观的支撑，同时需要注重在与他国互动实践中获取广泛的国际认同。

关键词： 国家品牌　品牌塑造　动力系统

---

* 郭美晨，经济学博士，中国社会科学院博士后，品牌中国战略规划院战略研究部研究员，研究方向为产业经济。

国家品牌是一国获取国际竞争力、提升国家竞争优势的重要战略资本。在全球品牌竞争日益激烈的当下，伴随我国经济进入高质量发展新阶段，塑造并培育一个形象良好、辨识度与影响力并重的国家品牌，对于提高我国经济发展质量、增强国际话语优势与国际竞争力、维护国家战略安全无疑具有重要的战略意义。

一　国家品牌的塑造与培育是当前中国品牌建设的重要内容

2014 年 5 月 10 日，习近平总书记提出“推动中国制造向中国创造转变、中国速度向中国质量转变、中国产品向中国品牌转变”的“三个转变”重要论述。这既阐明了目前中国经济发展面临的主要问题，也为中国品牌的升级、中国品牌经济的发展指明了方向。此后，社会各界对推动中国品牌建设与发展、打造品牌强国的关注度持续升温。2017 年《政府工作报告》强调，要“打造更多享誉全球的中国品牌”；自 2017 年起，国务院将每年 5 月 10 日设立为“中国品牌日”；2017 年 12 月发布的《质量品牌提升“十三五”规划》再一次将质量发展与品牌建设提到了新的战略高度；2018 年 5 月 10 日，李克强总理就中国品牌建设做出重要批示，指出加强品牌建设，增加优质供给，是实现高质量发展、更好满足人民群众对美好生活需要的重要内容。

从全球品牌竞争环境来看，在新一轮技术革命与产业变革浪潮中，加强自主品牌的培育和发展、强化本土品牌的国际影响力、塑造有力的国家品牌形象已成为各国抢占国际竞争制高点的重要战略选择。正如世界品牌实验室主席、诺贝尔经济学奖得主 Robert Mundell 所说，“一个国家的整体品牌形象作为一种战略性竞争资源，愈来愈受到各国政治和商业首脑的重视。如美国、法国、德国等国的跨国公司在全球营销过程中，往往能享受到因品牌所带来的溢价”①。诸多发达经济体纷纷以国家品牌化工程项目为依托，大力开展各种形式的国家品牌活动，如“百分百纯净新西兰”、“动感韩国”、“创意英国”等。就我国目前品牌建设的实际来看，品牌发展严重滞后于经济发展，产品自主创新能力不强、质量不高，低端产品结构性过剩的同时高端产品严重供给不足、国家品牌影响力弱等一系列制约性问题十分突出。随着全球范围内国家品牌竞争的日趋激烈，我国参与国家品牌竞争的责任感、使命感与紧迫感也持续增强。

当前，我国经济已由高速增长阶段转向高质量发展阶段，速度变化、结构优化、动力转换的经济特征愈加明显，要素驱动的规模速度型增长模式向创新驱动的质量效益型增长模式转变的需求更加紧迫。因此，无论是基于推动供给侧结构性改革、增加高质量有效供给的需要，还是驱动经济增长提质增效与动力转换的考量，实施品牌战略、打造国家品牌、建设品牌强国，对于提升国家综合实力与国际竞争力无疑具有重要意义。国家品牌是什么，应对其进行怎样的界定，其概念与内涵应如何界定，如何能够塑造形象良好、影响力强的国家品牌等，这一系列问题应是当前我国品牌建设所需要关注的重要内容。

二　国家品牌的概念与内涵界定

国家品牌是一个系统性、多维度、综合化的复杂概念，其具有广泛且丰富的内涵。1996 年，英国学者 Simon Anholt 将品牌概念引入对国家形象的研究中，并指出，与公司或产品的品牌形象一样，一国的国家声誉以及国家品牌塑造（nation brandling）对于国家竞争力的提升至关重要。之后，Anholt（2005）又创建了用以测量国家品牌形象

① 世界品牌实验室：《2014 年世界品牌 500 强分析报告》，http：//www. worldbrandlab. com。

与国家声誉的“国家品牌指数”（National Brands Index，NBI），其中，国家品牌是人们对国家品牌六边形中六个领域的国家竞争力理解的总和，这六个领域分别是出口、文化传统、旅游、政府管理、投资与移民以及人民[①]。这也为通过提升国家品牌形象来强化一国在全球化经济中的竞争优势，促进国家经济利益的实现提供了全新视角。2001 年，荷兰国际关系学院高级研究员 Peter · van · Ham 在国际政治领域提出了品牌国家（brand state）的概念，他指出“正如品牌最好地反映出顾客对特定产品和服务的感知，品牌国家也包含了外部世界对特定国家的信任和满意度”，“现在的政治家们……要为自己的国家找到合适的品牌定位，参与到竞争激烈的市场营销之中，保证消费者满意，最重要的是，使顾客建立对品牌的忠诚度”[②]。Kolter&Gertner（2002）指出，国家可以品牌化，并且存在国家品牌资产[③]。之后，Kolter（2009）进一步指出，每个基础市场背后都有一个品牌原产国，一个强大的品牌必须具备该品牌原产国深刻的烙印，原产国必须有独一无二的强大力量来支持企业和产品品牌，国家品牌的力量可能是一国的财务实力、文化、生活方式、教育、国家修养和历史等[④]。

总体来看，大多学者都认为国家品牌是一个包含政治、经济、社会、环境、民族、历史和文化等各种因素及其相互关联的复杂变量（Ying Fan，2006；Fetscherin，2010）。同时，对国家品牌的研究主要

---

① Simon Anholt. From nation branding to competitive identity-the role of brand management as a component of national policy. in Keith Dinnie（2008），Nation Branding：Concepts，Issues，Practice. Elsevier Ltd.

② Ham P V. The Rise of the Brand State：The Postmodern Politics of Image and Reputation［J］. Foreign Affairs，2001，80（5）：2 - 6.

③ Philip Kotler；David Gertner. Country as brand，product，and beyond：A place marketing and brand management perspective［J］. Journal of Brand Mangement，2002，9（4/5）：249 - 261.

④ 米尔顿·科特勒：《中国国家品牌缺失的原因何在》，《IT 时代周刊》2009 年第 3 期，第 60 ~ 61 页。

围绕国家品牌是否能够影响消费者的产品评价，避免因消费者的“刻板印象”所产生的对产品的负面评价，进而促进消费者的购买行为所展开。

基于已有研究，本文对国家品牌进行了如下界定。狭义层面的国家品牌，即在一国范围内形成的具有较强的生产能力和服务能力、较高的市场占有率与国际影响力的产品品牌总和，以及其在国内外消费者心中所形成的整体印象。就广义层面而言，国家品牌超越了简单的产品“实物形态”，是一个国家的资源禀赋、经济实力、技术水平等国家财富创造力以及文化理念、民族精神、品质属性、核心价值观等国家文化内核在国民心中所产生的国家归属感与认同感，并通过各种公众化的途径在全球范围内进行广泛传播，从而在国际受众心中所形成的总体感知与一般性评价。可以说，国家品牌是将商业领域的品牌概念扩展到国家层面的综合概念，包含了多层次、多维度的内涵，是一国在本国公民心中以及国际范围内的受众心中所形成的“受喜爱、受信赖”程度，是一个国家的国家气质与国家品格，同时也构成了一国参与全球竞争的重要的战略资源。

三　塑造国家品牌的动力系统

虽然国家品牌是商业领域品牌概念的拓展，但其并不是产品品牌、企业品牌等的简单叠加，而是受到诸如经济、政治、社会、历史、文化乃至国际关系等多维因素的共同影响。

（一）塑造国家品牌的生产力基础

国家品牌是由复杂的、多维度要素构成的综合概念，但一个有影响力的国家品牌必须以实体经济为基础。国家品牌是国家竞争力的综合体现，涵盖了一国的技术水平、管理能力、经济实力等全部有形综合国力信息，其始终代表着对一国从先进到落后的综合印象。于企业品牌来说，首先要在其所处的国内市场环境中取得成功，才能在全球市场中获取竞争力。同样，国家品牌的形成也需要培育富有竞争力的企业与支柱产业，以创造良好的国内宏观经济环境。如果一个国家的资本形成、基础设施、技术水平、管理能力、高质量的产品与服务、现代化的产业集群等有形资产积累不足，即便其拥有丰富的文化与历史资源，也必然难以形成强有力的国家品牌，同时也将缺乏足够的信心与热情向世界展示与宣传自身的国家形象。因此，脱离了实体经济基础的国家品牌塑造必然是不切实际的。

国家品牌是质量与创新的载体，也是供需结构升级的高质量发展的重要方向。重视质量是经济社会转型发展的内在规律。20 世纪 50 年代，德国即制定了“以质量推动品牌建设，以品牌助推产品出口”的政策；日本在二战后也将“质量救国”提升到国家战略高度，推动企业全面实施质量管理，“日本制造”通过逐步积累的质量优势迅速进入国际市场。1996 年，国务院颁布《质量振兴纲要（1996 ~ 2010 年）》，旨在提升我国主要产业的整体素质和企业的质量管理水平，这成为我国质量立国、质量立品牌的开端。高质量的经济发展与生活水平意味着从基于产品的消费向基于品牌的消费转变，“中国产品向中国品牌转变”的实现与“中国创造”、“中国质量”是紧密联系在一起的，任何能够走向世界并具有强大影响力的品牌，其背后一定有高品质、高技术、高服务水平的支撑。

从消费者的角度来说，国家品牌可视为消费者在消费过程中所逐渐形成的对一国产品与服务的相对稳定的感受与一致性评价。国家品牌的形成，首先必须在本国消费者与国民心中形成强烈的认同感，既包括精神层面的认同，同时也是对本国产品与服务质量和品质的认同。这种认同感的形成以及国家品牌形象的建立首先应基于以技术、知识为支撑的高质量产品生产与服务，需要一个现代化经济体系的支撑。对于当代中国来说，没有一个现代化经济体系，未来的一切都是空谈[①]。现代化经济体系的根本目标与诉求是推动实体经济发展与提升，追求内涵式增长、向质量倾斜，提升供给质量与效率。高质量产品往往能够扩大有效和高端供给，从而改变国内与国际市场的格局[②]。这无疑是国家品牌建设与发展的重要经济基础，并与“增品种、提品质、创品牌”的品牌建设内在要义相一致。伴随中国经济进入高质量发展新阶段，以实体经济为着力点，注重质量与效益，建设现代化经济体系，增强我国经济发展增长质量优势，构建高质量产品和服务的供给体系，以质量提升竞争力，实现从“中国制造”向“中国创造”与“中国质造”的转变，这既是满足人民日益增长的美好生活需要的迫切要求，同时也是塑造国家品牌的“生产力”基础。

（二）塑造国家品牌的文化与价值观支撑

国家不仅是一个经济体与政治体，也是一个文化体。文化是国家凝聚力与创造力的重要源泉，是一国经过长期历史演化而形成的特定行为准则与价值观的集合[③]。国家品牌的国际影响力既标志着一国经济实力的强弱，也反映出一国文化影响力的大小。正如 Cosgrove（2012）所指出的，最成功、最具生命力的品牌能够与消费者的价值观产生共鸣，其所表达的信息能够在价值观与情感层面中形成体系[④]。因此，国家品牌的塑造一方面是由国家经济硬实力所决定，另一方面，还需要国家文化软实力和价值观的支撑。国家品牌必须以鲜

---

① 汪同三：《建设好现代化经济体系才有未来》，中国社会科学网，2018 年 2 月 19 日。

② 高妍蕊：《建设现代化经济体系，迈向高质量发展》，《中国发展观察》2017 年第 23 期，第 17 ~ 24 页。

③ 刘瑞旗、李平等：《国家品牌与国家文化软实力研究》，经济管理出版社，2014，第 3 页。

④ Cosgrove K. M. Political Branding in the Modern Age, Routledge Handbook of Political Marketing, London and New York: Routledge, 2012: 107 – 123.

明的文化内涵与文化认同为基础，它们构成了国家品牌的灵魂与文化附加值；同时，国家品牌也是国家文化的传播载体及外在表现形式，国家品牌所展现的形象正是一国在发展进程中所凝聚的鲜明、独特的民族精神与深刻的文化个性。

从历史上看，我国国家品牌难以获得国际社会的普遍认同，很大原因是中国文化长期被西方主流文化视为“他者”和“异己”，受到发达国家所制定的文化标准及其控制下的话语权的制约。从长远的视角来看，所有大国的崛起都不仅仅是物质与经济层面的崛起，同时也是文化、意识形态与价值观在全球范围内的输出并形成日益强大的影响力的过程。诸多发达国家不仅通过建立强大的国家品牌在激烈的全球化竞争中获取收益，同时也在持续地推广、渗透自身的文化价值观。无论是本国人民与国际公众对于一国国家品牌的理解和认同，还是以国家品牌为依托的产品品牌、企业品牌和区域品牌的发展等，都离不开独特、优秀的国家文化的支撑。可以说，国家品牌的发展壮大是一个国家文化的沉淀和传承的历史积累结果，国家品牌的塑造是在继承国家优秀传统文化的基础上，充分挖掘本国独特的文化内涵与文化个性，并将其创造性地转化为一种被国际认可的固化形象。

需要注意的是，在立足于本国优秀文化的基础上，既要深刻理解自身文化内核，也要充分尊重文化与价值观差异，与不同国家进行持续的跨文化交流与互动，在世界范围内传播本国的优秀文化与核心价值理念。这种文化互动的过程，既是增强本国文化影响力与号召力、释放文化软实力的过程，同时也是提升国家品牌文化附加值的过程。

（三）塑造国家品牌的国际关系与国际认同

国家品牌并非全部基于国家自身而形成，其需要通过国家之间的互动实践而建构起来，国家间的政治、经济、文化、教育、旅游等的互动、交流都会影响公众对于一国国家品牌的认知。因此，在经济全球化视域下，国家品牌的塑造需要积极推进对外合作、开展外交与国际事务、参与全球治理，在国际社交网络中处理好本国与其他国家的关系以及自我认知与海外认知的关系，从而树立良好的国家品牌形象，获得广泛的国际信赖与认同。

一方面，基于对外合作、公共外交等的国际传播是塑造与改善本国国家品牌的重要渠道。产品或企业层面的品牌传播往往是促使品牌拥有者与消费者双方形成价值实现的认可，而国家品牌的国际传播则是推动国家与国际社会达成共识①。一国可以通过积极主动的塑造、宣传与推广，不断增强本国与他国积极的认同关系以及他国对本国国家品牌的认同感，从而逐步建构起自身所期望的国家品牌形象。

另一方面，国家品牌所展现的价值理念需要符合世界发展潮流，一个主动承担国际责任、致力于共同发展的良好国家形象对于国家品牌的塑造具有积极影响。一个成功的国家品牌往往是避免以自我意识为中心且淡化意识形态色彩的，这样就更容易被受众所理解、接受与认同。无论是进行对外经济合作，还是国际事务参与和公共外交，首先都要深入了解其他国家民众的价值观念，通过其认可、接受的方式传递自身国家品牌的理念，使国际公众主动接受、信任与分享，从而在推动国家品牌国际化进程中获得广泛认同，使其持续产生影响力与吸引力。

随着我国综合国力与国际影响力的持续提升，对外传播力度也不断加大。近年来，“中国威胁论”“锐实力”等成为一些西方国家不断抛出的概念与热议的话题，这实际上是面对不断崛起的中国西方国家话语霸权以及舆论遏制的表现。因此，加强国别之间的高层互动、民间往来与信息交流，提升国际话语权，掌握国际舆论引导主动权是

① 舒咏平、胡靖:《“国家品牌传播”提出的逻辑》,《学术界》2018 年第 4 期，第 100 ~ 109 页。

加强中国品牌国际传播能力建设的当务之急。从行业层面来看，经济全球化下，企业及产品走出国门、走向国际市场，对于国家品牌的国际传播能够起到积极的作用。这里所说的“走出去”，不仅仅是指单纯的企业为追求成本优势、提高利润和收益而进行的要素资源跨境布局。企业必须不断增强品牌意识与品牌责任感，在面向全球市场输出高质量产品与服务的同时，输出企业乃至国家的文化、理念与价值观，从而以企业在海外的良好品牌形象及信誉为国家品牌背书。

四　国家品牌的塑造与提升——中国的策略选择

塑造国家品牌的过程，实际上是为改善或扩大在目标受众中的国家形象与声誉所进行的国家品牌的创造、规划与系统管理的过程，应从国家战略规划、基础设施建设、文化价值观传导、国民素质提升、整合传播与营销等多维度构建国家品牌战略框架，持续不断地维护并提升国家品牌形象。塑造一个有影响力的中国国家品牌，对于向世界充分展示、传播与分享中国价值理念与追求，阐释中国的发展道路、发展模式与发展方向，展现中国的大国责任与国际担当，切实提升中国品牌的国际影响力与话语权无疑具有重要的战略意义。

（一）加快国家品牌的顶层设计，优化制度环境

从国际经验来看，发达国家往往具有较为完善的国家品牌政策体系和良好的政策环境，从战略目标、执行计划、评估策略、推广传播、知识产权保护等各方面为国家品牌的发展提供引导、支持与保障。例如，韩国在2009年就成立了正式的国家品牌委员会，并直接向总统负责，对韩国国家品牌进行集中打造与宣传。目前，我国品牌发展的整体战略框架仍比较模糊，主要停留在理论与号召阶段，对国

家品牌的定位、培育、发展路径、传播与保护等都缺乏系统研究，实现我国品牌强国的建设目标还需要一个长期的过程。

因此，政府部门需要加快推动形成系统有效的国家品牌战略思路与政策支持体系，优化国家品牌塑造与发展的制度环境。一方面，要充分发挥政府的引导与服务功能，建立“国家品牌委员会”等专门机构进行统筹规划，提供政策保障、资金支持，监督并协调政府部门、企业、民众与社会组织等各参与主体，整合并创新多元传播渠道，向世界展示一个完整、清晰、有力的国家品牌形象。另一方面，要加大对自主品牌与民族品牌的知识产权保护，营造公平竞争、鼓励创新的品牌发展市场环境，培育具有国际影响力的品牌评价机构，推动建立全球统一的品牌评价标准体系，增强我国国家品牌在国际评价中的话语权。

（二）以实体经济为基础，提升自主创新能力与质量发展水平

质量是品牌发展的基础，创新是品牌发展的动力，是提升产品技术、性能与质量、提高产品附加值与美誉度的根本途径。任何品牌的塑造都不是空泛的概念诉求。增强产品与服务的质量稳定性与可靠性，提升中国制造的质量信誉与自主创新能力，是塑造强有力的国家品牌、提升国家品牌竞争力的基础与关键。

因此，我们必须清醒地认识到，当前中国品牌在关键核心技术、自主知识产权领域与发达国家存在巨大差距。在现代化经济体系的基本建设框架内，必须以创新驱动为核心，以先进的科学技术为支撑，加大产品研发投入，提高质量管理水平，提升产品的科技含量与附加值，打造与培育一批有代表性的、能够支撑中国品牌发展的世界级品牌和品牌型企业，生产一批质量优、附加值高、具有自主知识产权的精品，增强高质量产品与服务的供给能力，从而能够以质量和创新赢

得消费者与受众的认可与信任，真正实现基于自主创新能力的国家品牌建设目标，增强国家品牌的全球竞争力。

（三）提高文化软实力，促进文化交流与相互认同

一方面，要在中国核心文化价值观的基础上进行国家品牌的附加值塑造。在国家品牌塑造过程中，应积极挖掘中国传统文化中的正面形象与积极元素，进一步提炼并在全球范围内传播中国文化的优秀价值观，弘扬“讲仁爱、重民本、守诚信、崇正义、尚和合、求大同”的优秀传统文化并赋予其时代价值，培养传统与创新、理念与务实、中华文明特色与世界发展大势有机结合的“工匠精神”①，巩固国家品牌特有的文化内涵与价值取向。

另一方面，国家品牌的塑造及其国际影响力的提升需要在全球范围内向具有不同文化与价值观背景的受众寻求更多的情感认同。这就要求树立对不同文化的理解与尊重意识，做好国家品牌的跨文化沟通。只有注重中华文化价值观与全球文化价值观的平衡与兼容关系，充分理解并尊重不同文化价值观的差异性，提高国家品牌的跨文化沟通技能，才能推动国家品牌赢得更加广泛的全球市场。

（四）增强国家品牌的国际传播影响力，讲好“中国故事”

中国的国家品牌要想获得世界的广泛认同，必须在深刻理解国家品牌的现状与未来的基础上，将中国的综合实力与发展优势转化为国际话语优势，着力推进国际传播能力建设，通过融通中外的传播途径与方式，合理、科学与真实地发出中国品牌的声音、展现中国品牌形象，以增强国家品牌的国际话语权，提升影响力与吸引力。

一方面，要从中国品牌的自身出发，不断提高中国品牌发展的质

① 马建堂：《跻身制造强国尤需工匠精神》，《光明日报》2016 年 7 月 27 日，第 2 版。

量与品质，加强对国家品牌所蕴含的民族特性与价值理念的自我认知理解，在激烈的国际品牌竞争中充分展示中国品牌的核心与精华。另一方面，要以世界为落脚点，通过国际受众更易理解、接受与认同的途径和方式来传递中国的品牌形象，消除国际社会对中国品牌的刻板印象。与此同时，需要借助网络新媒体、国际活动营销、公共外交、口碑传播等多渠道传播平台和多媒介传播方式，全面、立体地传播国家品牌形象。

参考文献

［1］世界品牌实验室：《2014 年世界品牌 500 强分析报告》，http：//www. worldbrandlab. com。

［2］Simon Anholt. From nation branding to competitive identity-the role of brand management as a component of national policy. in Keith Dinnie (2008), Nation Branding: Concepts, Issues, Practice. Elsevier Ltd.

［3］Ham P V. The Rise of the Brand State: The Postmodern Politics of Image and Reputation [J]. Foreign Affairs, 2001, 80 (5): 2 - 6.

［4］Philip Kotler; David Gertner. Country as brand, product, and beyond: A place marketing and brand management perspective [J]. Journal of Brand Mangement, 2002, 9 (4/5): 249 - 261.

［5］米尔顿·科特勒：《中国国家品牌缺失的原因何在》，《IT 时代周刊》2009 年第 3 期，第 60 ~ 61 页。

［6］汪同三：《建设好现代化经济体系才有未来》，中国社会科学网，2018 年 2 月 19 日。

［7］高妍蕊：《建设现代化经济体系，迈向高质量发展》，《中国发展观察》2017 年第 23 期，第 17 ~ 24 页。

［8］刘瑞旗、李平等：《国家品牌与国家文化软实力研究》，经济管理出版社，2014，第 3 页。

[9] Cosgrove K. M. Political Branding in the Modern Age, Routledge Handbook of Political Marketing, London and New York: Routledge, 2012: 107 – 123.

[10] 舒咏平、胡靖：《“国家品牌传播”提出的逻辑》，《学术界》2018 年第 4 期，第 100 ~ 109 页。

[11] 马建堂：《跻身制造强国尤需工匠精神》，《光明日报》2016 年 7 月 27 日，第 2 版。

B.4

品牌经济、高质量发展与全要素生产率关系研究

郭美晨　张 典*

摘　要： 以品牌为核心整合各种创新要素，实施品牌战略、发展品牌经济，既是增强中国经济发展质量优势、满足人民美好生活需要的战略选择，也是提高全要素生产率、补齐经济增长短板的重要创新要素。在中国经济进入高质量发展新阶段的当下，应加快推动品牌战略顶层设计、构建支撑品牌生态性增长的现代化产业体系、加强企业品牌管理、以品牌为抓手释放消费潜力。

关键词： 品牌经济　高质量发展　全要素生产率

党的十九大报告提出，我国经济已由高速增长阶段转向高质量发展阶段，必须坚持质量第一、效益优先，以供给侧结构性改革为主线，着力推动经济发展的质量变革、效率变革、动力变革，提高全要素生产率。品牌是一种无形资产，以质量为核心、以创新为动力，是企业竞争力和国家竞争力的综合体现，同时也代表着供需结构的全面

* 郭美晨，经济学博士，中国社会科学院博士后，品牌中国战略规划院战略研究部研究员，研究方向为产业经济；张典，哲学硕士，品牌中国战略规划院战略研究部研究员，研究方向为品牌战略与品牌文化。

升级。在中国经济进入高质量发展新阶段的当下，以品牌为核心，整合各种创新要素，大力实施品牌战略、发展品牌经济，无疑是引领经济高质量发展、促进全要素生产率提升的重要驱动力量。

一　品牌是增强经济发展质量优势的战略选择

改革开放以来，经过40年的不懈努力，我国经济规模快速增长，目前已经迈入由“大”向“强”转变的新阶段。社会主义现代化国家的经济基础是社会生产能力水平的明显提升，其核心则是经济发展的高质量[①]。在经济发展新时代，首先要解决的问题就是实现经济的高质量发展，推动经济发展提质增效。同样，中国品牌战略已经进入了推动高质量发展、满足美好生活需要的新时代。加快品牌建设是推动经济高质量发展的题中之义，是顺应人民美好生活新期待的客观要求。

（一）实施品牌战略是现代化经济体系建设的题中之义

十九大报告指出，现阶段我国经济建设的一个总纲领，就是加快建设现代化经济体系。在高质量发展阶段下，现代化经济体系应是具备创新引领、协同发展的现代化产业体系，统一开放、竞争有序的现代市场体系，体现效率、促进公平的收入分配体系，彰显优势、协调联动的城乡区域发展体系，资源节约、环境友好的绿色发展体系，以及多元平衡、安全高效的全面开放体系。现代化经济体系的建设标准，是既要考虑经济发展的总量与速度，又要注重经济发展的质量与效益，以实体经济为着力点，构建高质量的产品供给体系。无论是产品品牌、企业品牌，还是区域品牌、国家品牌，任何品牌的产生、发

---

① 汪同三：《深入理解我国经济转向高质量发展》，《人民日报》2018年6月7日，第7版。

展壮大乃至形成强大的国际影响力，都必须以质量、品质为根基，始终注重产品的创新和质量的改善，必须掌握先进的科学技术，具有自主创新能力和知识产权，不断增强产品与服务的质量优势。品牌建设绝不可停留在空洞的口号与概念阶段，如果没有一个现代化经济体系为支撑，没有高质量的产品和服务为基础，那么未来中国品牌的崛起则是空谈。

在现代化经济体系的基本建设框架内，推动中国品牌的发展和崛起，首先最为重要的一点是，必须坚持创新引领，以质量为核心，以创新为动力。我们必须清醒地认识到，当前中国品牌在关键核心技术、自主知识产权领域与发达国家所存在的巨大差距。2018 年上半年的美国制裁中兴事件更是敲响了我国制造业大而不强、全而不精的警钟，迫使我们再次正视自身在高新技术领域存在的短板，掌握核心技术、形成自主品牌刻不容缓。中国制造业的升级、中国品牌的崛起，要以创新为核心要素，加大产品的研发投入，提高质量管理水平，提升产品的科技含量与附加值，打造与培育一批有代表性的、能够支撑中国品牌发展的世界级品牌和品牌型企业，生产一批质量优、附加值高、具有自主知识产权的精品，从而能够持续提高供给体系的质量和效益，增强中国品牌的核心竞争力，以质量和创新赢得更广泛的全球市场。

（二）品牌的转型发展为满足人民美好生活需要奠定基础

十九大报告指出，我国社会主要矛盾已经转化为人民日益增长的美好生活需要和不平衡不充分的发展之间的矛盾。经过多年的努力，我国目前已解决了改革开放初期的社会主要矛盾，即“人民日益增长的物质文化需要同落后的社会生产之间的矛盾”。但伴随着我国经济规模的高速扩张，长期以来“不平衡、不充分、不可持续”的结构性失衡问题依然存在，这些不平衡、不充分的问题反映在品牌建设上，则是品牌发展严重滞后于经济发展，产品自主创新能力不强、质量不高，低端产品结构性过剩的同时高端产品严重供给不足等一系列制约性问题。实现经济的高质量发展，是解决不平衡、不充分问题的关键。而从人民美好生活需要的角度来看，只有实现经济的高质量发展，提升供给体系的质量，才能满足人民对于物质与精神文化生活的更高要求。

美好生活需要，既包含了物质生活的丰富，也包含了对精神生活更高层次的追求。一方面，消费者的消费理念不断成熟，消费品质化、智能化、个性化趋势愈加明显，消费者的参与度和影响力也不断强化；另一方面，随着经济发展和消费结构升级，消费者的消费需求逐渐从产品消费向品牌消费和品质消费转变，更加注重产品和服务的质量与品质。2018 年 5 月，李克强总理在首届中国自主品牌博览会召开之际，就加强品牌建设作出重要批示，指出“加强品牌建设，增加优质供给，是实现高质量发展、更好满足人民群众对美好生活需要的重要内容”。当前，我国社会主要矛盾的转变与品牌建设有着密切的联系，在人民生活向品质生活转型、消费理念向品牌消费和品质消费升级的新时代下，品牌建设应成为化解社会主要矛盾、满足美好生活需求的重要路径选择，打造高质量、高附加值的“中国品牌”能够助力人民日益增长的美好生活需要的实现。

二　品牌是提高全要素生产率、补齐经济增长短板的重要因素

（一）高质量发展的本质与核心是提升全要素生产率

十九大报告明确提出了“提高全要素生产率”，这是全要素生产率的概念首次写入党的代表大会报告。同时，十九大报告中所提到的

“质量变革、动力变革、效率变革”，最终落脚到了效率的提升上，而效率的提升则是经济实现可持续增长和高质量发展的重要动力。生产率是决定一国经济增长质量与效率的关键因素，经济高质量发展的本质与核心即是不断提升全要素生产率。

Solow（1957）在研究美国经济增长时发现，资本与劳动投入只能解释 12.5% 的产出增长，而另外 87.5% 的部分则无法通过资本与劳动投入来解释。由此，Solow 用外生的技术进步对来自资本与劳动投入以外的“余值”进行解释，并演化出全要素生产率（total factor productivity，TFP）理论。全要素生产率是用于度量除了土地、资本和劳动力这三种基本生产要素之外的其他所有要素对经济增长贡献的重要指标[①]。伴随经济社会的持续发展，传统的土地、资本、劳动等经济增长的短板逐渐被克服。在经济新常态下，长期以来支撑我国经济高速增长的传统资本、劳动要素红利正在逐渐消失，经济面临较大下行压力，全要素生产率的增长也呈现一定程度的下降趋势。因此，在当前经济发展的新阶段下，全要素生产率成为经济高质量发展的主要短板。这就需要不断挖掘能够驱动全要素增长的新要素、新动力，通过各种创新形式来实现全要素生产率的提升。

（二）品牌是促进全要素生产率提升的重要创新要素

在传统研究中，品牌通常被定义为市场营销领域的概念。但在以创新竞争为核心的现代市场经济条件下，品牌已成为继土地、劳动力、资本等传统要素后，与技术创新、管理、制度等新要素同等重要的核心与稀缺性资源。伴随社会生产力的快速发展，土地、劳动、资本等制约经济增长的短板逐渐被克服之后，技术创新、管理、制度、企业家、品牌等创新要素对于生产规模扩大和生产效率提升的作用逐

① 汪同三、郭美晨：《高度重视中国品牌建设》，《人民日报》2018 年 7 月 22 日，第 7 版。

渐被认可。尤其是在经济全球化日益深入发展的趋势下，品牌在促进生产力与全要素生产率提升上所起到的作用将日趋显著。在市场竞争中，质量和品牌始终是有机统一的——品牌是质量的象征，质量提升最终要体现在品牌的美誉度上；成功的产品品牌、企业品牌、区域品牌都能使相关生产者获得溢价收益[①]。无论是产品品牌、企业品牌，还是产业品牌、区域品牌乃至国家品牌，其本质与核心都是为经济发展服务的，最终都是要挖掘经济增长的内在潜力。经济内生性增长的关键就在于“实现高质量发展，提高全要素生产率”。因此，从这个视角来看，以品牌为核心，整合各种创新要素，优化资源配置，是加快实现“三个转变”、增强经济质量优势的题中之义，而品牌一定是推动全要素生产率提升的重要创新要素之一。

总体来看，全要素生产率主要由资源重新配置效率和微观生产效率两个部分构成[②]。从宏观视角来看，通过资源的重新配置，如生产要素由生产率较低的部门向生产率较高的部门转移可以带来全要素生产率的提高。从微观视角来看，企业通过新技术的引入、与新技术相适应的人力资本优化、组织结构的改善和管理制度的变革等，可以提升企业绩效，进而提升全要素生产率。品牌对于全要素生产率的促进作用，主要体现在以下三个方面。

第一，品牌的增长效应，即作为新经济时代的新兴要素，品牌自身具有较高的创新价值与效率。从经济增长的角度来看，在决定经济增长的各种直接因素之间的相互关系中，要素的投入规模以及要素质量对于全要素生产率的增长至关重要。从当前全球人均财富位居前列的国家与地区来看，其经济发展并非依靠传统的自然资源等有形资产，而是加大对以品牌为代表的无形资产投入。作为一种无形资产，

① 汪同三、郭美晨：《高度重视中国品牌建设》，《人民日报》2018 年 7 月 22 日，第 7 版。

② 蔡昉：《中国经济增长如何转向全要素生产率驱动型》，《中国社会科学》2013 年第 1 期，第 56 ~ 71 页。

在新经济时代，品牌要素乃至品牌资本能够并将成为基础性生产要素与战略性资源。品牌具有的创新价值以及知识、智力密集型程度更高，同时也具备稀缺性和难以模仿与替代的经济特性，能够直接进入社会经济生产、消费、流动等各领域和各环节，持续增长的品牌资本投入能够带来规模的节约、资本配置的优化，并推动知识进展，从而直接促进创新与生产效率的提升。

第二，品牌的溢出效应，即品牌对于其他传统要素以及要素配置具有提升与优化作用。传统要素的质量提升以及要素配置效率的优化是促进全要素生产率增长的重要实现路径。品牌要素不仅自身具有较高的创新价值含量，同时能够产生强大的溢出效应。品牌要素的应用、扩散与渗透能够对资本、劳动、企业家才能等传统生产要素产生改造与提升作用，从而改善传统要素的质量。同时，通过与传统要素的相互作用和有机配比，提高传统要素的利用效率与边际效用，并促进要素结构在各部门内部以及不同部门之间的重新调整与资源再配置，从而优化要素配置效率，并促进全要素生产率实现更为显著的提升。

第三，品牌的关联效应，即品牌投入能够进一步加快企业组织变革、管理模式优化、研发投入、人力资本积累等互补性行为的产生。根据企业资源战略理论，现代企业组织是一系列资源和能力的集合，简单拥有单一的核心能力并不能弥补其他能力的不足，而必须要关注资源的互补性，只有通过对自身拥有或外部购买的资源与能力进行创新整合运用，才能创造出企业独特的、长期的核心竞争优势[①]。品牌资本的持续积累及其效能的提升与企业的创新活动紧密相连：一方面，技术进步、商业模式创新、组织结构变革、研发资本投入、人力资本集聚等创新活动能够带动品牌内涵的拓展以及品牌资本的增值，

① 陆亚东、孙金云：《中国企业成长战略新视角：复合基础观的概念、内涵与方法》，《管理世界》2013 年第 10 期，第 106 ~ 117 页。

提高品牌资本的利用效率；另一方面，企业品牌建设以及品牌资本投入反过来能够进一步促进创新活动的开展及其作用提升[①]，品牌能够成为企业吸引资本、信息以及专业化人才集聚的重要途径。由此循环往复，品牌资本与企业各类创新资源与创新活动互动协同，从而产生越来越显著的“品牌溢价”作用，加快推动形成企业核心竞争力，实现企业可持续性增长。从企业经营的视角来看，企业在不断加大品牌建设投入的同时，相应的组织变革、管理模式改进、商业模式创新、研发资本投入、人力资本积累等互补性创新行为也将随之开展，从而能够提高内部资源管理效率，促进各资源的协调、组合与互动，由此带动企业生产效率与绩效的大幅提升。从区域或者城市发展的视角来看，当一个区域品牌资源得到不断投入并快速聚集起来之后，相应的配套与互补性资源，如新的市场需求、新的产业分工、新产业部门和新业态、高素质的人才队伍等也将持续不断地进入，由此产生强大的品牌虹吸效应，这些互补性资源又会进一步对品牌的发展起到坚实的支撑作用，从而共同推动区域与城市经济高质量发展及其生产率的提升。

（三）发挥品牌引领作用，促进经济高质量发展的对策建议

不同于资本、劳动力、技术等要素对于经济增长的影响与贡献，品牌对于经济增长的促进作用是在生产与消费的互动与融合过程中实现的。品牌建设代表着供给结构和需求结构的升级方向，其发展壮大可以为国家与企业组织释放可持续的生产动力。因此，加快品牌经济的发展，是推进供给侧结构性改革、实现高质量发展、提升全要素生产率的重要战略保障。

---

① Vomberg A, Homburg C, Bornemann T. Talented people and strong brands: The contribution of human capital and brand equity to firm value [J]. Strategic Management Journal, 2015, 36 (13): 2122-2131.

1. 立足国家经济安全的战略高度，加快品牌战略顶层设计

品牌不仅仅是产品与市场的竞争，更是国家参与全球竞争的重要战略选择，对品牌的定位也应该从单纯的市场定位向多元的国家经济与战略安全定位升级。从国家层面来看，品牌是实现中国和平崛起的战略布局；从企业层面看，品牌是中国企业走向世界、提高国际竞争力的路径选择；从产品层面看，品牌是当前供给侧结构性改革的重要抓手。因此，我们必须从国家经济安全的战略高度去认识并推动中国品牌的发展与崛起，践行“三个转变”，为实现经济的高质量发展和全要素生产率提高提供新的动力源泉。

从政府层面来看，要尽快从顶层设计上建立以国家品牌建设为目标的发展机制，强化品牌发展的制度供给。第一，要营造激励创新的公平竞争环境，打破制约创新的行业垄断、地区垄断，健全市场准入和退出机制，优化品牌发展环境；第二，要尽快搭建品牌公共服务平台，促进品牌企业创新资源集聚；第三，要尽快完善知识产权保护制度，加大自主知识产权保护力度，营造创新资源有序流动、促进世界品牌崛起的良好竞争氛围；第四，要推动形成中国的品牌标准体系，树立国际社会认可的中国标准，从而提升中国品牌的国际话语权和定价权。

2. 构建能够支撑品牌生态性增长的现代化产业体系

中国品牌的建设与发展是现代化经济体系建设的题中之义，而现代化经济体系的建设，必须具备一个创新引领、协同发展的现代化产业体系。任何品牌的发展，都必须具备质量与创新并重的实体经济基础。良好的产业基础能够为国家品牌形象及战略的打造提供坚实支撑。自主品牌与知名品牌的缺失是中国产业向价值链高端提升的软肋，而产业“大而不强”同样是国家品牌建设和自主品牌培育的重要制约因素。因此，需要构建起能够支撑品牌生态性增长、实现新旧动能转换的高质量现代化产业体系，才能真正支撑起中国品牌的发

展，并有效推动经济发展向更高质量、更高效益的方向转型。

打造创新引领、协同发展的雄厚与坚实的现代化产业基础的着力点不在于增长速度多快，必须大力提升产业发展的质量与效益，质量与创新并重，实现从“中国制造”向“中国创造”和“中国品牌”的转变，这与强化产业的自主创新能力密切相关。必须以创新驱动为核心，以先进的科学技术为支撑，不断推动具有自主知识产权的创新产品的出现，才能真正实现基于自主创新能力的品牌建设，提升国家品牌的全球竞争力，从而为经济的高质量发展背书。

3. 以质量与创新为基础，加强企业品牌管理，提高生产效率

品牌以质量为核心，以创新为动力，代表着企业的核心竞争力。任何能够成功崛起并走向国际市场的品牌，其背后一定是高质量产品和服务的支撑，而质量和创新正是企业竞争力的核心，是企业提升生产效率与经营绩效的关键驱动力。从国际竞争力来看，中国产品遍布全球市场，但“中国品牌”往往成为劣质、廉价、低附加值的代名词，这也反映出中国企业品牌建设的缺失。因此，培育并打造一批具有良好品牌发展潜力、能够提供高质量有效供给的世界级品牌企业，对于支撑中国品牌强国建设至关重要。

对于企业来说，一方面，必须增强品牌意识，坚持创新引领，适应不断变化的市场需求，改善产品与服务供给，同时要注重品质，弘扬精益求精的“工匠精神”，打造强势品牌，这是企业实现可持续发展和战略性领先的关键。另一方面，企业在加大品牌投入的同时，必须加强品牌与其他创新资源的协调配合能力，协调、有序、动态地整合企业内部与外部各种创新性互补资源，从而逐步构建起企业独特、持久的品牌竞争优势。

4. 以品牌发展支撑高质量供给，释放消费增长潜力

十九大报告中，消费对于经济的重要作用被多次提及，如“在中高端消费、创新引领、绿色低碳、共享经济、现代供应链、人力资本

服务等领域培育新增长点、形成新动能”、“完善促进消费的体制机制，增强消费对经济发展的基础性作用”等。从国家统计局发布的数据来看，2018 年上半年，全国社会消费品零售总额为 18 万亿元，最终消费支出对经济增长的贡献率达到 78.5%，消费始终是支撑经济发展的基础性与可靠动力。在社会主要矛盾转换以及消费升级的新时代，品牌必将成为释放消费潜能、寻求消费增长新动力的重要抓手。

第一，以品牌转型支撑消费升级。品牌的建设与转型发展，既要适应消费升级的趋势，同时更要注重品牌自身的“超前性”及其对消费升级的“引领”作用。一方面，品牌需要适应不断分化的市场、分散并聚合的消费群体以及持续渗透的互联网思维，来满足消费者持续升级的消费需求。另一方面，更为重要的是，品牌必须去思考如何激活与创造高品质的中高端消费新需求，从而推动消费结构乃至产业结构的整体升级，这也是经济高质量发展及社会主要矛盾转变的新时代赋予品牌转型升级的重要使命。

第二，推动“轻奢品牌”发展，强化供给结构创新。伴随国民收入的增长和消费水平的升级，智能化、品质化、知识化、健康化、绿色化的高质量消费需求不断凸显，主力消费群体开始追求真正的高品质产品与服务。相比价格偏高的传统奢侈品牌，以及难以满足创意与品质双重消费需求的流行品牌，“轻奢侈”品牌将越来越受到富裕阶层日常消费以及中产阶层个性消费的普遍青睐①。根据中国贸促会研究院发布的《2017/2018 年中国消费市场发展报告》，40% 以上的“90 后”受访消费者更加偏好“轻奢品牌”②。因此，推动大牌副线、风格品牌与原创设计品牌和优势产能相结合的“轻奢品牌”的扩张，对于准确把握中国消费市场转型趋势与品牌建设方向、挖掘消费市场

① 才大颖：《倡导生活美学 打造轻奢品牌》，《中国出版传媒商报》2017 年 9 月 8 日，第 6 版。

② 中国贸促会研究院：《2017/2018 年中国消费市场发展报告》，2018 年 2 月 6 日。

巨大潜能、明确中国品牌差异化发展与定位、推动供需结构升级意义重大。

参考文献

[1] 汪同三：《深入理解我国经济转向高质量发展》，《人民日报》2018年6月7日，第7版。

[2] 汪同三、郭美晨：《高度重视中国品牌建设》，《人民日报》2018年7月22日，第7版。

[3] 蔡昉：《中国经济增长如何转向全要素生产率驱动型》，《中国社会科学》2013年第1期，第56~71页。

[4] 陆亚东、孙金云：《中国企业成长战略新视角：复合基础观的概念、内涵与方法》，《管理世界》2013第10期，第106~117页。

[5] Vomberg A，Homburg C，Bornemann T. Talented people and strong brands：The contribution of human capital and brand equity to firm value [J] . Strategic Management Journal，2015，36（13）：2122－2131.

[6] 才大颖：《倡导生活美学打造轻奢品牌》，《中国出版传媒商报》2017年9月8日，第6版。

[7] 中国贸促会研究院：《2017/2018年中国消费市场发展报告》，2018年2月6日。

B.5
品牌生命周期与品牌战略选择

郭美晨*

摘　要： 品牌生命周期是作为生命有机体的品牌从出生、成长，经过持续发展不断成熟，然后逐渐衰退，或退出市场，或经过企业品牌战略调整等相应措施使得品牌重新焕发活力，最终品牌生命周期得以延伸的过程。其主要包括品牌的导入阶段、成长阶段、成熟阶段和衰退阶段。在品牌生命周期的不同阶段，各内外部生态因子的相互作用促使品牌形成不同的生态位。企业需要立足于不同生命周期阶段的品牌价值特性与成长特点，进行相应的品牌战略选择，以获取核心竞争优势。

关键词： 品牌生命周期　品牌战略选择　生态位

随着市场经济的不断发展和企业竞争的日益升级，现代企业的市场竞争越来越表现为品牌的竞争，品牌竞争力已成为企业核心竞争力的重要组成部分。与其他具有生命特征的有机体一样，品牌同样具有自己从生存到衰退的动态轨迹。对于企业来说，其经营的最终目标是实现品牌的永续发展，而针对生命周期的不同阶段制定相应的品牌发展战略，对于企业品牌的创新、发展与管理尤为重要。

---

* 郭美晨，经济学博士，中国社会科学院博士后，品牌中国战略规划院战略研究部研究员，研究方向为产业经济。

一 品牌生命周期理论的国内外研究

生命周期即具有生命特征的有机体在其成长与发展过程中所经历的从出生、成长、成熟到衰退乃至消失的发展周期，通过将研究对象的发展周期分为不同的阶段，能够更加系统、全面地分析其行为特征与选择的阶段性变化。“生命周期”这一概念被广泛应用于管理学与经济学等领域，并相继衍生出了企业生命周期（Hair，1959）、产品生命周期（Vernon，1966）、产业生命周期（Gort&Klepper，1982）等理论。

品牌生命周期理论是20世纪60年代初由Manfred Bruhn首次提出的，他将品牌生命周期全过程划分为六个阶段，分别是品牌的创立阶段、品牌的稳固阶段、品牌的差异化阶段、品牌的模仿阶段、品牌的分化阶段和品牌的两极分化阶段①。营销大师Kotler（1999）② 认为，品牌的生命周期可以基于产品生命周期理论进行分析，如同产品一样，品牌也经历了一个从导入、成长、成熟到衰退的过程。但需要注意的是，存在产品退出市场而品牌不退出市场的现象，如可口可乐等许多老品牌经久不衰。英国学者Jones（1999）③ 认为，品牌的生命周期是一个自我实现而非自然生长的概念，其发展过程应分为孕育形成期（新品牌或升级品牌的引入）、初始成长周期（品牌进入市场、销售量达到顶峰后下降至最高销售量的80%这一相对稳定状态）以及周期再循环阶段（并非衰退或死亡）；在再循环阶段，有61%的

① Simon H. Dynamics of Price Elasticity and Brand Life Cycles: An Empirical Study [J]. Journal of Marketing Research, 1979, 16 (4): 439 - 452.

② 〔美〕菲利浦·科特勒著《营销管理（第十一版）》，梅清豪译，上海人民出版社，2003，第361页。

③ 〔英〕约翰·菲利普·琼斯（John Philip Jones）著《广告与品牌策划》，孙连勇等译，机械工业出版社，1999，第53～128页。

品牌采取的手段与广告有关，其中41%的品牌在此过程中进行了产品创新、同时增加了广告投资。Jones指出，品牌会随着产品的过时而进入衰退期，如果品牌能够不断调节与创新来适应新的市场竞争环境，那么就能够实现品牌竞争力的持续。由此，他抨击了传统的品牌生命周期理论，认为品牌的衰落并不完全取决于外部因素，很大程度上是由企业不可持续的战略选择导致的。

国内学术界对于品牌生命周期的研究起步较晚。黄德勤、陈植功（1994）指出，企业的市场营销战略必须适应品牌生命周期的发展变化，品牌生命周期存在S形、“循环双峰或多峰”形和扇形三种模式[①]。潘云成（2000）认为，品牌生命周期有广义与狭义两个层面的内涵，广义的品牌生命周期包括品牌法定生命周期和品牌市场生命周期，狭义层面则特指品牌市场生命周期，理论上一个完整的品牌生命周期包括导入期、知晓期、知名期、维护与完善期、退出期这五个阶段[②]。但也有学者认为，品牌生命周期应该是处于法定生命周期有效期范围内的品牌市场生命周期，因为在市场经济的前提下，脱离法律保护而探讨品牌生命周期是缺乏现实意义的（杜志洲，2001）[③]。黄嘉涛、胡劲（2004）基于消费者的视角指出，根据消费者品牌态度的差异，品牌生命周期也呈现不同的特点，并依次经历认知期、美誉期、忠诚期和转移期四个阶段[④]。施鹏丽、韩福荣（2006）认为，不同于传统的S形生命周期，品牌的扇形生命周期更加合理，即在经历了衰退期之后甚至处于知名期时，企业可以通过改进产品、研发新用

① 黄德勤、陈植功：《从百事可乐发展看营销策略与品牌生命周期》，《计划与市场探索》1994年第10期，第31~32页。

② 潘云成：《品牌生命周期论》，《商业经济与管理》2000年第9期，第19~21页；第65页。

③ 杜志洲：《论品牌生命周期及各阶段的品牌营销战略》，《重庆商学院学报》2001年第3期，第65~66页；第79页。

④ 黄嘉涛、胡劲：《基于品牌生命周期的品牌战略》，《商业时代》2004年第27期，第41~43页。

途或者开辟新市场等使得品牌的成熟期无限延长，甚至进入新的成长阶段[①]。李飞（2015）对老字号品牌的生命周期进行了研究，认为中华老字号品牌生命周期包括成长阶段、成熟阶段、老化阶段和休眠阶段，每个阶段采取的品牌策略的核心都是打造品牌竞争优势[②]。

由此可以看出，目前对于品牌生命周期的研究可以大致归为两类，一类是传统的品牌生命周期理论，即根据生物的生长过程，总体上认为品牌最终要走向衰退与死亡，生命周期曲线包括了出生、成长、成熟和衰退四个阶段；另一类以 Jones 等学者为代表，认为品牌的生命可以是无限的，并不完全遵循“成熟—衰退”的发展规律，品牌生命周期曲线的形状和走势主要基于企业的战略选择。

二　品牌生命周期的内涵及阶段

基于已有研究，本文认为，品牌生命周期是作为生命有机体的品牌从出生、成长，经过持续发展不断成熟，然后逐渐衰退，或退出市场，或经过企业品牌战略调整等相应措施使得品牌重新焕发活力，最终品牌生命周期得以延伸的过程。从理论上讲，品牌生命周期主要分为四个阶段，分别是品牌的导入阶段、成长阶段、成熟阶段以及衰退阶段。需要注意的是，有的品牌可能在仅经历了一个或几个阶段便早早退出了市场，也可能在经历了衰退阶段之后逐渐退出了市场；另外，也有可能通过产品的创新与改进和企业品牌战略的调整等而重新获得品牌的竞争优势。

与 Jones（1999）的观点类似，本文认为，品牌的定位应始终聚

---

① 施鹏丽、韩福荣：《品牌的扇形生命周期分析》，《世界标准化与质量管理》2006 年第 12 期，第 20 ~ 22 页。

② 李飞：《中华老字号品牌的生命周期研究》，《北京工商大学学报》（社会科学版）2015 年第 7 期，第 28 ~ 34 页。

焦于战略层面，而非单纯的市场营销层面或者“企业—客户”的关系层面，通过精准、科学、适应市场变动的企业品牌战略选择，是能够促使品牌的生命周期持续延伸下去的。产品可能会过时，但是品牌未必会随着产品的过时和淘汰而退出市场或衰退或死亡。如若品牌管理科学合理，那么品牌就能够超越单一产品的生命周期从而实现延续；反之，如果品牌经营管理出现战略失误，那么任何品牌都会存在潜在的老化问题①，许多品牌可能尚未经历完整的生命周期便退出了市场。这就要求品牌管理者能够在激烈的市场竞争和迅速变革的消费环境中，找准品牌定位，立足于打造品牌竞争优势这一目标，在品牌发展的不同阶段进行科学合理的品牌战略选择，从而延长品牌生命、提升品牌价值。

（一）品牌的导入阶段

品牌的导入阶段也是品牌及其产品刚刚投放市场的初期阶段。从产品角度来说，产品生产者刚刚进入该行业，熟练工人的储备尚处于积累阶段，工艺与技术不成熟，生产能力低，市场需求潜力大而产品的供给能力相对不足。从消费者的角度来说，这一阶段消费者刚开始接触品牌，对产品和品牌的特色不甚了解，品牌及产品并未被消费者所熟知，品牌与消费者之间的需求关系也比较模糊。由于新产品刚推向市场，广告植入、市场公关、营销宣传等营销手段所发挥的作用有限，产品覆盖的市场区域较小，产品和品牌的口碑影响力尚较弱，品牌的符号属性较为突出，消费者的数量增长相对缓慢。

在品牌生命周期的导入阶段，基于技术创新与工艺改进的产品质量和品质提升是后续产品为消费者所认知及认可的重要基础；与此同

---

① Norman C. Berry. Revitalizing brands［J］. Journal of Consumer Marketing, 1988, 5（3）: 15－20.

时，具有不可替代性的品牌定位是品牌信息被消费者快速接收并在消费群体中建立起知名度的关键所在，品牌定位的目标则是向目标市场与消费者传递企业品牌的核心价值理念。

（二）品牌的成长阶段

在经过投入市场的导入阶段之后，如果品牌的市场反应良好，企业就会针对潜在用户加大投入，开发新产品和新品种，从而快速提升品牌销量与消费者规模，拓展市场。由此，品牌被市场迅速接受，进入快速发展的成长阶段。在这一阶段，当产品与品牌被消费者接受以后，品牌的销售规模和分销水平将不断提升，由此带动利润的持续增加。此时，品牌已经形成了一定程度的口碑和知名度，也具有了一定的附加价值。消费者对于产品和品牌的诉求始终是期望其具有质量的可靠性和一惯性，即产品的设计与使用与消费者的预期标准相吻合。当消费者对于品牌的感知与期望相吻合甚至超出期望时，就会产生正向的情感诉求和满意度，由此消费者愿意为品牌支付溢价，从而带动品牌可信度与美誉度的提升，品牌的价值属性也逐渐凸显。

但在这一阶段，市场竞争的激烈程度也逐渐升级，企业需要通过打造差异化的品牌和产品来凸显自己的品牌特色与优势。同时，尽管消费者已逐渐接受了品牌及其代表产品，但企业在塑造独特的品牌形象、挖掘品牌深刻内涵、强化品牌关键价值等方面尚未完善到位，品牌的知名度、美誉度还需进一步提升，以最终获得消费者对品牌的忠诚度。

（三）品牌的成熟阶段

品牌进入成熟期之后，在消费群体中的知名度、美誉度以及忠诚度都已建立起来并逐渐稳定，品牌成为消费者购买产品的首要影响因素。企业员工、消费者、经销商、媒体及社会公众等利益相关者数量众多，并且与品牌已经建立起相对平衡、稳定的互动关系网络。在这一阶段，品牌及产品的销售能力和盈利能力能够达到较高的水平，市场表现良好，因此企业往往希望这一阶段能够持续下去。

细分来看，品牌生命周期的成熟阶段又可以划为三种类型。一是成长过程中的成熟阶段，即市场中仍会陆续进入一些新的购买者，但是分销渠道的饱和导致销售量增速下降；二是稳定过程中的成熟阶段，即市场已经接近饱和，产品销售量的增长受到人口增长和重置需求的双重抑制；三是衰退过程中的成熟阶段，即销售量的绝对水平开始下降，消费者逐渐转向其他同类或者替代产品和品牌①。

需要注意的是，在这一阶段，由于品牌的代表性产品已被大多数潜在消费者所购买，产品已经实现了相当程度的普及，因此产品销量的增长速度将逐渐放缓。加上市场上同类产品品牌大量进入，激烈的市场竞争致使利润逐渐稳定甚至有所下降，销量与利润增长率的逐渐减缓将导致整个行业产能的相对过剩，这又进一步加剧了市场竞争。因此，在品牌成熟阶段的后期，品牌管理者需要考虑的是如何通过品牌战略的调整，或是产品创新、工艺改进，或是更新品牌形象、开辟新市场、品牌重新定位等，来实现品牌成熟阶段的延长，甚至重新进入成长阶段。这一过程也可视为品牌的延伸策略，而品牌延伸策略的实施，一要立足于企业或品牌自身的“核心专长”，二要围绕消费者的需求及认知展开。

（四）品牌的衰退阶段

进入衰退阶段的品牌往往表现出品牌老化的特征，品牌老化的

① 〔美〕菲利浦·科特勒著《营销管理（第十一版）》，梅清豪译，上海人民出版社，2013，第366～367页。

实质即是品牌资产的流失或贬值[①]。品牌老化主要是由品牌发展的内外部动力不足导致的。一方面，企业的品牌管理与维护是一个长期、系统的过程，需要系统中各方参与者、各项因素相互协调配合。一旦其中一方运作出现问题，或是企业自主创新能力不足，或是市场营销战略出现纰漏，则难以维持品牌的健康持续发展，长此以往必将出现品牌老化。另一方面，品牌的发展必须适应外部市场环境。伴随科学技术领域不断出现颠覆性创新以及消费理念的快速变革，一旦品牌代表性产品不能适应技术进步、落后于市场需求、无法满足消费者价值取向与认知，或者环境变化导致品牌面临严重的竞争压力和资源匮乏等问题，品牌的生命力将逐渐衰退。品牌老化的市场表现主要是：一个认知度较高的品牌，其市场影响力逐渐减弱，销售量和市场占有率下降，品牌的价格优势缩减，重复购买率降低，品牌知名度、美誉度和忠诚度持续下降，出现消费者流失、利益相关者关系断裂等现象。许多企业品牌在经历了这一阶段之后便逐渐被市场所淘汰，也有企业通过采取品牌修复或激活等相关策略，使品牌再次进入一个新的生命周期循环。

三　品牌生命周期的战略选择——基于品牌生态系统的视角

品牌在生命周期的不同阶段有其相应的品牌价值特性与成长特点，在品牌的生命周期内，如何有效地差别化和定位以获取核心竞争优势，是企业实施品牌战略的出发点与立足点。这里，我们引入品牌

① Keller, K L. Managing brands for the long run: Brand reinforcement and revitalization strategies [J]. California Management Review, 1999, 41 (Spr.): 102 - 124.

“生态位”的概念，基于品牌生态系统的视角，对生命周期各阶段的品牌战略选择进行研究。

（一）生态系统下的品牌“生态位”及其与品牌生命周期的关系

根据生命周期理论，品牌可以视为具有有机生命特征的“复杂生物”，包含了品牌代表性产品及品牌拥有企业所形成的复杂的有机系统①。品牌生态系统是品牌与其内外部环境要素构成的一个充满活力、处于持续动态变化的、有着复杂层次与结构的体系，且这一系统的运动也具有生命行为特征。在生态系统中，品牌自身的创新与成长符合复杂动力学的特征，具有成长性与适应性，品牌的兴衰是由系统内部与外部诸多因素共同作用的结果。

生态学中的“生态位”概念即生物在生物群落或者生态系统中所处的地位与所发挥的作用，以及与栖息、食物、天敌等多环境因子的关系（J. Grinnell，1917）。相应地，在整个生态系统中，每个品牌的生存与发展都需要一定的输入与输出资源，占据着一定的生态空间，即存在相应的品牌“生态位”。品牌生态位可描述为品牌在品牌生态系统不同维度中所处的位置，以及拥有各种市场资源的综合状态。品牌生态位是一个动态概念，包含了时间、空间、功能等多维度变量，它一方面可以反映品牌对于系统环境的适应能力，另一方面品牌的生存与发展能力能够通过品牌生态位的跃迁得以提升。从品牌生存、成长与发展的全过程来看，品牌生态位的形成是一个动态演进的长期过程。可以说，品牌生态位具有成长时间上的周期界定以及发展过程上的阶段划分②，而培育有利于品牌发展及品牌核心竞争力的品

① Lynn B Upshaw：《塑造品牌特征》，清华大学出版社，1999。

② 曹亚晖、郭世春：《生命周期理论视角下的品牌生态位》，《河北企业》2010 年第 3 期，第 9 ~ 10 页。

牌生态位，则是企业在不同的生命周期阶段品牌战略选择的首要考量因素。

（二）基于品牌生态位的生命周期各阶段品牌战略选择

品牌生态位既存在于品牌成长的过程中，同时也体现了品牌蕴含的内容、存在的变革。在品牌生命周期的不同阶段，内外部生态因子的相互作用促使品牌形成不同的生态位，由此外化出各阶段的不同表现特点与形式。因此，将品牌生态位理论与品牌生命周期理论相结合，对于企业品牌战略的选择与实施具有重要的指导意义。

1. 导入阶段的品牌战略选择——形成品牌生态位生存能力

导入阶段，同时也是企业品牌的初创期。从内部机制来看，品牌的资源维度差，产品种类较少，技术创新水平较低，市场占有率不足。从外部环境来看，新兴品牌刚刚投入市场，面临的市场竞争压力较大，同时外部环境中已经形成的品牌生态位对新兴品牌往往产生排斥与威胁作用，导致品牌与外部环境之间的资源输入与输出不稳定。内部机制与外部环境的缺陷造成导入阶段的品牌生态位整体实力较弱，因此相应的品牌战略应聚焦于提高品牌生态位的生存能力，拓展品牌在整个生态系统中的生存空间。

其一，过硬的技术与创新能力始终是品牌核心竞争力的重要物质基础，高质量的产品与优质的服务是品牌得以生存和发展的前提条件。其二，良好、准确的品牌定位是影响品牌市场导入和推广以及消费者认知形成的关键因素。品牌定位的选择必须基于其代表性产品的独特个性与内生优势，同时需要迎合消费者的个性化需求，从而在目标受众中能够形成具有差异化和比较优势的品牌形象与地位。其三，以提高利益相关者对于品牌及其产品的认知力为目的，采取媒体广告、促销、包装、公关等营销手段，进行有效的传播与沟通，尽快打响品牌的知名度，吸引消费者对品牌及其产品的注意力与购买需求。

2. 成长阶段的品牌战略选择——提高品牌生态位发展能力

顺利度过导入阶段后，企业已经积累了一定的资源，在某些领域也可能已经形成了自身的比较优势。进入成熟阶段后，企业品牌生态位的整体实力得到提升，产品生产规模扩张，质量和品质不断优化。与此同时，品牌在整个生态系统中的地位也日益明显，品牌已具有了一定的附加值，品牌及企业的经济效益逐渐增强。因此，这一阶段相应的品牌战略应是提高品牌生态位的发展能力，尽快实现品牌生态位的跃升。

在成长阶段，企业需要有计划、有步骤地面向消费者直接进行品牌宣传，迅速、全面地向市场传播企业的品牌理念，力求提升品牌的知名度、美誉度和忠诚度。同时，要着力提升消费者对品牌联想的独特性、喜好程度和强度，实现尽可能多的品牌重复购买，从而充分发挥消费者对品牌的拉动作用。持续不断地完善并提升自身的品牌形象，以进一步强化品牌的价值属性，从而使品牌快速进入成熟阶段，并为接下来打造强势品牌建立基础。

3. 成熟阶段的品牌战略选择——打造品牌生态位竞争能力

进入成熟期后，品牌已经具有了较高的市场占有率与覆盖率，在生态系统中具有资源的绝对优势，已经形成并占据了较高的地位和较大的空间。但是，同类产品竞争者的大量涌入，导致市场竞争日渐激烈，并逐渐从资源的争夺转变为品牌核心优势的竞争。因此，企业若想保持品牌生态位的长久发展以及品牌成熟阶段的延长，就必须不断巩固并强化品牌自身的竞争优势，提高品牌忠诚度，构建品牌生态位的核心竞争力。

一方面，从消费者导向来看，企业需要持续完善并维护品牌的差异化和个性化特征。品牌得以实现生存与发展，是因为品牌和消费者之间能够产生正向的情感联系。因此，企业需要适应消费需求与消费理念的快速变革，向消费者传递并展示在体现产品个性与特色的同时，能够满足消费者个性化消费需求、引起消费者心理与情感联想和共鸣的品牌价值理念，从而建立起品牌和消费者之间的情感联系，持续激发消费者对品牌产品的购买欲望。

另一方面，从竞争导向来看，伴随大量同类产品竞争者的进入，企业可以根据技术、市场与消费的变化，适度调整品牌结构，采取多元化的品牌战略，在拓展市场的同时实现风险分散。这一过程也可以视为品牌延伸战略的实施，即适当推出新的延伸产品，对其进行合理定位并推向市场。在此过程中，其一，需要利用营销手段来增强新的延伸产品与原有品牌的契合度，并将二者之间的契合关系有效传递给消费者，从而推动原有品牌在消费者中的认知度、美誉度和忠诚度快速转移到新产品上；其二，新的延伸产品也要最大限度地争取上游供货商与下游经销商的资金与渠道支持。

4. 衰退阶段的品牌战略选择——强化品牌生态位创新能力

进入衰退期以后，品牌所面临的资源维度、技术维度和产品维度都全面缩减，虽然仍保持一定的知名度，但是消费者的重复购买率已大幅下降，消费群体也在不断流失。因此，衰退阶段的品牌战略选择应是着力提高品牌生态位的创新能力，实现品牌激活。所谓品牌激活，即运用各种可利用的手段来扭转品牌的衰退趋势并帮助其重振雄风[①]。进入衰退期的品牌，只有充分适应外部生态环境的变动，通过挖掘与整合已有资源，实现内部各有机体的相互协调与相互配合，提炼品牌内涵，寻求新的增长点，才能实现品牌生命有机体的正常运转，从而使品牌重新焕发创新活力。

根据 Keller 的品牌激活理论，实现品牌激活其关键是激活品牌资产[②]。品牌激活并非简单、循环地进行广告宣传，而是要将创新与怀

① 卢泰宏、高辉：《品牌老化与品牌激活研究述评》，《外国经济与管理》2007 年第 2 期，第 17～23 页。

② Keller, K L. Managing Brands for the Long Run: Brand Reinforcement and Revitalization Strategies [J]. California Management Review, 1999, 41 (3): 102 –124.

旧有机结合在一起，重新明确品牌传统、品牌理念与品牌价值观，并将全新的品牌形象推广到新市场和新消费群体。处于衰退期的品牌要想提高其生态位的创新能力，实现品牌激活，可以从两方面进行品牌战略实施的路径选择。一是建立全新品牌资产。即通过开发新技术与新工艺、提升产品与服务的质量、关注产品功能创新、开辟新的细分市场、调整品牌定位、改善品牌形象等，为品牌资产增值及价值提升注入新的元素。二是更新传统品牌资产。可以基于消费者的怀旧偏好，继续挖掘品牌的历史价值，强化传统元素的优势，重新建立起与消费者之间的亲密关系，从而再次提升消费者对品牌产品的购买意愿。

需要注意的是，企业品牌生命周期的阶段及其相应的品牌战略选择，必须要在宏观经济运行的整体背景与形势之下考量。企业品牌战略的实施，既要注意自身品牌发展处在生命周期的何种阶段，又要与国家宏观经济运行周期及经济环境具有一定的一致性。例如，当经济发展正在步入经济上行周期的初始阶段时，企业品牌发展的导入阶段以及成长阶段可能会相应缩短；当经济发展正处于下行周期或者增速放缓阶段时，企业品牌发展的衰退阶段有可能会得到延长。因此，必须要将企业品牌生命周期与宏观经济运行的大环境进行有机结合，才能对企业品牌发展的阶段及不同阶段下的品牌战略选择做出全面的、科学的、有效的研判。

参考文献

[1] Simon H. Dynamics of Price Elasticity and Brand Life Cycles: An Empirical Study [J]. Journal of Marketing Research, 1979, 16 (4): 439 – 452.

[2] 〔美〕菲利浦·科特勒著《营销管理（第十一版）》，梅清豪译，

上海人民出版社，2003，第 361 页。
[3]〔英〕约翰·菲利普·琼斯（John Philip Jones）著《广告与品牌策划》，孙连勇等译，机械工业出版社，1999，第 53 ~ 128 页。
[4] 黄德勤、陈植功：《从百事可乐发展看营销策略与品牌生命周期》，《计划与市场探索》1994 年第 10 期，第 31 ~ 32 页。
[5] 潘云成：《品牌生命周期论》，《商业经济与管理》2000 年第 9 期，第 19 ~ 21 页；第 65 页。
[6] 杜志洲：《论品牌生命周期及各阶段的品牌营销战略》，《重庆商学院学报》2001 年第 3 期，第 65 ~ 66 页；第 79 页。
[7] 黄嘉涛、胡劲：《基于品牌生命周期的品牌战略》，《商业时代》2004 年第 27 期，第 41 ~ 43 页。
[8] 施鹏丽、韩福荣：《品牌的扇形生命周期分析》，《世界标准化与质量管理》2006 年第 12 期，第 20 ~ 22 页。
[9] 李飞：《中华老字号品牌的生命周期研究》，《北京工商大学学报》（社会科学版）2015 年第 7 期，第 28 ~ 34 页。
[10] Norman C. Berry. Revitalizing brands [J] . Journal of Consumer Marketing, 1988, 5 (3): 15 – 20.
[11] Keller, K L. Managing brands for the long run: Brand reinforcement and revitalization strategies [J] . California Management Review, 1999, 41 (Spr.): 102 – 124.
[12] Lynn B Upshaw：《塑造品牌特征》，清华大学出版社，1999。
[13] 曹亚晖、郭世春：《生命周期理论视角下的品牌生态位》，《河北企业》2010 年第 3 期，第 9 ~ 10 页。
[14] 卢泰宏、高辉：《品牌老化与品牌激活研究述评》，《外国经济与管理》2007 年第 2 期，第 17 ~ 23 页。
[15] Keller, K L. Managing Brands for the Long Run: Brand Reinforcement and Revitalization Strategies [J]. California Management Review, 1999, 41 (3): 102 – 124.

B.6
“一带一路”沿线国家品牌战略风险问题研究

张　典*

摘　要： “一带一路”已经成为我国新一轮对外开放和“走出去”的战略重点。在逆全球化浪潮和地缘政治的影响下，作为东方话语体系的代表，我们在聚焦沿线国家战略机遇的同时，将面临更大的文化挑战和经济风险。品牌是政治、经济和文化的综合载体，推动沿线国家品牌战略风险问题研究，是关系到我国外向型竞争力提升的重要课题方向。

关键词： “一带一路”　品牌战略　战略风险

当今世界正在发生复杂深刻的变化，国际金融危机深层次影响继续显现，世界经济缓慢复苏、发展分化，国际投资贸易格局和多边投资贸易规则酝酿深刻调整，各国面临的发展问题依然严峻。2013 年 9 月和 10 月，中国国家主席习近平在出访中亚和东南亚国家期间，先后提出共建“丝绸之路经济带”和“21 世纪海上丝绸之路”（以下简称“一带一路”）的重大倡议，得到国际社会高度关注。中国国务

---

* 张典，哲学硕士，品牌中国战略规划院战略研究部研究员，研究方向为品牌战略与品牌文化。

院总理李克强参加2013年中国—东盟博览会时强调，铺就面向东盟的海上丝绸之路，打造带动腹地发展的战略支点。加快"一带一路"建设，促进沿线各国经济繁荣与区域经济合作，加强不同文明交流互鉴，促进世界和平发展，是一项造福世界各国人民的伟大事业。经国务院授权，国家发展改革委、外交部、商务部2015年3月28日联合发布了《推动共建丝绸之路经济带和21世纪海上丝绸之路的愿景与行动》，称"一带一路"建设是一项系统工程，要坚持共商、共建、共享原则，积极推进沿线国家发展战略的相互对接。为推进实施"一带一路"倡议，让古丝绸之路焕发新的生机活力，要以新的形式使亚欧非各国联系更加紧密，互利合作迈向新的历史高度。①

从品牌发展的角度客观分析，在传统的"走出去"实践中，企业对境外政策的把握深度和力度都不够，对区域风险缺乏完整有效的评估。事实上，政治判断、局势判断等因素对企业的区域性经营影响非常大。另外，商业的逐利性也使得企业对跨境要素资源布局倾向于成本优势，很大程度上，企业只是把品牌当作逐利的工具。然而，品牌的逐利作用只是在工业社会向消费社会转型中阶段性表现，是各方面社会问题异化的产物，而品牌真正应是具有哲学内涵的全要素构成。就品牌企业走出国门而言，在现阶段其生存形态打造上，外部环境应是安全的，其品牌话语体系应是国际化的，其品牌塑造应是具有核心竞争力的，有关品牌精神的塑造也应是蕴含方向性的具有灵魂的生态体系。

2013年9月至今，中国提出的"一带一路"倡议已经成为中国为全世界提供的一种新型的全球化道路和全球合作模式，五年来已涉及越来越多的国家和地区，未来还会有更多的国家和地区参与进来。

① 中华人民共和国商务部综合司：《推动共建丝绸之路经济带和21世纪海上丝绸之路的愿景与行动》，2015年。

2017 年 3 月 17 日，联合国安理会通过第 2344 号决议，首次写入“构建人类命运共同体”的重要理念，体现了国际社会的共识，彰显了中国理念和中国方案对全球治理的重要贡献。

本报告继续按照“一带一路”明确提出的“丝绸之路经济带重点畅通中国经中亚、俄罗斯至欧洲（波罗的海）；中国经中亚、西亚至波斯湾、地中海；中国至东南亚、南亚、印度洋”、“21 世纪海上丝绸之路重点方向是从中国沿海港口过南海到印度洋，延伸至欧洲；从中国沿海港口过南海到南太平洋”的整体构想，“一带一路”倡议的实施主要由陆路和海路两大运输通道组成，以“丝绸之路经济带”为代表的陆路通道，包括中蒙俄、新亚欧大陆桥、中国—中亚—西亚、中国—中南半岛、中巴和孟中印缅六大经济走廊；“21 世纪海上丝绸之路”，包括从福州过南海，延伸至南太平洋或经印度洋至欧洲。[①] 将从六大经济走廊和海上丝路通道的空间维度进行分析，一方面，根据《推动共建丝绸之路经济带和 21 世纪海上丝绸之路的愿景与行动》中提出的“共建‘一带一路’以政策沟通、设施联通、贸易畅通、资金融通、民心相通”的“五通”情况客观分析现阶段我国与沿线各国标准化开放合作、设施联通、贸易和投资便利化、金融合作以及在科学、教育、文化、卫生、民间交往等领域的合作开展情况；另一方面，重点以品牌生态理论为基础，构建“一带一路”框架下品牌全球化发展生态系统评价体系，助力中国品牌实现“走出去”发展与安全的生态平衡。

一 “五通”情况分析

《推动共建丝绸之路经济带和 21 世纪海上丝绸之路的愿景与行动》中提出，沿线各国资源禀赋各异，经济互补性较强，彼此合作

① 汪同三主编《中国品牌战略发展报告（2017）》，社会科学文献出版社，2017。

潜力和空间很大。共建“一带一路”以政策沟通、设施联通、贸易畅通、资金融通、民心相通为主要内容，政策沟通是重要保障，设施联通是优先领域，贸易畅通是重要内容，资金融通是重要支撑，民心相通是社会根基。

近年来，我国已与100多个国家和国际组织签署了共建“一带一路”合作文件，共建“一带一路”倡议及其核心理念被纳入联合国、二十国集团、亚太经合组织、上合组织等重要国际机制成果文件。2018年初，为贯彻落实《推动共建丝绸之路经济带和21世纪海上丝绸之路的愿景与行动》和2017年“一带一路”国际合作高峰论坛精神，在实施《标准联通“一带一路”行动计划（2015~2017）》的基础上，围绕推进“一带一路”建设新阶段的总体要求和重点任务，结合标准化工作实际，制订了《标准联通共建“一带一路”行动计划（2018~2020年）》，其主要目标为到2020年，基本形成交流互鉴、开放包容、互联互通、成果共享的标准国际化发展新局面，基本建成政府推动、市场主导、多方参与、协同推进的标准国际化工作新格局，中国标准与国际和各国标准体系兼容水平不断提高，标准化在推进“一带一路”建设中的基础性和战略性作用充分发挥。①

互联互通是“一带一路”的血脉经络，对“五通”情况的分析能够有效揭示五大领域互联互通情况及内部差异性，为中国品牌“走出去”提供良好的外部环境与内部决策依据。根据北京大学“一带一路”五通指数研究课题组发布的《“一带一路”沿线国家五通指数报告（2017）》，俄罗斯、新加坡、马来西亚、阿联酋、哈萨克斯坦属于“顺畅型”国家，占63个测算国家的7.9%，其中新加坡与马来西亚较上年仅调换了排名顺序；“良好型”国家则上升至34个，

① 《标准联通共建“一带一路”行动计划（2018~2020年）》，中国一带一路网，2018年1月11日。

占全部测算国家的54.0%，“一带一路”互联互通总体水平从2015年的“潜力型”提升至“良好型”。报告显示五通情况呈现以下几大特征：“五大领域整体发展水平相当，但国别离散程度差异较大；政策沟通与民心相通高度相关，贸易畅通与资金融通密不可分；设施联通与贸易畅通、资金融通的相关性明显高于其与政策沟通和民心相通的相关性。”①

（一）政策沟通情况

政策沟通方面呈高层频繁互访趋势，仅2016年7月至2017年5月期间，有17个国家元首26次访问中国，签署了270多项合作文件。国家信息中心“一带一路”大数据中心数据显示，截至2017年9月，我国已与74个国家/国际组织签署“一带一路”合作文件，文件类型包括：战略和政策对接、经贸合作、科教文卫、标准互认、产能与投资合作、通信与信息技术合作以及其他相关文件类型，其中，战略和政策对接与经贸合作各占比24.0%，接近签署文件类型的半数。②

（二）设施联通情况

设施联通方面，交通通信设施网络趋势明显，截至2017年，中欧班列开行近7000列，运行线路57条，国内开行城市35个，到达欧洲12个国家、34个城市，列车并开始抵达土耳其、伊朗等西亚、北非地区；中国民航已与43个沿线国家实现空中直航，国外航空公司新开18条“一带一路”沿线国家航线（中国民航局2017年5月数据）；港口海运2017年11月数据显示，国家交通运输物流公共信

① 翟崑、王继民主编《“一带一路”沿线国家五通指数报告（2017）》，商务印书馆，2018。
② 资料来源：国家信息中心“一带一路”大数据中心。

息平台实现与全球31个港口的物流信息互联互通，截至2017年5月，我国已与沿线36个国家及欧盟、东盟签订了双边海（河）运协定。2017年12月3日举行的第四届互联网大会上，我国与老挝、沙特阿拉伯、泰国、土耳其及阿联酋等国家相关部门共同发起“‘一带一路’数字经济国际合作倡议”，与沿线12个国家建设34条跨境陆缆和多条国际海缆，沿线国家移动电话普及率已达121.35%。[①]

（三）贸易畅通情况

贸易畅通方面，我国同“一带一路”参与国大力推动贸易和投资便利化，不断改善营商环境。2017年前三季度沿线国家在华新设企业2893家，较上年增长34.4%，实际投入额42.4亿美元，中企在20多个国家建设56个经贸合作区，为有关国家创造近11亿美元税收和18万个就业岗位，2016年，我国与沿线国家贸易额占我国贸易总额的比例上升至25.7%。2017年前三季度，对沿线国家进出口增长20.1%，对俄罗斯、印度、马来西亚等国家保持快速增长态势。此外，中国已与58个国家签署各类投资贸易协定，“单一窗口”投资简化率近60%。[②]

（四）资金融通情况

资金融通方面，2017年亚投行批准了20多个投资项目，总额超过37亿美元，其成员国总数增至84个，其中42个为“一带一路”沿线国家。“丝路基金”已签约17个项目，承诺投资70亿美元，支持项目涉及总投资额达800亿美元。截至2017年12月，6家中资银行在沿线19个国家设立80多家分行、子行、代表处等，中国银联卡覆盖沿线50多个国家、超过400万商户和40万台ATM。与此同时，

① 资料来源：中国一带一路网。
② 资料来源：海关总署2017年前三季度进出口有关情况。

中国出口信用保险公司为沿线近20个国家合作项目开展了各种类型的保险合作。[①]

（五）民心相通情况

民心相通方面，我国已与53个沿线国家建立734对友好城市，截至2017年7月，我国已与24个沿线国实现公民免签或落地签，逐步向西非北非、中东欧等地区扩大。博览会、旅游节、电影节、联合考古以及论坛活动等交流频繁，孔子学院、孔子课堂更是在泰国、俄罗斯、吉尔吉斯斯坦等国家广受欢迎。数据显示，自“一带一路”倡议提出以来，双向旅游交流超2500万人次[②]，中国与巴基斯坦、泰国、新加坡等国家双边合作期待度“双高”特征明显。

从“一带一路”沿线国家经济发展阶段来看，大多为新兴经济体和发展中国家，沿线国家总人口约44亿，经济总量约21万亿美元，分别约占全球的63%和29%，具备海量的潜在消费能力和孵化世界级中国品牌的基础。应借助“一带一路”倡议，形成以政策沟通为保障、设施联通为前提、贸易畅通为重点、资金融通为支撑、民心相通为根基的中国特色品牌发展战略，在资源整合、业务流程改造、产业链提升、资本运作等方面进行模式、理念及思路创新，进行具有中国文化内涵的基于本地化、差异化资源配置的品牌价值链升级，构建中国品牌与资源要素协同创新发展之路。

二　关于“一带一路”品牌发展战略风险评价体系的探索

品牌生态系统，包括品牌生态环境（包括政治、社会、经济、

① 资料来源：中国一带一路网。

② 资料来源：中华人民共和国商务部网站。

文化和自然环境）、品牌利益相关方（政府、行业组织、金融及服务机构、媒体、社会公众以及其他服务性机构）、品牌主体（品牌与品牌产品或服务、品牌所有者及关联股东、员工、供应商、渠道商、竞争机构、联盟伙伴、发展伙伴）和最终受众（最终消费者）。品牌生态系统理论源起于对生态系统的泛化研究，自从英国生态学家亚瑟·乔治·坦斯利爵士在1935年提出生态系统概念后，促使人类开始用有机的、联系的、系统的观点去研究事物发展的规律，并逐步突破自然科学领域向社会科学研究过渡。品牌生态系统理论是将虚拟的品牌视为有机生命的个体。自然科学告诉我们任何一个完整的生命系统都是不能脱离自然环境而独立生存的，因此品牌也无法离开周围的环境而独立存在，品牌和周围环境的互动关系构成了品牌生态系统，这个复杂的体系充满活力而且不断变化。[①] 在品牌生态系统理论的指引下，我们尝试用国际视角和思维方式对品牌发展、品牌生态系统及其内在结构、外在联系进行剖析，深入探究“一带一路”框架下品牌全球化发展规律，尝试架构符合国际标准的品牌与国与国之间的生存发展、竞争与合作以及协同与融合的关系。

（一）指标体系构建的原则与依据

“一带一路”品牌发展生态系统评价体系是基于品牌生态系统的基本理论体系，从政策、设施、贸易、资金以及民心“五通”标准上，加入各国宏观经济数据综合得出的包括五大维度的对“一带一路”各区域内品牌全球化发展水平进行综合评价的指标体系。此生态指数评价体系的建立严格遵循以下基本原则。

第一，覆盖性和辩证性原则。

“一带一路”品牌发展生态系统评价体系建立在对政策、设施、

① 汪同三主编《中国品牌战略发展报告（2017）》，社会科学文献出版社，2017。

贸易、资金以及民心“五通情况”，宏观经济形势以及品牌生态系统相关指标的全面综合考量基础上，综合多方面研究成果，建立的全面、完整、系统的评估体系。与此同时，评价体系用辩证的方法重点把握了国际化的主视角，在全面数据分析的基础上，引入了具有公认价值的样本指标体系，围绕各国政府引导发展、世界银行综合评定等要素，对关键指标进行分析和研究，保证各指标之间相互独立、相关影响小，剔除可替代性指标。

第二，科学性和可量化原则。

“一带一路”品牌发展生态系统评价体系剔除了所有不可量化的指标，使得指标体系以客观数据为基础，保证所有指标数据获取为公开可查询抓取，保证数据选择起止年份一致、各年份统计口径一致，对于部分数据年份缺失或口径不一致的情况，进行相应的技术处理以确保公平。

第三，引导性和可研性原则。

“一带一路”框架下品牌发展生态系统评价体系的指标分为引导性指标和可研性指标两个层级，引导性指标侧重以公开数据为主，保持指标体系的相对稳定，可研性指标在公开数据的基础上，引入非公开和调研数据，具有一定的动态年度性特征，引导性指标主要用于定期评估和发布，研究性指标主要用于具体项目规划和咨询。

在以上指标体系构建原则的指导下，本报告所涉及的指标数据源于官方发布的权威刊物和报告，涉及国家商务部网站、国家统计局网站、世界银行官方网站、样本指标所属官方网站以及有关各国政府公布的文件和权威发布的科研成果等。

（二）评价指标体系框架探索

“一带一路”品牌发展生态指数评价指数（BREI）的确立，是基于以上定义，基于覆盖性和辩证性、科学性和可量化、引导性和可研性的原则进行指标确定。

在指标的确定过程中，我们确定了经济贡献力、设施联通力、贸易增长力、政策支撑力和民心沟通力 5 个指标，对于指向模糊和获取性较差的指标进行删减替换，最终确定了 64 个二级指标，在此基础上通过统计数据、各国政府官方数据和互联网国内与海外检索的形式对数据进行搜集，对不可获得或者连续性较差的指标进行剔除，最后形成了二级指标数 44 个（见表 1）。

表 1　“一带一路”品牌发展生态指数评价指数（BREI）

分指数	一级权重	二级指标	单位	二级权重	指标方向
经济贡献力	a	GDP	美元	a1	宏观经济发展水平
		GDP 年增长率	%	a2	
		人均 GDP 年增长率	%	a3	
		国家总储备	美元	a4	
		国民总收入	美元	a5	
		国内总储蓄	美元	a6	
		按 CPI 计通胀年增率	%	a7	
		人均 GNI 年增长率	%	a8	
		航空客运总量	万人次	a9	外向型
		铁路客运总量			
		外贸进出口总额	美元	a10	
设施联通力	b	公路里程数	公里	b1	交通联通
		国际航线数	条	b2	
		国际班列数	车次	b3	
		天然良港数	个	b4	
		移动电话普及率	%	b5	信息联通
		宽带普及率	%	b6	
		跨境通信	%	b7	
		跨境输电线路数	条	b8	能源联通
		跨境油气管道数	条	b9	

续表

分指数	一级权重	二级指标	单位	二级权重	指标方向
贸易增长力	c	亚投行参与度	%	c1	金融合作
		双边本币互换便利度	%	c2	
		人民币跨境支付情况	%	c3	金融环境
		信用保险保障度	%	c4	
		海外银行分布	个	c5	
		实际利用外资	%	c6	投资合作
		重大合作项目	个	c7	
		营商便利度	名次	c8	
		入境旅游人数	万人次	c9	贸易环境
政策支撑力	d	高层互访	次	d1	政治互信
		伙伴关系	个	d2	
		联合声明	个	d3	双边文件
		双边协定	个	d4	
		协议文件	个	d5	
		标准互认	个	d6	
民心沟通力	e	友好城市	个	e1	旅游文化
		交流活跃度	%	e2	
		往来便利度	%	e3	
		博物馆数目	个	e4	
		图书馆数量	个	e5	
		孔子学院、孔子学堂	个	e6	人才交流
		高等院校	个	e7	
		社交网站关注度	%	e8	互联网与新媒体
		新媒体友好程度	%	e9	
		双边合作期待度	%	e10	合作期待

第一，经济贡献力是所测评国家或地区整体经济发展水平的反映，“一带一路”框架下品牌国际化的发展水平与地区经济发展水平密切相关。经济支撑力指数在指标选择上侧重于从宏观经济

发展水平以及外向型经济维度进行定义。其中宏观经济发展水平选择了国内生产总值及其年增长率、国家总储备、国民总收入、国内总储蓄等宏观性指标以及人均 GDP 年增长率、按 CPI 计通胀年增率和人均 GNI 年增长率等具有一定微观视角的宏观经济指标；外向型经济活力选取了航空和铁路客运总量、外贸进出口总额两个指标进行测算。

第二，设施联通力对“一带一路”地区品牌生态发展起着先导性作用，基础设施的互联互通是联通世界强有力的基础性支撑。设施联通力指标选择从交通、信息、能源三个维度的联通出发，分别测算了公路里程、国际航线、国际班列以及良港交通信息状况；在信息联通方面选择了移动电话普及率、宽带普及率、跨境通信三个指标进行测算；能源方面选择的是“一带一路”国家与地区合作中最关注的跨境输电线路与跨境油气管道情况。

第三，贸易增长力是对地区综合贸易能力与潜力的客观反映，分别从金融合作、金融环境以及投资合作三个维度进行评价，其中金融合作选择了亚投行参与度与双边本币互换便利度两个指标；金融环境选择具有银行与保险双重考量的三个指标，包括海外银行分布、信用保险保障度以及人民币跨境支付情况；投资合作选择了实际利用外资、重大合作项目以及世界银行营商便利度排名三个指标。

第四，政策支撑力是地区品牌发展生态系统中最重要、最具基础意义的一项内容。“一带一路”品牌发展生态系统所反映的不应仅仅是经济形势，其参与主体包括沿线各国政府，各国政府的接受、支持、合作是一项重要前提条件。“一带一路”品牌发展生态系统政策支撑力构建分别从政治互信和双边文件两个维度进行评价，其中政治互信选择了高层互访与伙伴关系两个指标；双边文件选择了联合声明、双边协定、协议文件、标准互认四个指标进行评价研究。

第五，民心沟通力是一个地区品牌消费和文化基础的民意基础与社会保障。中国传统文化中将民喻为水，“水能载舟，亦能覆舟”，因此对民心沟通力的评价，是研究“一带一路”地区品牌生态发展的重要内容。民心沟通力评价分别从旅游文化、人才交流、互联网与新媒体和合作期待四个维度进行评价，其中旅游文化的选择分别从旅游与文化两个方向进行考量，具体包括友好城市、交流活跃度、往来便利度以及博物馆数量与图书馆数量五个指标；人才交流的选择从孔子学院、孔子学堂与高等院校两个维度进行测评；互联网作为新经济时代最为便捷的表达媒介，社交网站关注度与新媒体友好程度能够客观反映地区民心关注度与友好度；双边合作期待度也作为一个重要因素加入整个测算体系。

鉴于“一带一路”品牌发展生态系统指标较多，数据信息量大的特征，在评价模型的建立上建议采用数据分析和专家判断相结合的分析方法，一方面，通过数据分析法对评价指标数据本身的客观信息进行提取分析，并对各项指标征得专家的意见之后，进行整理、归纳、统计，再匿名反馈给各专家，经反复多次反馈匿名函询，最终确定各项权重；另一方面，建议请相关领域专家从客观分析结果出发，逐步寻求使其成立的充分条件，进行逆向纠偏，增强赋权结果的说服力。针对数据搜集过程中出现的数据缺失问题，可根据缺失值产生的原因，综合采取均值差补、线性回归插补等方法进行数据补充，以期获得较为科学合理的“一带一路”品牌发展生态系统指标体系。

参考文献

[1] 中华人民共和国商务部综合司：《推动共建丝绸之路经济带和21世纪海上丝绸之路的愿景与行动》，2015。

[2]《标准联通共建“一带一路”行动计划（2018～2020年）》，中国一带一路网，2018 年 1 月 11 日。

[3] 翟崑、王继民主编《“一带一路”沿线国家五通指数报告（2017）》，商务印书馆，2018。

[4] 汪同三主编《中国品牌战略发展报告（2017）》，社会科学文献出版社，2017。

B.7
品牌信用研究与品牌信用指数体系

《中国品牌战略发展报告（2018）》品牌信用评价课题组*

摘　要： 品牌信用是企业自我约束的一种行为，是企业自愿和自觉执行的一种市场运作规则。品牌信用涉及企业的方方面面，涵盖了企业的所有经营活动，它包括企业信用能力，含企业家信用、公众信用、媒体信用、银行信用、资本信用、政府信用等多种信用，品牌信用是这些信用形式的综合性量化反映。

关键词： 品牌信用　指数评价　指数体系

一　品牌信用现状研究

（一）品牌信用定义

品牌信用是企业自我约束的一种行为，是企业自愿和自觉执行的一种市场运作规则。品牌信用涉及企业的方方面面，涵盖了企业的所有经营活动，它包括企业信用能力，含企业家信用、公众信用、媒体信用、银行信用、资本信用、政府信用等多种信用，品牌信用是这些信用形式的综合性量化反映。

---

* 本报告系《中国品牌战略发展报告（2018）》品牌信用评价课题组年度研究成果，课题组成员：齐力然、吴雪辉、綦德智、刘春燕。

（二）品牌信用现状

诚信是企业生存和发展的基础，品牌是企业持续竞争力的综合体现。我国各类企业数量达到 8000 多万家，虽然我国企业数量巨大，但是，企业普遍存在品牌建设能力弱、企业诚信意识淡薄、品牌核心竞争力不强、品牌附加值低等问题。在国际上，我国还是一个“品牌小国”，根据世界品牌实验室 2016 年度世界品牌 500 强排行榜，中国内地企业入榜的品牌只有 36 个。有关研究机构的数据显示，我国企业每年信用缺失导致的直接和间接经济损失高达 6000 亿元，品牌问题导致的直接和间接损失达 1 万亿美元。

（三）品牌信用的重要意义和必要性

当前，我国经济发展已进入新常态，建立信用体系、打造品牌经济、实施品牌战略已经上升到国家层面。2014 年 5 月 10 日，习近平总书记作出了“推动中国制造向中国创造转变、中国速度向中国质量转变、中国产品向中国品牌转变”的重要指示。在信用体系建设方面，国务院先后发布了《社会信用体系建设规划纲要（2014～2020 年）》和《关于建立完善守信联合激励和失信联合惩戒制度加快推进社会诚信建设的指导意见》等文件。在品牌建设方面，《中共中央国务院关于完善产权保护制度依法保护产权的意见》《国务院关于新形势下加快知识产权强国建设的若干意见》《国务院办公厅关于发挥品牌引领作用推动供需结构升级的意见》等文件中，对品牌建设作出了一系列重大部署。

二　品牌信用评价

（一）品牌信用评价的定义

品牌信用评价是根据品牌中国战略规划院发布的《品牌信用评

价指标体系》，对企业品牌质量管理、品牌管理能力、信用管理能力、自主创新能力、声誉管理能力五大维度（简称 5E）进行评估，形成企业品牌信用综合评价结果。

（二）品牌信用评价对象

参与评价品牌应为合法注册商标，非注册商标的商号不在评价对象之列。

评价对象应为注册商标所有者。考虑行业和企业发展现状，当前所评价品牌应为企业品牌，或者企业的主要品牌。对于多品牌企业，不考虑将其旗下多个品牌作为单独被评价对象纳入本评价体系。

（三）品牌信用评价的意义

第一，提高企业品牌信用建设能力，提高企业品牌综合竞争力优势。从企业角度来看，通过品牌信用评价，根据相应指标得分情况，可快速了解企业在品牌信用建设方面的优势和不足，为企业改善发展提供借鉴，同时通过评价，增强品牌信用意识，提高企业信用和品牌整体管理水平，提升企业品牌价值。同时，通过评价，为企业在政府采购、招标投标、项目申报、商业合作方面增加优势，对企业的健康快速发展有极大帮助。

第二，为信用信息归集与共享提供途径。对于加强企业信用信息管理而言，通过对企业进行品牌信用评价，可以建立企业品牌信用档案数据库，形成企业品牌信用信息资源。通过制定相关共享机制，可以与国家、地方政府部门信用信息平台实现共享。

三　品牌信用评价指标体系

（一）品牌信用评价指标体系概述

品牌信用评价指标体系由品牌中国战略规划院联合有关研究机构

发布，体系包括品牌质量管理指标体系、品牌管理能力指标体系、信用管理能力指标体系、自主创新能力指标体系以及声誉管理能力指标体系五个维度，并将以上五个维度分解为二级和三级指标，并制定详细标准，通过对指标的无量纲化处理和加权，形成相应的指数。

品牌信用评价指标体系是在 GB/T 29188 －2012《品牌评价多周期超额收益法》、GB/T 29187 －2012《品牌评价品牌价值评价要求》、GB/T 27925 －2011《商业企业品牌评价与企业文化建设指南》、GB/T 23794 －2015《企业信用评价指标》、GB/T 22116 －2008《企业信用等级表示方法》等国家标准的基础上建立的。

（二）品牌信用评价指标详述

1. 品牌质量管理指标

品牌质量管理指标由管理质量、产品质量和服务质量三个二级指标构成。

2. 品牌管理能力指标

品牌管理能力指标由基本情况、品牌建设、品牌保护、品牌培育、品牌维护、品牌宣传六个二级指标构成。

3. 信用管理能力指标

信用管理能力指标由管理能力、经营能力、财务能力、履约能力、公共能力五个二级指标构成。

4. 自主创新能力指标

自主创新能力指标由创新机制、特色保障、创新能力、创新成效四个二级指标构成。

5. 声誉管理能力指标

声誉管理能力指标由品牌知名度、行业影响力、社会影响力、品牌美誉度和品牌忠诚度五个二级指标构成。

表 1 品牌信用评价指标

一级指标	二级指标	三级指标	评价内容
品牌质量管理	管理质量	管理体系建设	各类国际、国家级或行业质量体系的认证数量及情况
		质量管理信息化水平	是否有质量管理信息化平台或应用质量管理软件、系统等
		参与质量标准化示范试点情况	国家、地区、行业质量标准化示范试点情况
		质量成果及奖励	近 3 年获得各类国际、国家级或省级的质量成果及奖励情况等
	产品质量	制造水平	主要生产设备、生产工艺、检测设备情况
		产品认证情况	产品通过检验及认证情况
		产品质量安全情况	近三年产品质量安全事件
		产品抽检情况	近三年产品是否存在抽检不合格情况
		可追溯体系	是否建立了原材料采购质量控制追溯体系
	服务质量	售后服务管理	售后服务管理制度和售后服务网点建设、运营情况
		服务资质	行业主管部门或协会认定的服务资质或能力
		服务执行标准	服务体系建设与执行情况(售前、售中、售后),是否获得服务认证
品牌管理能力	基本情况	持续经营年限	
		分支机构	设立分支机构情况
		网站建设	是否有官方网站
		上市情况	主板上市、国外上市、中小板上市、创业板上市、新三板及其他上市、非上市情况

续表

一级指标	二级指标	三级指标	评价内容
品牌管理能力	基本情况	高管素质	硕士研究生、MBA 以上或有高级职称
			大学本科以上或有中级职称及以上
			大学本科或有一般职称
			专科学历,有职称
			专科及专科以下,无职称
		员工素质	本科及以上占比
	品牌建设	品牌历史年限	品牌历史年限
		商品品牌数量	商品品牌数量
		品牌合作机构情况	品牌合作机构情况
		企业自估品牌价值	
		企业预期品牌价值	预期规划
	品牌保护	商标	数量
		专利	数量
		著作权	数量
	品牌培育	品牌培育管理机构及专职人员情况	是否有专门部门及专业人员或有专业人员或有兼职人员
		品牌培育管理体系	品牌标识、包装应用、品牌管理战略规划、品牌发展规划及相关制度文件
		企业文化	品牌历史延续情况、文化内涵、品牌文化制度建设举措及成效
	品牌维护	品牌维护等其他费用占当期销售收入的比重	比重
		危机预警与处理机制	危机预警与处理机制情况
	品牌宣传	品牌宣传推广费用占当期销售收入的比重	比重
		品牌宣传渠道的多样性	如口碑宣传、电视广告宣传、网络传播、纸质媒介传播等

续表

一级指标	二级指标	三级指标	评价内容
信用管理能力	管理能力	诚信管理	建立和运行企业诚信管理体系情况
		人力资源管理	企业人力资源规划、招聘、培训、薪酬、绩效、员工关系等管理制度等建设和实施情况
		主要管理者信用管理	不良信用记录情况
		安全管理	企业质量安全风险管理、安全生产制度建设、安全生产事故处理等情况
		资质认证管理	行业资质许可、体系认证等
		危机管理	危机、信用管理的建设和运作情况
	经营能力	国内市场开拓情况	三年市场销售平均增长率
		国际市场开拓情况	出口国家、国际市场占有率、国际市场出口额
	财务能力	资产负债率	衡量企业利用债权人提供资金进行经营活动的能力
		流动比率	评价流动资产总体的变现能力,反映公司的短期偿还能力
		资产净利率	衡量企业利用资产获取利润的能力,反映企业总资产的利用效率
		销售净利率	衡量企业在一定时期的销售收入获取的能力
		资产周转率	反映企业全部资产的管理质量和利用效率
		应收账款周转率	衡量企业应收账款周转速度及管理效率的指标
		销售额增长率	评价企业成长状况和发展能力的重要指标
		总资产增长率	分析企业当年资本积累能力和发展能力的主要指标
		净利润增长率	衡量一个企业经营效益的重要指标
		现金流动负债比率	从现金流量角度来反映企业当期偿付短期负债的能力

续表

一级指标	二级指标	三级指标	评价内容
信用管理能力	履约能力	合同履约	企业对供应商、分包商等各种经济合同条款的遵守情况
		质量履约	企业在产品质量、售后服务等方面对顾客的质量承诺履约情况
		工资支付	企业员工工资水平和拖欠情况
		福利社保	企业与劳动者签订劳动合同和为劳动者实施劳动保护等情况
	公共能力	工商年检	企业在工商年检方面的情况，包括重合同守信用情况
			国家级重合同守信用企业、省级重合同守信用企业、市级重合同守信用企业、工商 A 类企业
		纳税信用	企业在税务方面的情况
		融资信用	企业在银行、保险、担保等各类机构融资过程中的信用记录情况
		海关检查	企业进出口物资的关税缴纳记录
		司法记录	企业对司法机构或调节部门结案执行情况
		其他单位机构的信用记录	其他行政机关或社团组织评定的相关信息记录
			其他行政机关或社团组织评定的荣誉记录、其他行政机关评定的公共信息记录
		公益慈善活动	企业参与社会公益活动计划、活动记录、捐助证明、社区服务投入等情况

续表

一级指标	二级指标	三级指标	评价内容
自主创新能力	创新机制	创新组织机构建设	创新组织机构建设是否设置从事创新战略管理相关部门和人员
		制度创新	创新运行管理制度、激励机制及运行程序
		企业新技术或新产品执行标准情况	执行国际或其他国家(地区)标准、国家标准、地方标准、行业标准情况
			执行国际或其他国家(地区)标准、国家标准、地方或行业标准、未执行标准情况
	特色保障	独特性	产品或技术的独特性(产品产地、种源、技术等方面的独特性)
	创新能力	技术研发水平	研发人员所占比重、学历等情况
		新产品产值率	三年内新产品产值占同期企业总产值的比重
		研发经费投入	研发投入占销售收入比重等
		创新研发平台	拥有中心、基地、研究院、实验室、技术平台等研发平台情况
		产品换代周期	体现新产品研发投入市场的频率(此项可根据行业而调整)
		年内产品改进数量	具体数量
		技术创新主要实现方式	原始创新、集成创新、引进消化吸收创新及其他
	创新成效	主导或参与标准制定修订情况	参与地方、行业标准和国际标准制定情况
			主导制定行业及以上标准、参与制定行业及以上标准、曾出版行业相关书籍、未参与制定行业及以上标准情况
		创新的商业模式	产品方式、价格方式、广告方式、公关方式、营销方式等

续表

一级指标	二级指标	三级指标	评价内容
声誉管理能力	品牌知名度	标识辨识度	企业标识显著且容易识别
	行业影响力	行业排名情况	行业龙头地位、行业上游、行业中游、行业下游情况
		行业支持	指企业受行业支持情况，如获得行业表彰、参与活动等支持等情况
	社会影响力	政府支持	指企业受政府支持情况，如获得政府部门表彰、财政补贴等支持情况
		媒体支持	指企业获得媒体支持情况，如获得媒体宣传品牌或产品等支持情况
		投资商支持	指企业获得投资商支持情况，如获得投资商在企业或商品资金方面的支持或者品牌宣传方面的支持
	品牌美誉度	客户满意度	消费者满意度
		供应链相关方评价	有良好评价、无评价、有不良评价
		获得各类荣誉称号、标志、证书情况（可复选）	中国驰名商标省级名牌产品、驰名商标、地理标志产品、原产地证书等荣誉
		老字号	中华老字号、省级老字号、市级老字号
		科技成果奖励	国家级奖励、省级奖励、市级奖励
	品牌忠诚度	主要销售客户合作年限	三年以上稳定销售客户
		主要供应商合作年限	三年以上稳定供应商
		供应链管理制度	供应链管理制度情况

（三）评价分值衡量标准

各项指标根据符合性程度、数据信息和比对信息制定相应的得分比例细则。在确定分数的过程中，应遵循以下原则：

（1）应评审各项指标并给出对应评分，特别是对组织具有重要性的方面，应考虑关键因素的重要性。

（2）给一项指标评分时，首先应判断哪个分数范围总体上“最适合”企业在本评分项达到的水平。不要求与评分范围内容每一点完全一致，允许在个别要素上有差距。

（3）企业品牌信用达到的水平是依据指标体系中所有指标要素综合评价的结果，不是针对某一个要素进行评价或对每一个要素评价后进行平均的结果。

（4）在适合的范围内，实际分数根据企业品牌信用的水平与评分要求相接近的程度来判定。

参考文献

[1] 汪同三：《深入理解我国经济转向高质量发展》，《人民日报》2018 年 6 月 7 日，第 7 版。

[2] 汪同三、郭美晨：《高度重视中国品牌建设》，《人民日报》2018 年 7 月 22 日，第 7 版。

品牌生态指数发展研究篇

Brand Ecological Index Development Research

B.8
品牌生态发展综述与评价指标

《中国品牌战略发展报告（2018）》课题组 *

摘　要： 本文是基于品牌生态学的理论体系，在前期系统研究的基础上，根据我国品牌经济发展的阶段性要求，建立了中国品牌生态指数的指标体系、标准城市模型，综合对130个重点城市的数据跟踪比较，形成了中国品牌生态指数的综合运行分析、专项指数运行分析和区域领先城市分析报告，以期为城市品牌经济发展和城市品牌化发展提供一种全新的管理思维。

关键词： 品牌生态系统　品牌策略　评价体系

* 本报告系《中国品牌战略发展报告（2018）》课题组年度研究成果。

一　品牌生态指数研究的发展

中国品牌生态指数是品牌中国战略规划院基于“维护品牌战略总体安全、推动品牌经济高质量发展”的整体理念，于2016年正式启动的年度重大专项课题。课题基于对品牌生态理论这一前沿热点问题的系统分析，突破了将品牌作为单一主体的传统认识，促使品牌经营者用生态化与系统化的视角和思维方式对品牌、品牌生态系统及其内在结构、外在联系进行分析，探究品牌完整的生命轨迹、运动规律，以及品牌之间的竞争与合作、协同与融合的关系。

《中国品牌战略发展报告（2016）》课题组在对品牌的属性研究中，首次提出并论述了品牌生态属性的概念，提出“品牌本身处在一个开放性的自然系统、社会系统、政治系统、经济系统、文化系统、法律系统、技术系统和市场系统之中，品牌的发展始终与外部环境保持密切联系，并与周边环境相互作用，不断互动，向更好地适应环境的方向发展”①。提出了品牌的生态属性具有层次性、适应性和动态性三个显著的特征。

《中国品牌战略发展报告（2017）》课题组继续深化品牌生态指数的研究，在重点研究区域品牌生态环境指标体系的基础上，明确了经济基础、宜居环境、消费能力、产业支撑和文化影响五个指标遴选方向，建立了经济发展指数、宜居环境指数、消费能力指数、产业支撑指数、文化影响指数五个分指标体系。基于该指标体系，对中国大陆地区100多个地级以上城市的品牌生态进行了跟踪研究和系统评价，推出了“2017年中国品牌生态指数50强城市榜单”。

《中国品牌战略发展报告（2018）》课题组在前述研究的基础

① 汪同三主编《中国品牌战略发展报告（2016）》，社会科学文献出版社，2016。

上，贯彻中央“经济建设、政治建设、文化建设、社会建设、生态文明建设”五位一体总体布局和“创新、协调、绿色、开放、共享”发展理念，密切结合我国进入中国特色社会主义新时代的历史方位和社会经济发展的最新趋势，深刻把握区域发展的最新理论和最新实践，认真分析各级政府推动品牌发展的最新政策法规，结合2018年全球经济发展的整体环境，在坚持“全面性和重点性、可量化和可获取性、引导性和研究性”三大原则的基础上，在对第一版指标体系充分比较研究的基础上，课题组继续深化城市品牌生态系统的评价，在扩大评价对象范围和调整评价指标体系两大方向上进行了创新性研究，以推动品牌经济发展为目标，以“经济”、“环境”、“消费”、“商服”和“文化”五大支撑力研究为框架，以三线以上地级城市为固定对象，建立了可持续、可比较、可诊断的新一版指标体系。

2017年以来，随着“发挥品牌引领作用、推动供需结构升级”政策意见的深入落实和“中国品牌日”的确立，品牌经济作为一种超越服务经济和实体经济的更高级别的经济发展形态，已经越来越被城市所认可，在此影响下，城市管理的理念正在向城市经营的思维升级，“高质量发展”和“建设美好生活”成为品牌生态建设新的目标和责任。

课题组研究认为，我国品牌生态系统的构建必须坚持创新发展的理念，通过对130个目标城市全年发展指标数据的分析，说明越来越多的城市更加重视经济发展中民生性指标的发展而不仅仅是GDP的规模性增长，更重视环境建设中实实在在的“住”而不再是花拳绣腿的“形”，更重视消费升级中的结构性问题而不简单关注社会消费品零售总额的扩大，更重视产业支撑业态的持续增长而不再贪大求多，更重视文化支撑中市民素质而不仅仅是历史传承，创新已经成为城市品牌建设中最重要的基因。

课题组研究认为，我国品牌生态系统的构建必须坚持协调发展的理念，区域品牌特别是城市品牌的生态系统是与城市发展密切相关的一系列商业生态形态系统的复合集成，是以协调和均衡发展为核心发展理念的，从2017年的发展来看，越来越多的城市在品牌建设中既重视特色的发挥，同时对各项指标的均衡发展也给予了更多的关注，一枝独秀的现象越来越少，百花齐放更为普遍。

课题组研究认为，我国品牌生态系统的构建必须坚持绿色发展的理念，随着习近平同志“绿水青山就是金山银山”重要指示的深化落实，越来越多的城市开始重视宜居环境的建设，2017年以来，越来越多的城市在持续打造特色旅游的基础上，更重视在环保水平、绿色生态、绿色居住、绿色出行方面提高自身的支撑水平。

课题组研究认为，我国品牌生态系统的构建必须坚持开放发展的理念，中国经济正在迎来新一轮的改革开放，中国的城市品牌建设离不开更高的起点和更广阔的视野，推动城市品牌生态系统建设不能闭门造车，应该鼓励更深入、更持续的开放，进出口水平、外资实际利用率等指标依然是城市品牌外向型吸引力的重要因素。

课题组研究认为，我国品牌生态系统的构建必须坚持共享发展的理念，“共享”是中国社会发展的目标和归宿，也是推动高质量发展和美好生活建设协调的桥梁，城市品牌生态建设，不能忽视宏观经济的发展，发展不够，人民生活无法富足；城市品牌生态建设也不能忽视人民的福祉，共享不足，人民生活无法和谐。

二　中国品牌生态指数指标体系（CBEI）（2018）

（一）指标体系构建的原则与依据

区域品牌生态指数评价体系是基于现代品牌生态学的基本理论体

系，从经济、环境、消费、产业和文化五个支撑力维度对区域品牌发展水平进行综合评价的指标体系。指标体系的建立严格遵循以下基本原则。

第一，全面研究和重点分析相结合的原则。

区域品牌生态指数评价体系是在对区域品牌生态相关指标全面综合考量的基础上，从经济、环境、消费、产业和文化五个支撑力维度，对区域品牌建设成绩给予全面系统评价的评价体系。与此同时，区域品牌生态指数评价体系，重点把握了政府引导经济发展的定位和社会经济发展的时代性要求，对关键性指标进行了重点分析。

第二，定量研究和持续获取相结合的原则。

区域品牌生态指数评价体系强调数据的定量研究，剔除了不可量化的定性指标，避免人为因素的干扰，明确了指标体系以客观数据为基础的原则，同时坚持指标数据的持续可获取性，保证所有指标数据能够通过公开可查询的渠道持续获取、不间断，剔除个性化指标，对于部分数据年份缺失或口径不一致的情况，采取相应的技术处理方式以确保连续和公平。

第三，引导研究和诊断研究相结合的原则。

区域品牌生态指数评价体系坚持引导研究和诊断研究相结合的原则，引导研究的指标侧重公开数据，重视指标体系的未定性、持续性，通过指标体系引导对品牌生态建设的重视。诊断研究的指标侧重在公开数据的基础上，引入非公开和调研数据，引入持续年度的增量指标，引导研究用于定期评估和发布，诊断研究的指标用于具体项目规划和咨询。

在以上指标体系构建原则的指导下，评价体系所涉及的指标数据源于官方发布的权威刊物和报告，涉及国家统计局网站、各区域统计局网站、相关省市统计年鉴、对标样本所属官方网站以及有关政府公布的文件和权威发布的科研成果等。

（二）评价指标体系框架

中国品牌生态指数指标体系（CBEI）的确立，是基于相关定义，基于全面研究和重点分析相结合、定量研究和持续获取相结合、引导研究和诊断研究相结合的原则进行最终指标确定。

在指标的确定过程中，我们延续了2017年研究过程中经济、环境、消费、产业和文化五个指标遴选方向，对于指向模糊和获取性较差的指标进行删减或替换，最终确定了65个二级指标。

中国品牌生态指数指标体系（CBEI）以提高品牌经济为目标，由经济支撑力指数、环境支撑力指数、消费支撑力指数、商服支撑力指数、文化支撑力指数五个分项支撑力指数构成。选取公开可查询、连续性的客观数据，反映区域品牌生态发展水平（见表1）。

表1　中国品牌生态指数指标体系（CBEI）（2018）

指数	权重	一级指标	二级指标	单位	权重
经济支撑力指数	A	区域经济发展水平	地区生产总值	万元	a1
			地区生产总值增速	%	a2
			人均地区生产总值	元	a3
			人均地区生产总值增速	%	a4
		城市现代化水平	城市居民家庭恩格尔系数	元	a5
			城市化率	%	a6
			互联网普及率	%	a7
		品牌经济制度优势	品牌引领	个	a8
			商标品牌建设	个	a9
			质量品牌建设	个	a10
			其他	个	a11
		外向型经济发展水平	外资工业企业占比	%	a12
			外资企业工业总产值占比	%	a13
			实际使用外资金额	万美元	a14
			外贸进出口总额	亿美元	a15

续表

指数	权重	一级指标	二级指标	单位	权重
环境支撑力指数	B	城市环境发展水平	空气质量达到二级以上天数占比	%	b1
			城市(建成区)绿化率	%	b2
			城市人均公园绿地面积	平方米	b3
		城市建设维护和规划水平	建成区每平方米城市建设维护投入	元	b4
			建成区路网密度	%	b5
			绿地与广场用地面积占城市建设用地面积比重	%	b6
		城市洁净水平	污水处理厂集中处理率	%	b7
			生活垃圾无害化处理率	%	b8
			三类以上公厕数占比	%	b9
		城市医疗和教育水平	万人拥有医疗床位数	张	b10
			万人拥有小学数	所	b11
			万人拥有中学数	所	b12
		城市公共交通便利性	高铁站数	座	b13
			机场数	座	b14
			万人拥有公共汽车数量	辆	b15
			万人拥有出租车数量	辆	b16
			轨道交通通车里程(辐射性)	公里	b17
		城市文明发展水平	文明城市荣誉	个	b18
消费支撑力指数	C	城市社会消费水平	社会消费品零售总额	元	c1
			城镇居民家庭人均消费支出	万元	c2
			城镇居民家庭人均消费支出占可支配收入比重	%	c3
		城市高收入群体占比	金融业从业人员数占比	%	c4
			市辖区医生人数占比	%	c5
			市辖区文化体育娱乐从业人员占比	%	c6
			城镇人均可支配收入	元	c7
			人均存款	元	c8
			人均工资	元	c9

续表

指数	权重	一级指标	二级指标	单位	权重
消费支撑力指数	C	高端商业集聚情况	高端服装样本	个	c10
			高端汽车 4S 店数量（宝马样本）	个	c11
			品牌餐饮开店数量（星巴克样本）	个	c12
		外来游客消费潜力	国内旅游人数	万人次	c13
			境外旅游人数	万人次	c14
商服支撑力指数	D	第三产业发展水平	第三产业总额	亿元	d1
			第三产业占 GDP 比重	%	d2
			市辖区三产从业人员占比	%	d3
			第三产业投资额	亿元	d4
			第三产业增速	%	d5
		城市商业发展水平	市辖区限额以上批发零售企业平均商品销售收入	万元	d6
			商业服务业用地占比	%	d7
		高端商业服务业发展水平	品牌商业数据（万达样本）	个	d8
			品牌家居卖场（红星美凯龙样本）	个	
			高端超市业态（山姆会员店样本）	个	d9
		酒店业发展水平	万人拥有五星级酒店数量	个	
文化支撑力指数	E	政府引导投入水平	政府文化体育和传媒支出占比	%	e1
			政府科学和教育支出占比	%	e2
		文化从业人员集聚水平	教育和文化娱乐从业人员占第三产业从业人员比重	%	e3
		高等教育发展水平	万人拥有高等教育教师数	人	e4
			人均图书馆藏书量	册	e5
			万人拥有普通高等院校数	个	e6
		历史文化传承	历史文化名城	个	e7
			一级博物馆数量	个	e8
			历史文化街区	个	e9

第一，经济支撑力指数是反映所在区域整体经济发展水平对品牌经济发展支撑力度的分项指数，品牌生态的发展水平与区域经济发展

水平密切相关。经济支撑力指数在指标选择上侧重于从区域经济发展水平、城市现代化水平、品牌经济制度优势、外向型经济发展水平四个维度进行定义。其中区域经济发展水平选择了地区生产总值、地区生产总值增速、人均地区生产总值、人均地区生产总值增速等整体和微观相结合的指标；城市现代化水平是区域现代化程度的表现，我们选择城市居民家庭恩格尔系数、城市化率和互联网普及率进行研究；品牌经济制度优势我们选择了品牌与供需结构升级、品牌与商标、品牌与质量等相关政策制度建设情况反映品牌经济的制度优势；外向型经济发展水平我们选取了代表外资投资视角的外资工业企业占比、外资企业工业总产值占比和实际使用外资金额以及代表贸易视角的外贸进出口总额几个指标进行测算。

第二，环境支撑力指数是区域宜居环境对品牌经济支撑能力的反映，良好的宜居环境有助于品牌经济的快速发展，推动消费结构升级，环境支撑力指数的选择摒弃了特殊资源、人居环境和自然禀赋的传统维度，强调“宜居宜住宜业”的理念，分别从城市环境发展水平、城市建设维护和规划水平、城市洁净水平、城市医疗教育水平、城市公共交通便利性和城市文明发展水平 6 个维度进行测度，其中城市环境发展水平选择空气质量达到二级以上天数占比、城市（建成区）绿化率、城市人均公园绿地面积等指标反映区域人居环境水平；城市建设维护和规划水平由建成区每平方米城市建设维护投入、建成区路网密度和绿地与广场用地面积比重来反映；城市洁净水平由污水处理厂集中处理率、生活垃圾无害化处理率和三类以上公厕数占比来反映；城市医疗和教育水平由万人拥有医疗床位数、万人拥有小学数和万人拥有中学数来反映；城市公共交通便利性由反映外部便利性的高铁站数、机场数和反映内部便利性的轨道交通通车里程（辐射性）、万人拥有公共汽车数量、万人拥有出租车数量几个指标组成，城市文明发展水平用能集中体现城市文明程度的国家级文明城市称号进行反映。

第三，消费支撑力指数是对所在区域综合消费能力对品牌经济支撑能力的反映，分别从城市社会消费水平、城市高收入群体占比、高端商业集聚情况和外来游客消费潜力四个维度进行评价。其中城市社会消费水平分别从社会消费品零售总额、城镇居民家庭人均消费支出和城镇居民家庭人均消费支出占可支配收入比重进行分析；本地高消费人群数量选择具有高收入特征的职业代表，包括金融业、医生、艺术团体等代表人群；高端商业集聚情况选择了服装、汽车、餐饮三个具有品牌消费特征的产品作为研究指标；外来游客消费潜力由国内外旅游人数指标来反映。

第四，商服支撑力指数是对所在区域商业、服务业对品牌经济支撑能力的反映，分别从第三产业发展水平、城市商业发展水平、高端商业服务业发展水平、酒店业发展水平四个方面进行评价，其中第三产业发展水平选择第三产业总额、第三产业占 GDP 比重、市辖区三产从业人员占比、第三产业投资额和第三产业增速进行反映；城市商业发展水平由市辖区限额以上批发零售企业平均商品销售收入和商业服务业用地占比来反映；酒店业发展水平选取万人拥有五星级酒店数量进行反映。

第五，文化支撑力指数是对一个区域的文化素养对品牌经济支撑力的反映，综合文化发展水平较高的区域对品牌消费的认同就高。文化支撑力指数由政府引导投入水平、文化从业人员集聚水平、高等教育发展水平和历史文化传承四个一级指标构成，其中政府引导投入水平分别从政府文化体育和传媒支出和政府科学和教育支出占比进行反映；文化从业人员集聚水平由教育和文化娱乐从业人员占第三产业从业人员比重来分析三产从业人员的结构性竞争力；高等教育发展水平反映了城市的文化素养，选择了万人拥有高等教育教师数、人均图书馆藏书量和万人拥有普通高等院校数来反映；历史文化传承反映了一个城市精神的内涵，我们选取了历史文化名城、一级博物馆数量和历史文化街区进行集中体现。

（三）评价模型的建立

鉴于品牌生态指数评价体系指标多、数据量大的特点，我们延续了2017年评价模型的基本算法和在评价模型的建立上综合采用专家判断和客观分析两种分析方法，一方面，通过客观分析法对评价指标数据本身的客观信息进行提取分析，克服专家判断法使用专家评分进行指标选择和确定权重，降低评价分析的科学性，造成数据处理失真；另一方面，也对其客观分析结果进行专家经验纠偏，增强赋权结果的说服力。

1. 指标权重

权重的确定是综合评价最重要的部分，权重的确定正确与否直接关系到最后的评价结果，进而影响分析的真实性。鉴于品牌生态系统评价具有初期研究样本综合排序和后续研究样本比较分析两种应用场景，因此在指标权重的选择中我们将专家经验和数学工具综合使用，以确定评价指标的权重。

各级指标权重设定采用了较为严谨和常用的德尔菲专家法，在提供充足信息的基础上，采用背靠背的方法，使得每一位专家独立自主地对指标权重设置进行判断，本次评价严格遵循了德尔菲专家法的规定，选取了品牌经济、产业研究和区域规划三方面的专家，对指标体系进行了充分和详细的说明，请他们各自独立发表自己的意见，对指标进行初次赋权，在收集并综合专家意见的基础上，形成一次赋权结果。

在此基础上，研究组对指标进行充分介绍，引入李克特5级量表请非赋权专家进行评分，同时对指标命名的合理性、指标的可获取性、指标的代表性等问题设置开放性问题，听取专家意见，实施了两轮专家打分，最后采用直接计算均值的方式确定一级指标和二级指标。

2. 数据处理

针对数据搜集过程中出现的数据缺失问题，课题组根据缺失值产生的原因，综合采取了均值差补法、线性回归插补法进行数据补充。

在指标数据处理上，鉴于评价指标含义不同，数据差异较大，各指标不能使用数值进行评价，为了使数据具有可比性，课题组采取了极差标准化的方法进行非量纲化处理，对于正向的指标数据按照以下公式处理：

$$Y = \frac{X - \min X}{\max X - \min X}$$

对于逆向的指标数据按照以下公式进行处理：

$$Y = \frac{\max X - X}{\max X - \min X}$$

最终通过公式处理，将所有指标处理成 0 ~ 1 之间的标准化数值。

3. 分项指数计算

$$BEI_j = n\sum_{i=1}^{n} \beta_i Y_i$$

公式中，BEI_j 是品牌生态系统分项指数，Y_i 代表经过公式处理后的指标标准值，β_i 代表各项指标的权重，在对加权后的各级指标进行加总求和后通过指数调整因子 n 形成最后分值，j 代表分项指数名称，i 代表二级指标名称。

4. 综合指数计算

二级指标数据加权求和后得到分项指数，然后再根据分项指数的权重进行加权求和得到综合评价指数。公式如下：

$$BEI = \sum_{j=1}^{n} \alpha_j BEI_j$$

公式中，BEI 是品牌生态系统评价指数，BEI_j 是品牌生态系统分项指数，α_j 代表分项指数的权重，最后对加权后的各分项指数进行加总求和。j 代表分项指数名称。

三　品牌生态指数评价对象的选择

品牌生态指数评价以客观公开数据为评价基准，适用于我国行政区划内各级别行政区域，在延续年度研究对象选择原则的基础上，遵循研究的连续性、信息的可获取性，课题组调整了城市选择的标准，放大了选择范围，从中国 GDP 排名 100 强城市、直辖市和省会城市、副省级城市和计划单列市中选择了 130 家城市，鉴于数据获取的延续性和标准性问题，本次研究未将港澳台地区纳入，年度评价城市名单如表 2 所示。

表 2　品牌生态指数评价城市名单

省、自治区、直辖市	城市	数量
北　京	北京	1
天　津	天津	1
河　北	石家庄、唐山、秦皇岛、邯郸、保定、沧州、廊坊	7
山　西	太原、大同	2
内蒙古	呼和浩特、包头、鄂尔多斯	3
辽　宁	沈阳、大连、丹东	3
吉　林	吉林、长春	2
黑龙江	哈尔滨、齐齐哈尔、大庆	3
上　海	上海	1
江　苏	南京、无锡、徐州、常州、苏州、南通、连云港、淮安、盐城、扬州、镇江、泰州、宿迁	13
浙　江	杭州、宁波、温州、嘉兴、湖州、绍兴、金华、衢州、舟山、台州、丽水	11
安　徽	合肥、芜湖、蚌埠、马鞍山	4
福　建	福州、厦门、莆田、三明、泉州、漳州、南平、龙岩、宁德	9
江　西	南昌、九江、赣州、上饶	4
山　东	济南、青岛、淄博、枣庄、东营、烟台、潍坊、济宁、泰安、德州、威海、聊城、临沂、菏泽、滨州	15

续表

省、自治区、直辖市	城市	数量
河　南	郑州、洛阳、新乡、焦作、许昌、南阳、周口	7
湖　北	武汉、荆州、宜昌、襄阳、孝感	5
湖　南	长沙、株洲、衡阳、岳阳、常德、郴州	6
广　东	广州、深圳、珠海、汕头、佛山、江门、湛江、惠州、茂名、肇庆、中山、东莞、清远、揭阳	14
广　西	南宁、柳州、桂林	3
海　南	海口、三亚	2
重　庆	重庆	1
四　川	成都、绵阳、南充	3
贵　州	贵阳、遵义	2
云　南	昆明	1
陕　西	西安、咸阳、榆林	3
甘　肃	兰州	1
青　海	西宁	1
宁　夏	银川	1
新　疆	乌鲁木齐	1

注：遴选城市范围未包含港澳台地区。

参考文献

[1] 汪同三：《深入理解我国经济转向高质量发展》，《人民日报》2018年6月7日，第7版。

[2] 汪同三、郭美晨：《高度重视中国品牌建设》，《人民日报》2018年7月22日，第7版。

品牌生态指数评价报告篇

Brand Ecological Index Evaluation Report

B.9

中国品牌生态指数综合评价报告（2018）

《中国品牌战略发展报告（2018）》课题组*

摘　要： 根据品牌生态指数评价体系（2018版本）规范，我们对全国（不含港澳台地区）130个城市的品牌生态指数进行了规范评价。综合评价结果显示，北京、上海、深圳、广州、苏州、天津、武汉、南京、杭州、重庆等城市进入中国品牌生态指数（2018）100强城市榜单。中国品牌生态指数评价结果由1个综合指数和经济支撑力、环境支撑力、消费支撑力、产业支撑力、文化支撑力5个分项能力指数构成。

关键词： 品牌生态　品牌生态指数　评价体系

---

* 本报告系《中国品牌战略发展报告（2018）》课题组年度研究成果。

一　中国品牌生态指数（2018）综合运行情况评价

根据品牌生态指数评价体系（2018 版本）规范，我们对全国（不含港澳台地区）130 个城市的品牌生态指数进行了规范评价。综合评价结果显示，北京、上海、深圳、广州、苏州、天津、武汉、南京、杭州、重庆等 100 个城市进入中国品牌生态指数（2018）100 强城市榜单。其中北京以 92.66 为年度最高指数，上海以 90.69 居第二位，深圳以 84.92 居第三位，莆田以 66.37 为 100 强城市最低入门门槛。

从平均值和最低值分布情况来看，2018 年中国品牌生态指数前 10 强城市的平均指数为 81.83，最低值为 76.49；前 20 强城市的平均指数为 79.18，最低值为 74.18；前 50 强城市的平均指数为 74.96，最低值为 70.74。

表 1　中国品牌生态指数（2018）区间平均值和最低值分布

排序	平均值	最低值
前 10 强	81.83	76.49
前 20 强	79.18	74.18
前 50 强	74.96	70.74
前 100 强	71.49	66.37

分区域来看，2018 年中国品牌生态指数 100 强城市主要集中在广东、江苏、浙江、山东、福建、河北等地区。东部地区有 57 个城市入围，中部地区有 18 个城市入围，西部地区有 18 个城市入围，东北地区有 7 个城市入围。从综合指数前 10 位的城市分布来看，东部地区占了 8 席，中部和西部地区各有 1 个城市入围；在综合指数排名前 20 强的城市中，东部地区占了 15 席，中部地区有 3 个城市入围，西部地区有 2 个城市入围；在综合指数排名前 50 强的城市中，东部

地区有32个城市入围，中部地区有8个城市入围，西部地区有7个城市入围，东北地区有3个城市入围。

东部地区依然是我国城市品牌经济发展较为充分的地区，广东、江苏、浙江、山东，以及北京、上海、天津三个直辖市仍然占据我国城市品牌经济发展的第一阵营，中西部和东北地区城市品牌经济发展仍然较弱，尤其是在前20强分布中，武汉、重庆、长沙、成都和郑州成为中西部城市品牌经济发展的代表，这些城市品牌经济发展总体表现出经济支撑力较弱但环境支撑力和消费支撑力较强的共性特征，反映了这些城市品牌经济发展以宜居环境和消费拉动为核心的基本理念，但中西部城市的品牌生态产业支撑力明显不足，反映了品牌经济产业投入不足的客观现实，相对于其较强的消费支撑力，加大中西部地区产业支撑的投入将会有助于地方品牌经济的发展，同时中西部城市文化建设理念依然不够，简单停留在历史文化的挖掘无助于整体文化素养的提升，也必将制约中西部城市品牌经济的持续发展。

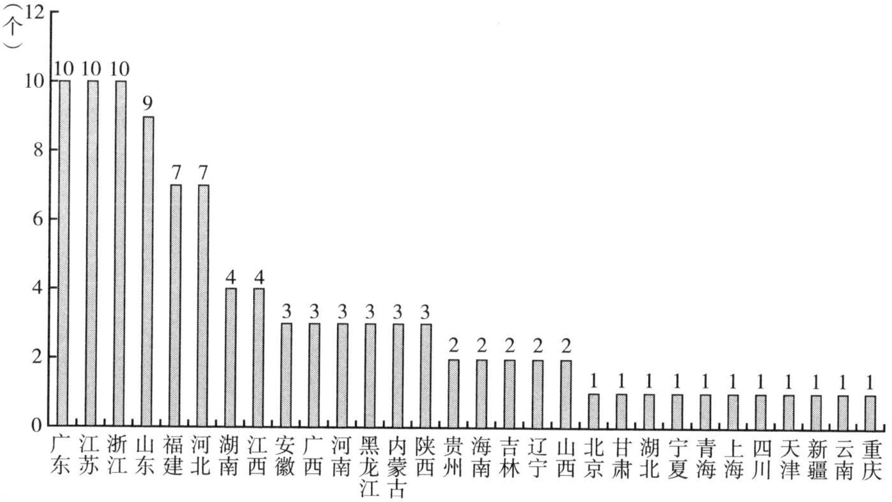

图1　中国品牌生态指数（2018）100强城市省份分布示意

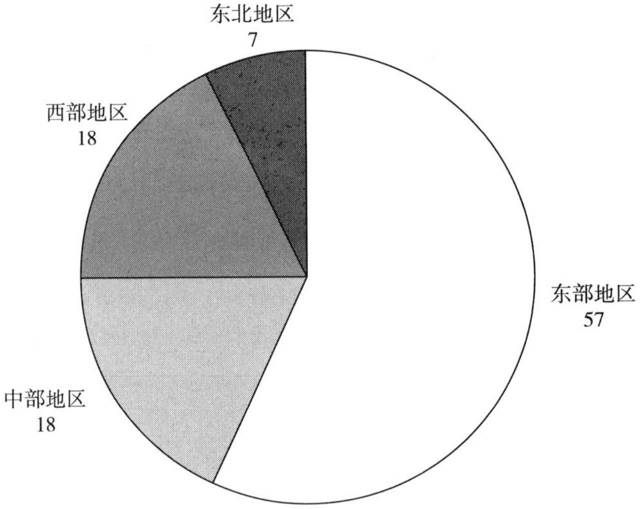

图 2　中国品牌生态指数（2018）100 强城市区域分布示意

从分项指标来看，中国品牌生态指数分别由经济、环境、消费、商服和文化五个维度的分项指数构成，通过统一测算，各分项能力极值和平均值分布情况如表 2 所示。

表 2　品牌生态系统分项能力指数极值和平均值情况

分项能力指数	最高值	最低值	平均值
经济支撑力指数	96. 00	65. 80	72. 00
环境支撑力指数	96. 00	72. 94	78. 27
消费支撑力指数	96. 00	64. 84	70. 83
商服支撑力指数	96. 00	62. 15	67. 41
文化支撑力指数	96. 00	61. 17	69. 30

通过对中国品牌生态指数（2018）分项能力指数平均值的进一步分析，课题组发现，从全国范围来看，品牌生态系统建设呈现经济、环境、消费支撑力较强，文化和商服支撑力较弱的态势，客观反映出城市主体在推动地方品牌经济发展过程中，存在以下三方面问题。

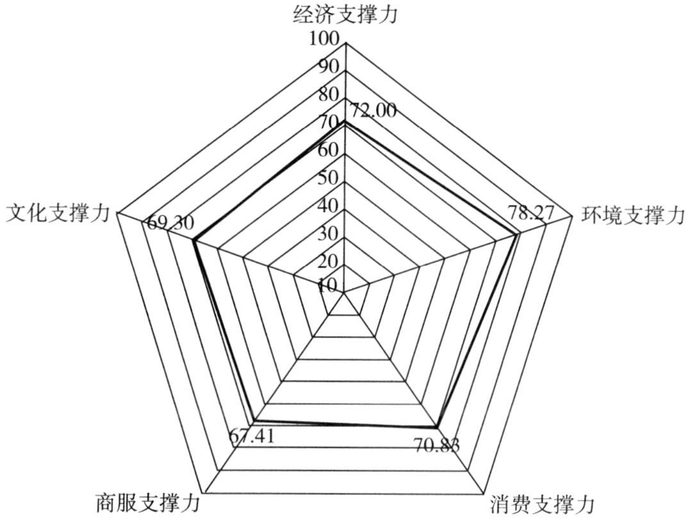

图 3　中国品牌生态指数（2018）分项支撑力平均值贡献

第一，重宏观轻微观内生动力转化不足。

2018 年中国品牌生态指数显示，反映宏观综合性指标的经济支撑力指数达到 72.00。在 130 个评价城市中，有 38 个城市的经济支撑力指数高于全国平均值，上海、深圳、苏州、北京、广州、武汉、天津、厦门和杭州等 9 个城市的经济支撑力指数均超过 80，充分反映出城市主体在推进品牌经济过程中，对提高区域经济发展水平、提高城市居民生活质量、推动城市发展水平、推进外向型经济发展水平等给予了高度的重视。

而反映商业服务业竞争力的商服支撑力指数最低值则仅为 62.15，有 31 个城市的商业服务业支撑力落后于全国平均水平，产业发展明显乏力。商业服务业支撑力是所在城市第三产业发展水平、品牌政策制度优势、产业持续增长能力、商业业态综合发展水平和酒店业发展水平的综合表现，该项指标偏弱反映出地方政府在推动品牌经济发展过程中抓手不够、效果不佳，动力转化不足的现实。

第二，重宜居、轻文化城市建设内涵不够。

2018 年中国品牌生态指数显示，反映城市环境水平的环境支撑力指数平均值达到 78.27。在 130 个城市中，有 39 个城市的环境支撑力指数高于全国平均值，深圳、东莞、北京、广州、厦门、贵阳、上海、福州、三亚、泉州、珠海、合肥、鄂尔多斯、长沙、武汉、南宁、昆明、海口、惠州、天津、上饶、漳州、佛山、青岛、中山、苏州、南京、郑州、温州等29 个城市的该项指标得分超过了 80.00，充分反映了我国城市主体在城市环境提升，提高宜居宜住宜业水平方面给予的极大投入。

另外，反映城市文化发展水平的文化支撑力指数平均值仅为 69.30，在参与评价的 130 个城市中，有 35 个城市落后于全国平均水平，城市文化建设水平明显落后于城市环境的发展水平，政府在文教传媒、科学和教育方面的引导投入，教育和文化类等高素质职业群体在第三产业中从业人员的占比，地方高等教育发展水平，区域历史文化传承等方面仍有很大的发展空间，客观反映出城市主体对品牌经济发展存在重外部形象、轻内涵建设的认识误区。

第三，重消费、轻业态结构性供给依然乏力。

2018 年中国品牌生态指数显示，反映区域消费水平的消费支撑力指数平均值达到 70.83，在 130 个参评城市中，有 36 个城市的消费支撑力指数高于全国平均水平，上海、北京、深圳、广州、杭州的消费支撑力指数超过了 80.00。分析结果显示，消费支撑力指数高分值区间城市数量依然较少，反映了城市主体在培育消费能力方面还有较大的提升空间。

另外，从消费支撑力的构成指标来看，城市社会消费水平的提高、城市高收入群体占比的提高、城市居民收入水平的提高和高端商业集聚能力的提升以及外来消费潜力都有赖于区域商服支撑力的提高，商服支撑力指数平均值仅为 67.41，而较弱的商服支撑力已经成为制约消费支撑力进一步提升的重要因素。消费支撑力和商服支撑力的发展是相辅相成的，较高的消费支撑力水平有助于引领商业服务业支撑力水平的提升，较高的商业服务业支撑力水平也有助于消费支撑力水平的持续增长。

二　2018年中国品牌生态指数标准城市模型

中国品牌生态指数自 2017 年起开始建立中国品牌生态指数标准城市模型，分别基于当年评价结果中的最优值、平均值和达标值，建立了中国品牌生态指数最优标准城市模型、平均标准城市模型和基础标准城市模型，根据建模原则，我们根据 2018 年指标体系调整情况，建立了新的 2018 年标准城市模型（见图 4、表 3）。

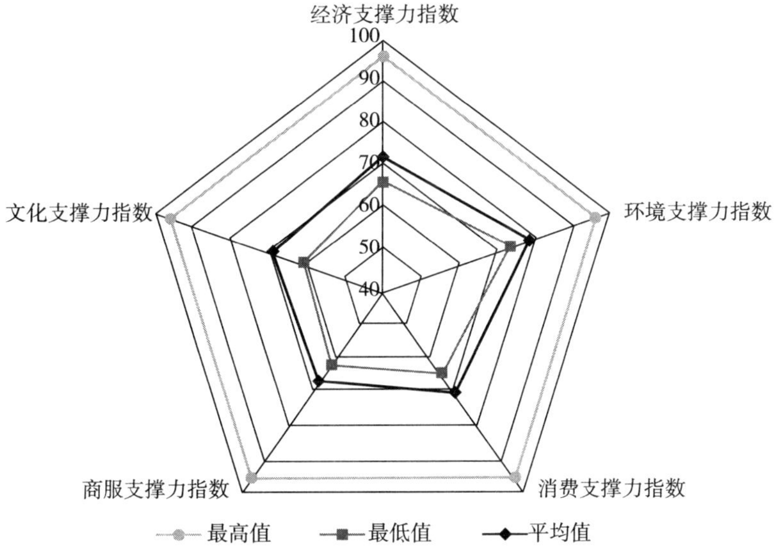

图 4　中国品牌生态指数（2018）标准城市模型

表 3　中国品牌生态指数（2018）标准城市模型数据

模型类型	经济支撑力指数	环境支撑力指数	消费支撑力指数	商服支撑力指数	文化支撑力指数
最优标准城市模型	96.00	96.00	96.00	96.00	96.00
基础标准城市模型	65.80	72.94	64.84	62.15	61.17
平均标准城市模型	72.00	78.27	70.83	67.41	69.30

从2018年开始，为适应对品牌生态的区域研究和区域政策分析的需要，综合考虑我国城市分布和发展的区域特点，遵循地理空间相互毗邻、自然条件和资源禀赋结构相似、经济发展水平相对接近、经济发展联系密切、发展机遇和挑战相似、社会发展结构历史传承相近、区块规模适度相当、行政区划完整等原则，课题组参考行政区域划分、综合经济区划分等多种区域划分标准，建立了新的八大品牌生态发展区域的划分标准。

东北品牌生态发展区。包括辽宁、吉林、黑龙江三省，总面积79万平方公里，该区域自然条件和资源禀赋结构相近，历史上相互联系比较紧密，当前面临的资源枯竭问题、产业结构升级换代问题等共性问题较多。

北部沿海品牌生态发展区。包括北京、天津、河北、山东两市两省，总面积37万平方公里。该区域地理位置优越，交通便捷，科技教育文化事业发达。

东部沿海品牌生态发展区。包括上海、江苏、浙江一市两省。总面积21万平方公里。该区域现代化发展起步较早，历史上长期形成对外经济发展的比较优势，社会经济发展水平普遍较高，人力资源丰富，资金优势突出、品牌发展意识较强，发展优势明显。

南部沿海品牌生态发展区。包括福建、广东、海南三省，总面积33万平方公里。该区域毗邻港、澳、台，海外社会资源丰富，对外开放程度较高，但传统加工贸易惯性思维较强。

黄河中游品牌生态发展区。包括陕西、山西、河南、内蒙古三省一区，总面积160万平方公里。该区域自然资源特别是能源储备较强，地处内陆，战略地位重要，对外开放不足，消费能力较强但结构性供给不足，产业结构调整和动能转化任务艰巨。

长江中游品牌生态发展区。包括湖北、湖南、江西、安徽四省，总面积68万平方公里。该区域农业生产条件优良，人口稠密，对外开放程度比较低，产业转型压力大。

西南品牌生态发展区。包括云南、贵州、四川、重庆、广西三省一市一区，总面积134万平方公里。该区域地理位置偏远，土地贫瘠，贫困人口多，生态环境保护较好、少数民族较为集中，对南亚开放有着较好的发展条件。

大西北品牌生态发展区。包括甘肃、青海、宁夏、西藏、新疆两省三区。总面积398万平方公里。该区域自然条件恶劣，地广人稀，市场狭小，向西开放有着一定的区位条件。

根据以上八大品牌生态发展区的划分，综合分析2018年中国品牌生态指数，为便于比较不同区域的发展特点，我们分别建立了8个品牌生态发展区标准城市模型，这样也便于比较研究和区域对标。

（一）东北品牌生态发展区标准城市模型

2018年东北品牌生态发展区标准城市模型综合指数为69.27，最优值为72.27，基础值为66.58。该区域标准城市模型及指数如图5和表4所示。

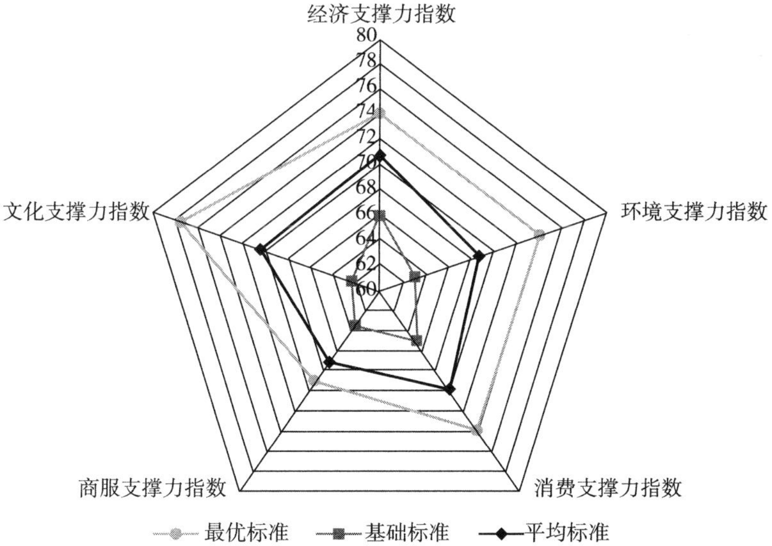

图5　东北品牌生态发展区标准城市模型（2018）

表 4　东北品牌生态发展区标准城市模型 2018 年数据

模型类型	经济支撑力指数	环境支撑力指数	消费支撑力指数	商服支撑力指数	文化支撑力指数
最优标准城市模型	74.09	74.14	73.92	69.1	77.42
基础标准城市模型	65.97	63.14	65.08	63.58	62.38
平均标准城市模型	70.73	68.79	69.96	67.05	70.35

（二）北部沿海品牌生态发展区标准城市模型

2018 年北部沿海品牌生态发展区标准城市模型综合指数为 70.21，最优值为 90.90，基础值为 66.02。该区域标准城市模型及指数如图 6 和表 5 所示。

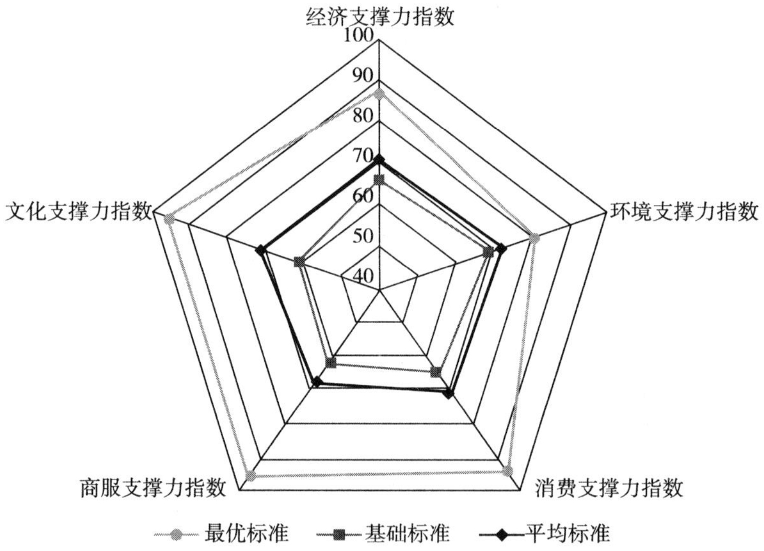

图 6　北部沿海品牌生态发展区标准城市模型（2018）

表 5　北部沿海品牌生态发展区标准城市模型 2018 年数据

模型类型	经济支撑力指数	环境支撑力指数	消费支撑力指数	商服支撑力指数	文化支撑力指数
最优标准城市模型	88.04	81.36	94.37	95.76	96.00
基础标准城市模型	65.97	69.64	65.17	62.29	61.25
平均标准城市模型	71.18	72.59	69.95	67.94	71.12

（三）东部沿海品牌生态发展区标准城市模型

2018 年东部沿海品牌生态发展区标准城市模型综合指数为 71.93，最优值为 89.25，基础值为 66.21。该区域标准城市模型及指数如图 7 和表 6 所示。

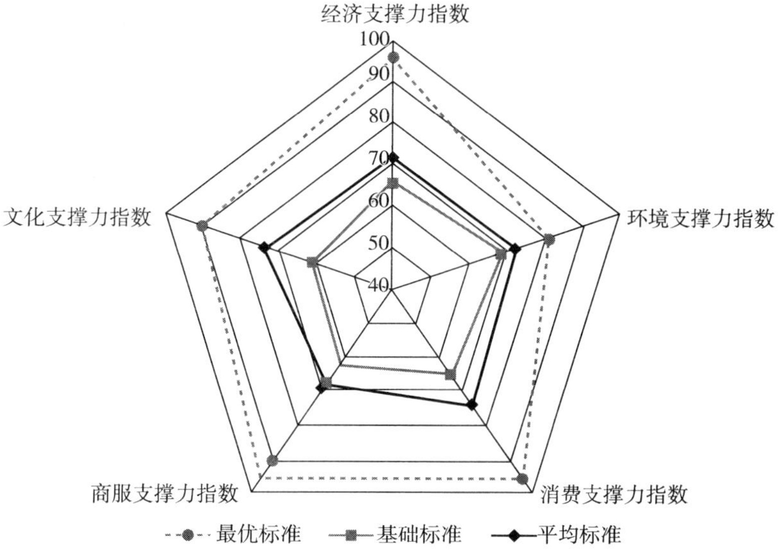

图 7　东部沿海品牌生态发展区标准城市模型（2018）

表 6　东部沿海品牌生态发展区标准城市模型 2018 年数据

模型类型	经济支撑力指数	环境支撑力指数	消费支撑力指数	商服支撑力指数	文化支撑力指数
最优标准城市模型	96.00	77.55	96.00	96.00	90.02
基础标准城市模型	65.80	69.20	65.50	62.36	61.18
平均标准城市模型	73.17	72.12	74.67	67.54	73.18

（四）南部沿海品牌生态发展区标准城市模型

2018 年南部沿海品牌生态发展区标准城市模型综合指数为 71.85，最优值为 82.82，基础值为 65.86。该区域标准城市模型及指数如图 8 和表 7 所示。

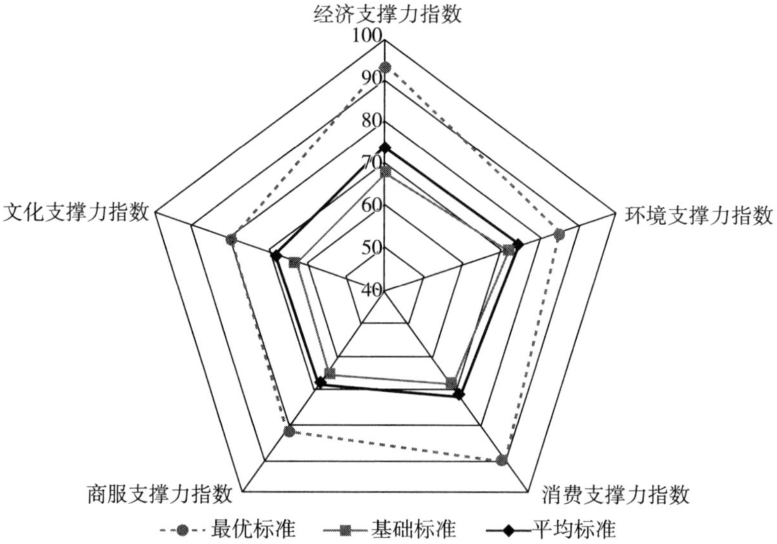

图 8　南部沿海品牌生态发展区标准城市模型（2018）

表7　南部沿海品牌生态发展区标准城市模型 2018 年数据

模型类型	经济支撑力指数	环境支撑力指数	消费支撑力指数	商服支撑力指数	文化支撑力指数
最优标准城市模型	94.50	85.50	90.74	81.34	79.95
基础标准城市模型	66.89	68.95	64.84	62.71	61.25
平均标准城市模型	74.61	75.01	71.49	67.73	68.51

（五）黄河中游品牌生态发展区标准城市模型

2018 年黄河中游品牌生态发展区标准城市模型综合指数为 69.36，最优值为 72.98，基础值为 66.59。该区域标准城市模型及指数如图 9 和表 8 所示。

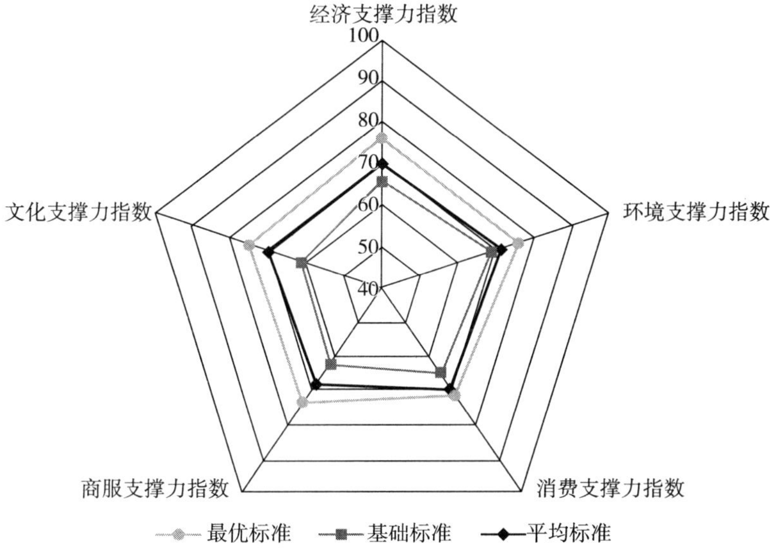

图 9　黄河中游品牌生态发展区标准城市模型（2018）

表 8　黄河中游品牌生态发展区标准城市模型 2018 年数据

模型类型	经济支撑力指数	环境支撑力指数	消费支撑力指数	商服支撑力指数	文化支撑力指数
最优标准城市模型	76.46	76.26	71.41	73.11	75.01
基础标准城市模型	65.81	69.33	65.62	62.42	61.17
平均标准城市模型	70.26	71.81	69.11	67.62	69.64

（六）长江中游品牌生态发展区标准城市模型

2018 年长江中游品牌生态发展区标准城市模型综合指数为 68.62，最优值为 78.99，基础值为 65.51。该区域标准城市模型及指数如图 10 和表 9 所示。

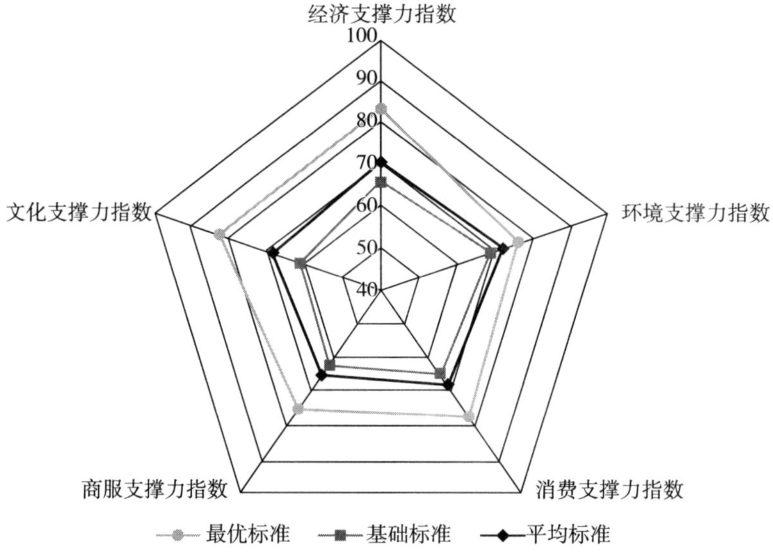

图 10　长江中游品牌生态发展区标准城市模型（2018）

表9　长江中游品牌生态发展区标准城市模型 2018 年数据

模型类型	经济支撑力指数	环境支撑力指数	消费支撑力指数	商服支撑力指数	文化支撑力指数
最优标准城市模型	83. 17	76. 40	77. 54	75. 21	82. 36
基础标准城市模型	66. 17	69. 22	64. 97	62. 54	61. 23
平均标准城市模型	70. 28	72. 33	68. 48	65. 32	68. 36

（七）西南品牌生态发展区标准城市模型

2018 年西南品牌生态发展区标准城市模型综合指数为 70. 12，最优值为 76. 49，基础值为 66. 68。该区域标准城市模型及指数如图 11 和表 10 所示。

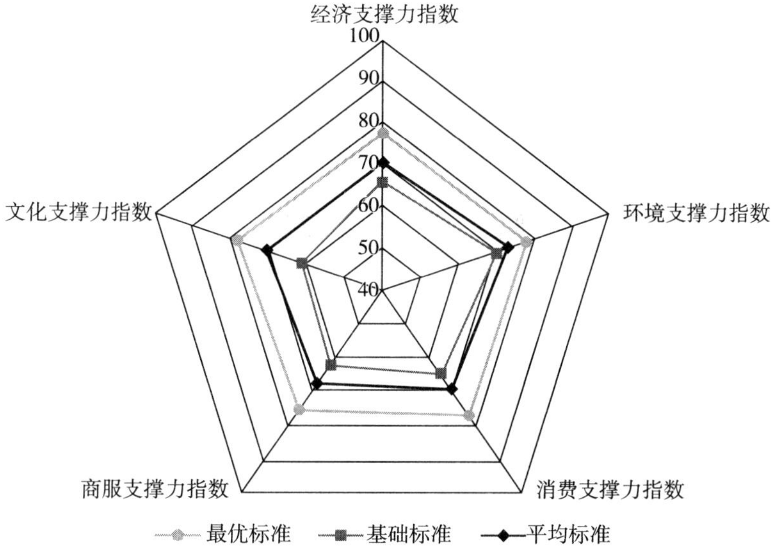

图 11　西南品牌生态发展区标准城市模型（2018）

表 10 西南品牌生态发展区标准城市模型 2018 年数据

模型类型	经济支撑力指数	环境支撑力指数	消费支撑力指数	商服支撑力指数	文化支撑力指数
最优标准城市模型	77.80	78.03	76.93	75.36	78.32
基础标准城市模型	65.98	69.99	65.14	62.15	61.80
平均标准城市模型	70.66	73.56	69.25	67.72	70.70

（八）大西北品牌生态发展区标准城市模型

2018 年大西北品牌生态发展区标准城市模型综合指数为 68.71，最优值为 70.78，基础值为 66.72。该区域标准城市模型及指数如图 12 和表 11 所示。

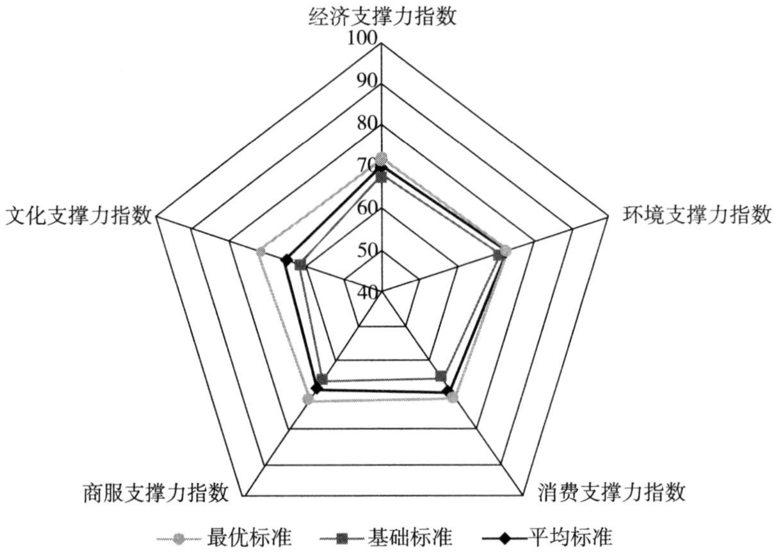

图 12 大西北品牌生态发展区标准城市模型（2018）

表 11　大西北品牌生态发展区标准城市模型 2018 年数据

模型类型	经济支撑力指数	环境支撑力指数	消费支撑力指数	商服支撑力指数	文化支撑力指数
最优标准城市模型	72.14	73.16	70.76	71.15	72.87
基础标准城市模型	68.34	71.16	65.14	65.50	62.62
平均标准城市模型	70.24	72.54	68.61	68.42	66.09

三　2018年中国品牌生态指数专项指数运行情况分析

（一）2018年中国品牌生态系统经济支撑力指数分析

经济支撑力指数反映了区域经济发展水平对品牌经济发展的支撑能力，2018 年评价结果显示，经济支撑力较强的前 10 位城市是上海、深圳、苏州、北京、广州、武汉、天津、厦门、杭州和东莞，宿迁以 63.10 为经济支撑力指数 100 强城市最低入门门槛。

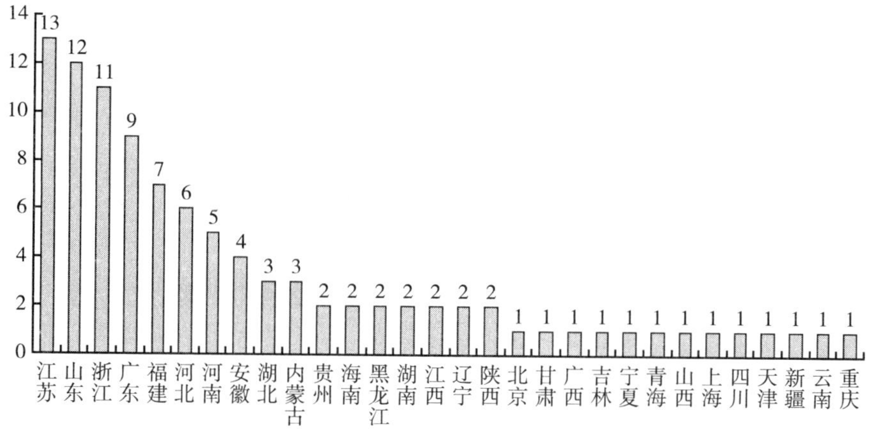

图 13　中国品牌生态指数（2018）经济支撑力指数 100 强城市省份分布

如图 13 所示，从区域分布来看，2018 年中国品牌生态系统经济支撑力指数 100 强城市主要集中在江苏、山东、浙江和广东等地区。其中长江中游品牌生态发展区有 11 个城市入围；西南品牌生态发展区有 6 个城市入围；南部沿海品牌生态发展区有 18 个城市入围；黄河中游品牌生态发展区有 11 个城市入围；东部沿海品牌生态发展区有 25 个城市入围；东北品牌生态发展区有 5 个城市入围；大西北品牌生态发展区有 4 个城市入围；北部沿海品牌生态发展区有 20 个城市入围。

（二）2018年中国品牌生态系统环境支撑力指数分析

环境支撑力指数反映了区域社会生活环境对品牌经济的支撑能力，2018 年评价结果显示，环境支撑力较强的前 10 位城市是深圳、东莞、北京、广州、厦门、贵阳、上海、福州、三亚和泉州，其中宁德以 68.95 为环境支撑力 100 强城市最低入门门槛。

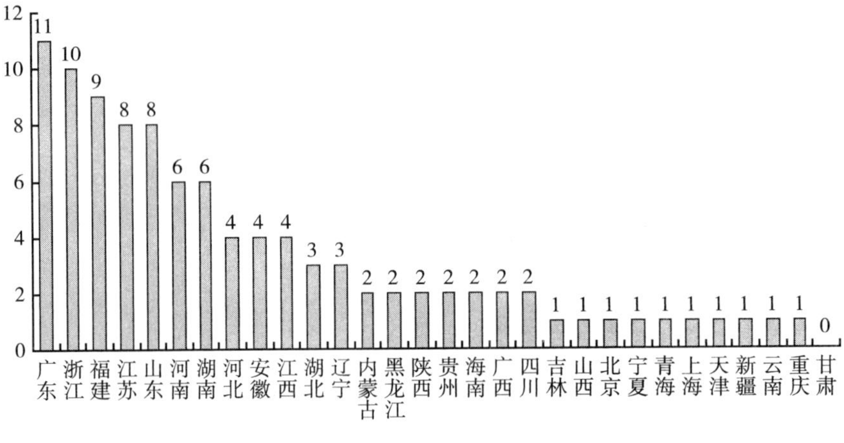

图 14　中国品牌生态指数（2018）环境支撑力指数 100 强城市省份分布

如图 14 所示，从区域分布来看，2018 年中国品牌生态系统环境支撑力指数 100 强城市主要集中在广东、浙江、福建、江苏和山东等地区。其中长江中游品牌生态发展区有 17 个城市入围；西南品牌生态发展区有 8 个城市入围；南部沿海品牌生态发展区有 22 个城市入围；黄河中游品牌生态发展区有 11 个城市入围；东部沿海品牌生态发展区有 19 个城市入围；东北品牌生态发展区有 6 个城市入围；大西北品牌生态发展区有 3 个城市入围；北部沿海品牌生态发展区有 14 个城市入围。

（三）2018年中国品牌生态系统消费支撑力指数分析

消费支撑力指数反映了区域消费水平对品牌经济的支撑能力，2018 年评价结果显示，消费支撑力较强的前 10 位城市是上海、北京、深圳、广州、杭州、宁波、天津、苏州、武汉和长沙，清远以 64. 84 为消费支撑力 100 强城市最低入门门槛。

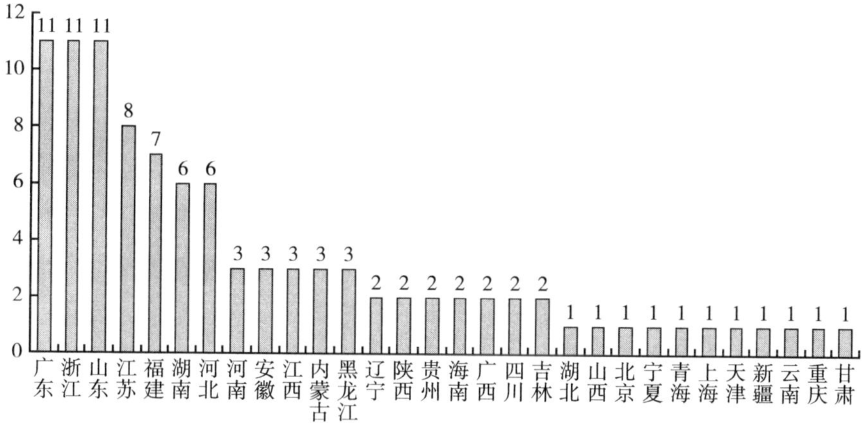

图 15　中国品牌生态指数（2018）消费支撑力指数 100 强城市省份分布

如图 15 所示，从区域分布来看，2018 年中国品牌生态系统消费支撑力指数 100 强城市主要集中在广东、浙江、山东、江苏和福建等地区。其中长江中游品牌生态发展区有 13 个城市入围；西南品牌生态发展区有 8 个城市入围；南部沿海品牌生态发展区有 20 个城市入围；黄河中游品牌生态发展区有 9 个城市入围；东部沿海品牌生态发展区有 20 个城市入围；东北品牌生态发展区有 7 个城市入围；大西北品牌生态发展区有 4 个城市入围；北部沿海品牌生态发展区有 19 个城市入围。

（四）2018年中国品牌生态系统商服支撑力指数分析

商服支撑力指数反映了区域商业和服务业发展水平对品牌经济的支撑能力，2018 年评价结果显示，商服支撑力较强的前 10 位城市是上海、北京、天津、广州、深圳、南京、重庆、武汉、成都和杭州，其中桂林以 62.15 为消费支撑力 100 强城市最低入门门槛。

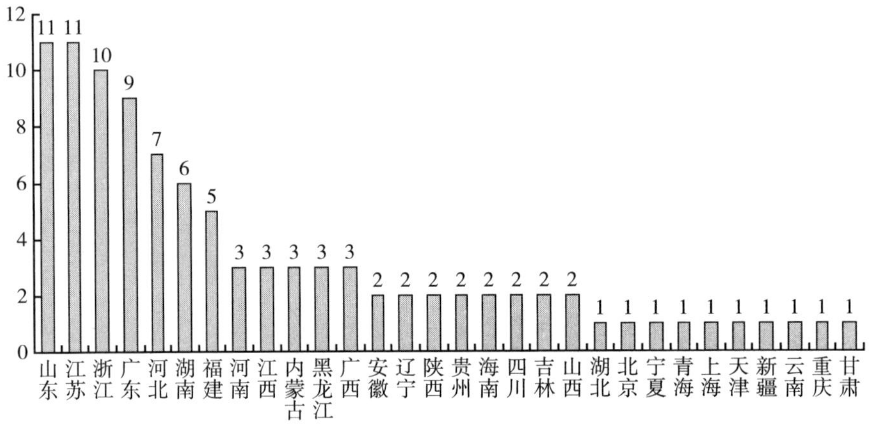

图 16　中国品牌生态指数（2018）商服支撑力指数 100 强城市省份分布

如图 16 所示，从区域分布来看，2018 年中国品牌生态系统商服支撑力指数 100 强城市主要集中在山东、江苏、浙江、广东和河北等地区。其中长江中游品牌生态发展区有 12 个城市入围；西南品牌生态发展区有 9 个城市入围；南部沿海品牌生态发展区有 16 个城市入围；黄河中游品牌生态发展区有 10 个城市入围；东部沿海品牌生态发展区有22个城市入围；东北品牌生态发展区有7个城市入围；大西北品牌生态发展区有4个城市入围；北部沿海品牌生态发展区有20个城市入围。

（五）2018年中国品牌生态系统文化支撑力指数分析

文化支撑力指数反映了区域文化发展水平对品牌经济的支撑能力，2018年评价结果显示，文化支撑力较强的前10位城市是北京、南京、苏州、武汉、杭州、上海、福州、泉州、天津和中山，其中周口以61.17为消费支撑力100强城市最低入门门槛。

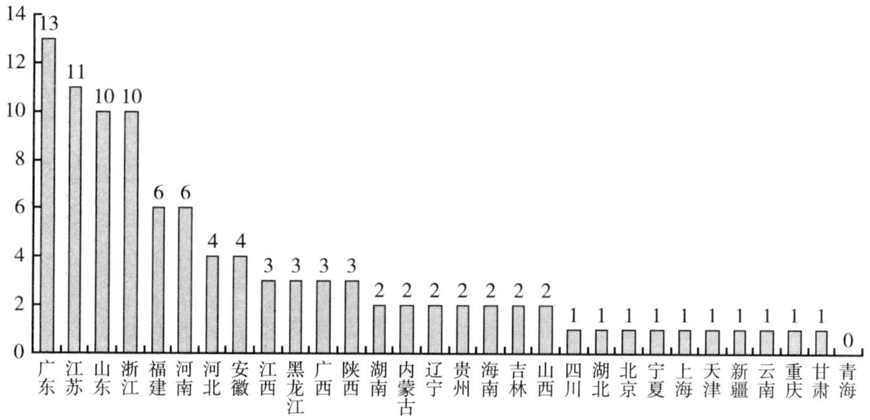

图17　中国品牌生态指数（2018）文化支撑力指数100强城市省份分布

如图17所示，从区域分布来看，2018年中国品牌生态系统文化支撑力指数100强城市主要集中在山东、浙江、广东、江苏和河北等地区。其中长江中游品牌生态发展区有10个城市入围；西南品牌生态发展区有8个城市入围；南部沿海品牌生态发展区有21个城市入围；黄河中游品牌生态发展区有13个城市入围；东部沿海品牌生态发展区有22个城市入围；东北品牌生态发展区有7个城市入围；大西北品牌生态发展区有3个城市入围；北部沿海品牌生态发展区有16个城市入围。

四　中国品牌生态发展区域领先城市发展报告

（一）东北品牌生态发展区领军城市品牌生态分析

根据品牌生态评价指数CBEI（2018）模型的评价，2018年东北品牌生态发展区共有沈阳、长春、大连、哈尔滨、齐齐哈尔、吉林、大庆等7个城市入围中国品牌生态指数（2018）100强城市榜单。沈阳成为区域领军城市，综合指数为72.27，全国排名第25位，各分项能力指数和全国排名情况如下：

通过与全国标准城市模型的比较，沈阳品牌生态系统的经济支撑力、文化支撑力、商服支撑力和消费支撑力均超过全国平均水平，环境支撑力落后于全国平均水平（见表12、图18、图19）。

表12　沈阳品牌生态分项能力指数比较

分项指数	经济支撑力指数	环境支撑力指数	消费支撑力指数	商服支撑力指数	文化支撑力指数
沈阳指数	73.76	71.21	73.28	68.22	74.56
沈阳全国排名	25	67	27	34	19
全国最优值	96.00	96.00	96.00	96.00	96.00
全国基础值	65.80	72.94	64.84	62.15	61.17
全国平均值	72.00	78.27	70.83	67.41	69.30
区域最优值	74.09	74.14	73.92	69.1	77.42
区域基础值	65.97	63.14	65.08	63.58	62.38
区域平均值	70.73	68.79	69.96	67.05	70.35

通过与东北品牌生态发展区标准城市模型的比较，沈阳品牌生态系统的经济支撑力、消费支撑力和商服支撑力较高，但环境支撑力、文化支撑力与区域最优水平相比还有较大差距。

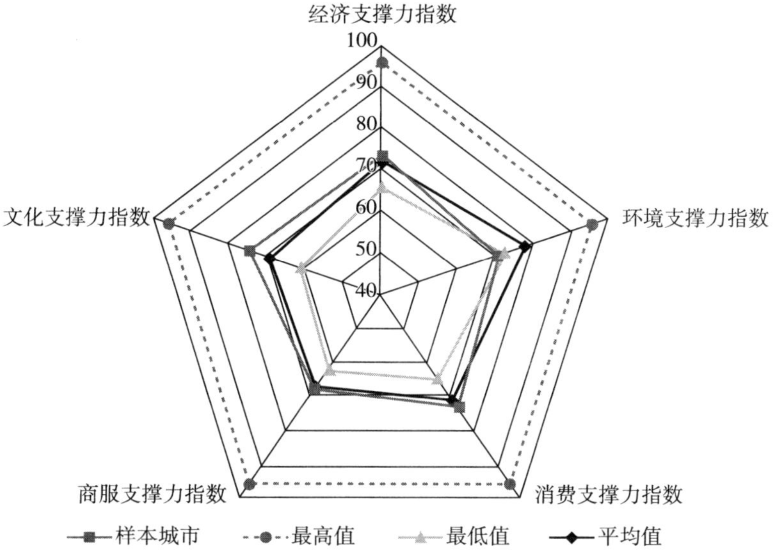

图 18　沈阳品牌生态系统专项指数与全国标准城市值比较

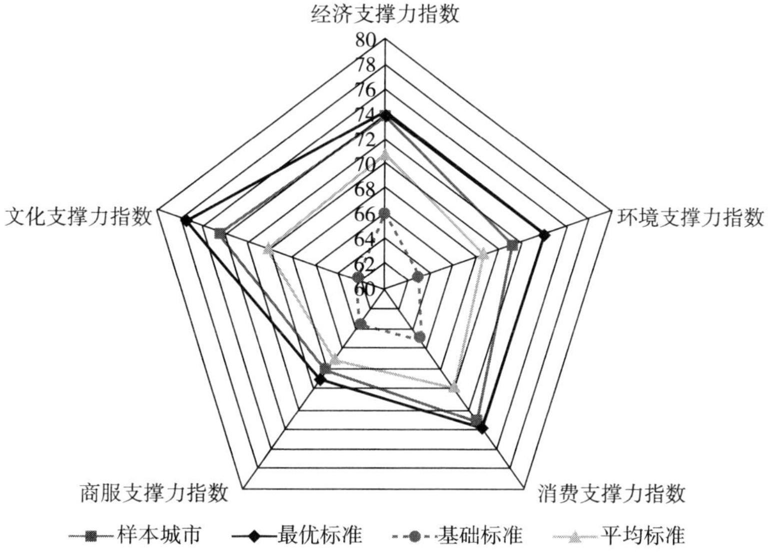

图 19　沈阳品牌生态系统专项指数与区域标准城市值比较

从二级监测指标来看，制约沈阳环境水平提升的主要因素是空气质量、城市绿化水平、万人拥有中小学数量、三类以上卫生间数量等重要指标，建成区每平方米投入的维护费用也制约了其公共设施的精细化发展水平。从经济支撑力上看，地区生产总值增长情况、外向型经济发展情况和城市化率指标与区域内长春、大连等城市相比有所落后。政府在文化和传媒上的引导性投入较低是文化支撑力略有不足的主要原因。

（二）北部沿海品牌生态发展区领军城市品牌生态分析

根据品牌生态评价指数 CBEI（2018）模型的评价，2018 年北部沿海品牌生态发展区共有北京、天津、青岛、济南、烟台、秦皇岛、威海、淄博、东营、邯郸、潍坊、石家庄、泰安、唐山、廊坊、沧州、保定、聊城等 18 个城市入围中国品牌生态指数（2018）100 强城市榜单。北京成为区域领军城市，综合指数为 92. 92，全国排名第 1，各分项能力指数和全国排名情况如表 13、图 20、图 21 所示。

表 13　北京品牌生态专项支撑力指数比较

分项指数	经济支撑力指数	环境支撑力指数	消费支撑力指数	商服支撑力指数	文化支撑力指数
北京指数	88. 04	81. 36	94. 37	95. 76	96. 00
北京全国排名	4	3	2	2	1
全国最优值	96. 00	96. 00	96. 00	96. 00	96. 00
全国基础值	65. 80	72. 94	64. 84	62. 15	61. 17
全国平均值	72. 00	78. 27	70. 83	67. 41	69. 30
区域最优值	74. 09	70. 59	73. 92	69. 1	77. 42
区域基础值	65. 97	63. 14	65. 08	63. 58	62. 38
区域平均值	70. 73	68. 79	69. 96	67. 05	70. 35

通过与全国标准城市模型的比较，北京品牌生态系统的文化支撑力达到全国最优水平，商服支撑力和消费支撑力均略低于全国最优水平，环境支撑力和经济支撑力与全国最优水平相差较大。

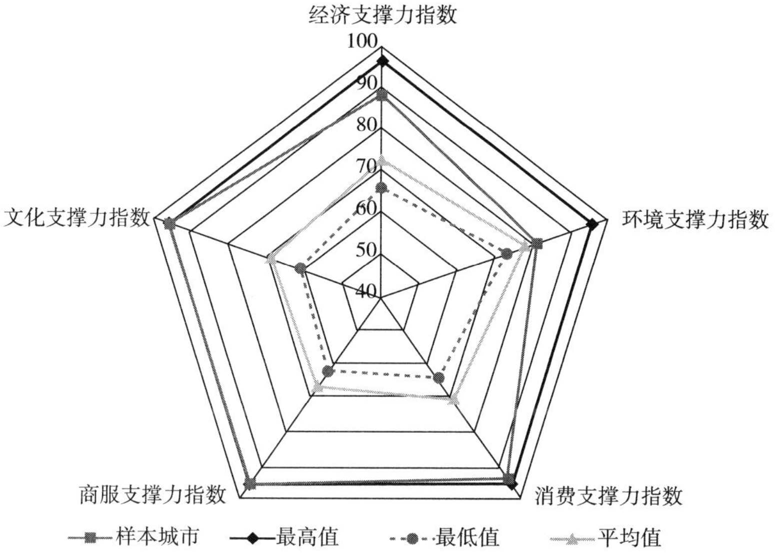

图 20　北京品牌生态系统专项支撑力指数与全国标准城市值比较

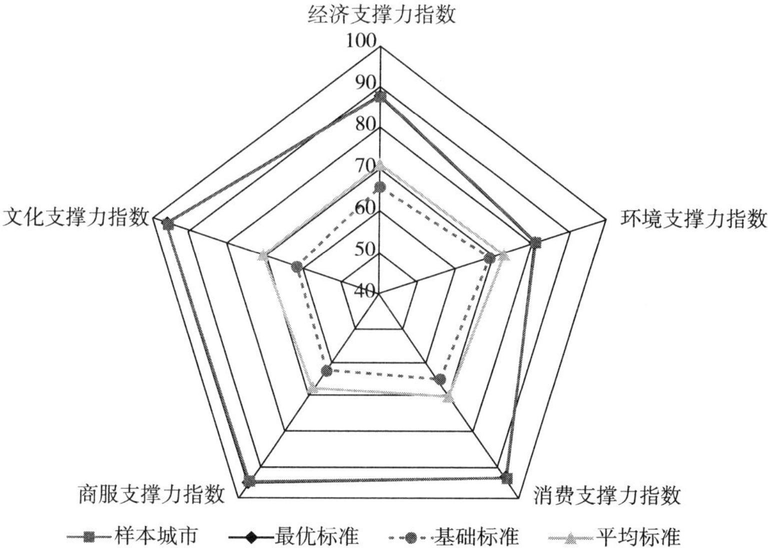

图 21　北京品牌生态系统专项支撑力指数与区域标准城市值比较

通过与北部沿海品牌生态发展区标准城市模型的比较，北京品牌生态系统在各专项指标中均为区域内最优水平。但从区域城市品牌生态发展态势来看，北京环境支撑力表现相对其他指数而言仍然相对落后。

从二级监测指标来看，制约北京宜居水平提升的主要因素是空气质量、城市污水处理能力和万人拥有中小学数量等指标，外向型经济发展也成为拉低经济支撑能力指数的主要因素。

（三）东部沿海品牌生态发展区领军城市品牌生态分析

根据品牌生态评价指数CBEI（2018）模型的评价，2018年东部沿海品牌生态发展区共有上海、苏州、南京、杭州、宁波、无锡、温州、常州、嘉兴、南通、扬州、镇江、金华、湖州、丽水、绍兴、徐州、台州、泰州、衢州、淮安、舟山等22个城市入围中国品牌生态指数（2018）100强城市榜单。上海成为区域领军城市，综合指数为89.25，全国排名第2，各分项能力指数和全国排名情况如表14、图22、图23所示。

表14　上海品牌专项支撑力指数比较

分项指数	经济支撑力指数	环境支撑力指数	消费支撑力指数	商服支撑力指数	文化支撑力指数
上海指数	96.00	77.55	96.00	96.00	80.68
上海全国排名	1	7	1	1	6
全国最优值	96.00	96.00	96.00	96.00	96.00
全国基础值	65.80	72.94	64.84	62.15	61.17
全国平均值	72.00	78.27	70.83	67.41	69.30
区域最优值	96.00	77.55	96.00	96.00	90.02
区域基础值	65.80	69.20	65.50	62.36	61.18
区域平均值	73.17	72.12	74.67	67.54	73.18

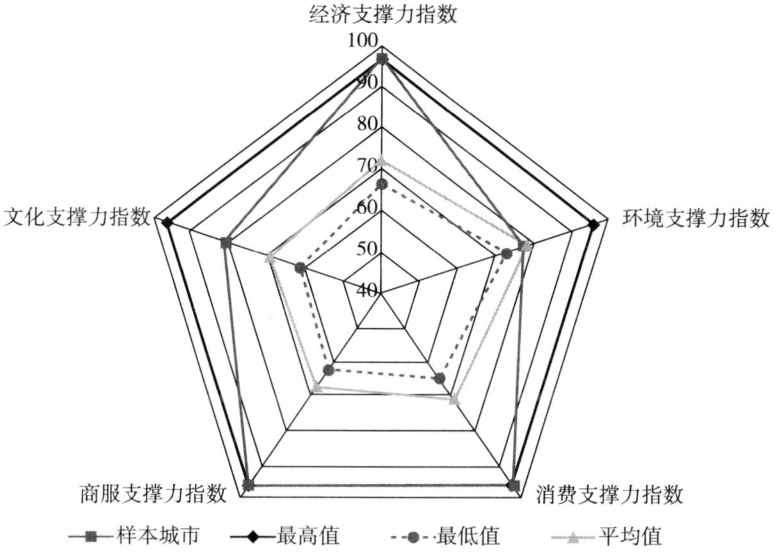

图 22　上海品牌生态系统专项支撑力指数与全国标准城市值比较

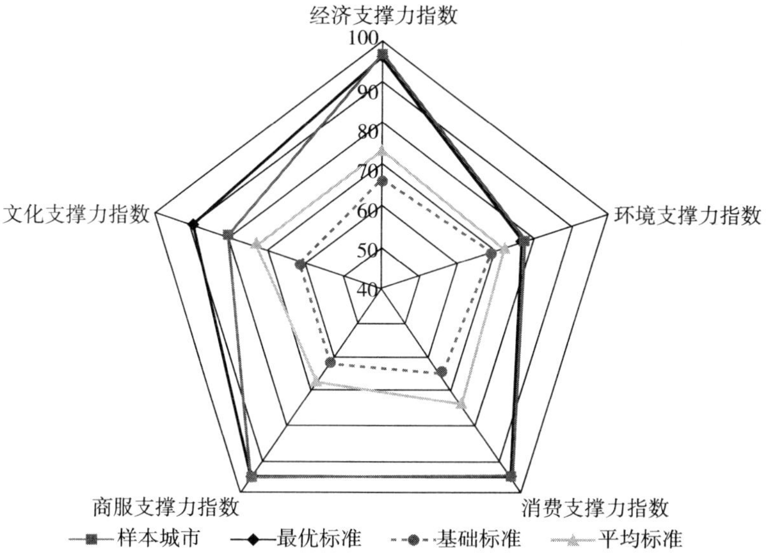

图 23　上海品牌生态系统专项支撑力指数与区域标准城市值比较

通过与全国标准城市模型的比较，上海品牌生态系统的经济支撑力、商服支撑力和消费支撑力均达到全国最优水平，但文化支撑力和环境支撑力相对落后。

通过与东部沿海品牌生态发展区标准城市模型的比较，上海品牌生态系统的经济支撑力、环境支撑力、商服支撑力和消费支撑力都达到区域最优水平，但文化支撑力与区域最优水平相比还有较大差距。从区域内平均发展情况来看，上海品牌生态发展呈现领军效应。

从二级监测指标来看，教育和文化从业人员在第三产业人员中的占比较低，提高上海品牌生态中的文化支撑力应该重视教育和文化产业的发展。

（四）南部沿海品牌生态发展区领军城市品牌生态分析

根据品牌生态评价指数 CBEI（2018）模型的评价，2018 年南部沿海品牌生态发展区共有深圳、广州、厦门、东莞、中山、福州、泉州、佛山、珠海、漳州、海口、惠州、三亚、龙岩、汕头、三明、江门、肇庆等 18 个城市入围中国品牌生态指数（2018）100 强城市榜单。深圳成为区域领军城市，综合指数为 82.82，全国排名第 3，各分项能力指数和全国排名情况如表 15、图 24、图 25 所示。

表 15　深圳品牌生态专项支撑力指数比较

分项指数	经济支撑力指数	环境支撑力指数	消费支撑力指数	商服支撑力指数	文化支撑力指数
深圳指数	94.50	85.50	90.74	78.41	63.79
深圳全国排名	1	1	3	7	3
全国最优值	96.00	96.00	96.00	96.00	96.00
全国基础值	65.80	72.94	64.84	62.15	61.17
全国平均值	72.00	78.27	70.83	67.41	69.30
区域最优值	94.50	85.50	90.74	81.34	79.95
区域基础值	66.89	68.95	64.84	62.71	61.25
区域平均值	74.61	75.01	71.49	67.73	68.51

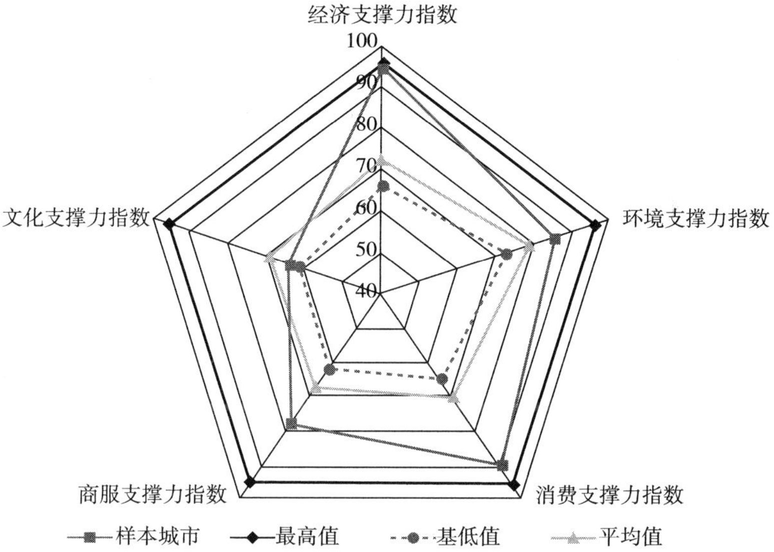

图 24　深圳品牌生态系统专项支撑力指数与全国标准城市值比较

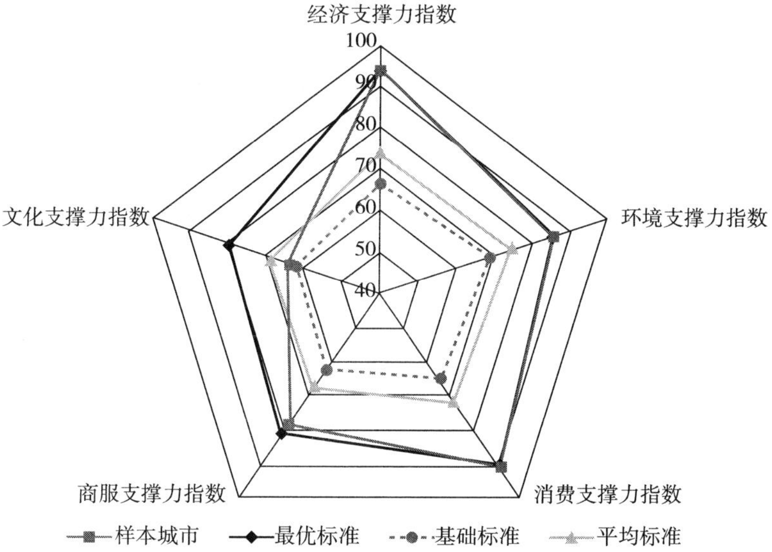

图 25　深圳品牌生态系统专项指数与区域标准城市值比较

通过与南部沿海品牌生态发展区标准城市模型的比较，深圳品牌生态系统的经济支撑力、环境支撑力和消费支撑力都达到区域最优水平，商服支撑力略低于区域最优水平，但文化支撑力低于区域平均水平。

从二级监测指标来看，制约深圳文化水平提升的主要因素是高等院校数量和历史文化传承等关键指标的缺失，深圳应在引进合作办学和挖掘自身品牌积淀方面加大力度。

（五）黄河中游品牌生态发展区领军城市品牌生态分析

根据品牌生态评价指数 CBEI（2018）模型的评价，2018 年黄河中游品牌生态发展区共有郑州、西安、鄂尔多斯、呼和浩特、太原、洛阳、包头、榆林、咸阳、许昌、大同等 11 个城市入围中国品牌生态指数（2018）100 强城市榜单。郑州成为区域领军城市，综合指数为 72. 98，全国排名第 20，各分项能力指数和全国排名情况如表 16、图 26、图 27 所示。

表 16　郑州品牌生态专项支撑力指数比较

分项指数	经济支撑力指数	环境支撑力指数	消费支撑力指数	商服支撑力指数	文化支撑力指数
郑州指数	75. 35	74. 53	71. 03	70. 11	73. 18
郑州全国排名	19	28	35	21	25
全国最优值	96. 00	96. 00	96. 00	96. 00	96. 00
全国基础值	65. 80	72. 94	64. 84	62. 15	61. 17
全国平均值	72. 00	78. 27	70. 83	67. 41	69. 30
区域最优值	76. 46	76. 26	71. 41	73. 11	75. 01
区域基础值	65. 81	69. 33	65. 62	62. 42	61. 17
区域平均值	70. 26	71. 81	69. 11	67. 62	69. 64

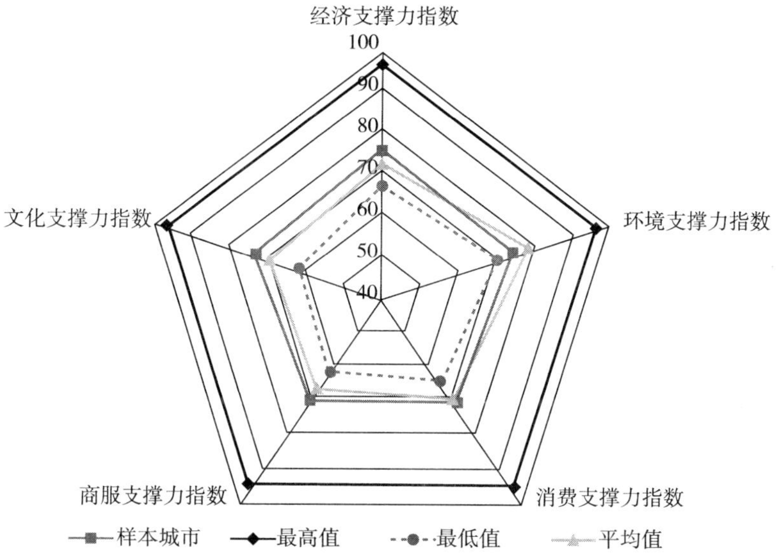

图 26　郑州品牌生态系统专项支撑力指数与全国标准城市值比较

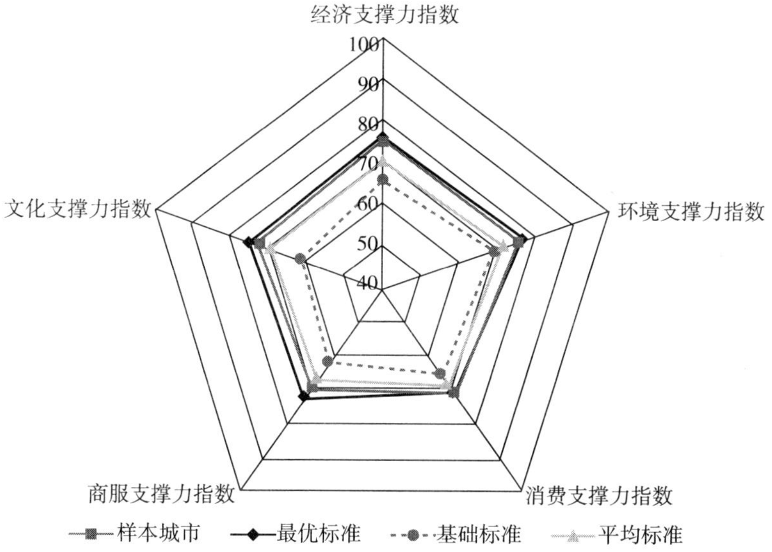

图 27　郑州品牌生态系统专项指数与区域标准城市值比较

通过与全国标准城市模型的比较，郑州品牌生态系统的经济支撑力、消费支撑力、商服支撑力和文化支撑力均高于全国平均水平，郑州品牌生态系统发展态势与全国平均水平基本一致。

通过与黄河中游品牌生态发展区标准城市模型的比较，郑州品牌生态系统的消费支撑力接近区域最优水平，经济支撑力、环境支撑力、商服支撑力和文化支撑力与区域最优水平相比差距略大。

从二级监测指标来看，制约郑州文化支撑力水平提升的主要因素在于政府对科学和教育的引导性投入略有不足，改善空气质量和增加公园绿地面积、加大城市精细化维护投入等都将有效提高城市宜居水平，适度增加商业服务业用地供给和增加引入高端品牌数量有望提升郑州品牌生态的商服支撑力水平。

（六）长江中游品牌生态发展区领军城市品牌生态分析

根据品牌生态评价指数 CBEI（2018）模型的评价，2018 年长江中游品牌生态发展区共有武汉、长沙、南昌、合肥、赣州、岳阳、马鞍山、芜湖、株洲、九江、常德、上饶等 12 个城市入围中国品牌生态指数（2018）100 强城市榜单。武汉成为区域领军城市，综合指数为 78.99，全国排名第 8，各分项能力指数和全国排名情况如表 17、图 28、图 29 所示。

表 17　武汉品牌生态专项支撑力指数比较

分项指数	经济支撑力指数	环境支撑力指数	消费支撑力指数	商服支撑力指数	文化支撑力指数
武汉指数	83.17	75.70	77.54	75.21	82.36
武汉全国排名	6	15	9	8	4
全国最优值	96.00	96.00	96.00	96.00	96.00
全国基础值	65.80	72.94	64.84	62.15	61.17
全国平均值	72.00	78.27	70.83	67.41	69.30
区域最优值	83.17	76.40	77.54	75.21	82.36
区域基础值	66.17	69.22	64.97	62.54	61.23
区域平均值	70.28	72.33	68.48	65.32	68.36

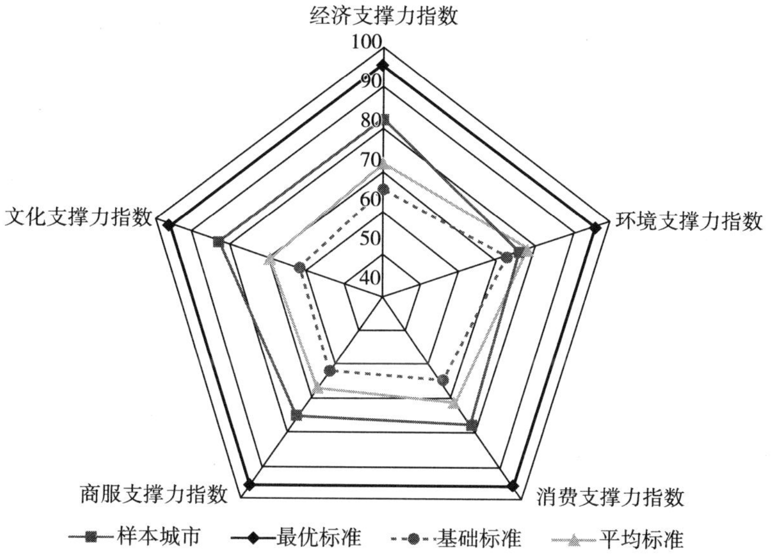

图 28　武汉品牌生态系统专项支撑力指数与全国标准城市值比较

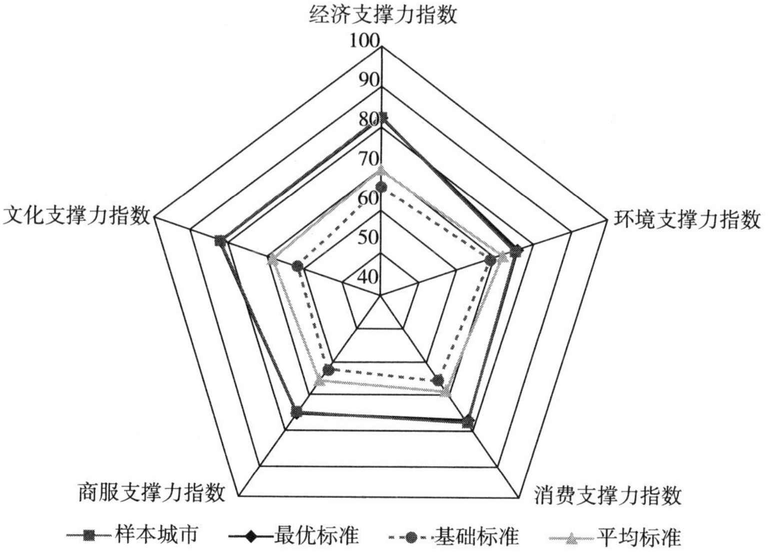

图 29　武汉品牌生态系统专项指数与区域标准城市值比较

通过与全国标准城市模型的比较，武汉品牌生态系统的经济支撑力、消费支撑力、商服支撑力和文化支撑力均高于全国平均水平，但环境支撑力略低于全国平均水平。

通过与长江中游品牌生态发展区标准城市模型的比较，武汉品牌生态系统的经济支撑力、文化支撑力、消费支撑力和商服支撑力均达到区域最优水平，环境支撑力略低于区域最优水平。

从二级监测指标来看，空气质量成为制约武汉宜居水平提升的重要因素，另外，增加人均公园绿地面积和加大公共交通投入也有利于城市品牌经济的发展。

（七）西南品牌生态发展区领军城市品牌生态分析

根据品牌生态评价指数 CBEI（2018）模型的评价，2018 年西南品牌生态发展区共有重庆、成都、昆明、贵阳、遵义、南宁、桂林、柳州等 8 个城市入围中国品牌生态指数（2018）100 强城市榜单。重庆成为区域领军城市，综合指数为 76. 49，全国排名第 10，各分项能力指数和全国排名情况如表 18、图 30、图 31 所示。

表 18　重庆品牌生态专项支撑力指数比较

分项指数	经济支撑力指数	环境支撑力指数	消费支撑力指数	商服支撑力指数	文化支撑力指数
重庆指数	77. 80	73. 81	76. 93	75. 36	78. 32
重庆全国排名	36	34	7	5	13
全国最优值	96. 00	96. 00	96. 00	96. 00	96. 00
全国基础值	65. 80	72. 94	64. 84	62. 15	61. 17
全国平均值	72. 00	78. 27	70. 83	67. 41	69. 30
区域最优值	74. 09	70. 59	73. 92	69. 1	77. 42
区域基础值	65. 97	63. 14	65. 08	63. 58	62. 38
区域平均值	70. 73	68. 79	69. 96	67. 05	70. 35

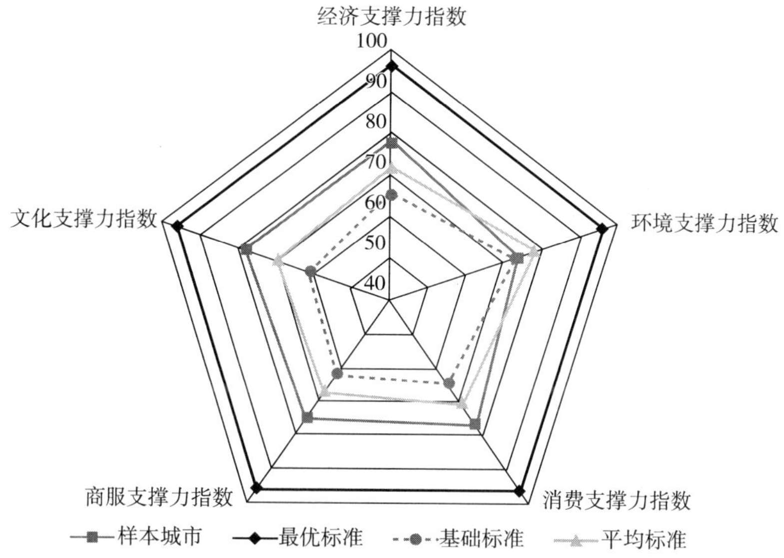

图 30　重庆品牌生态系统专项支撑力指数与全国标准城市值比较

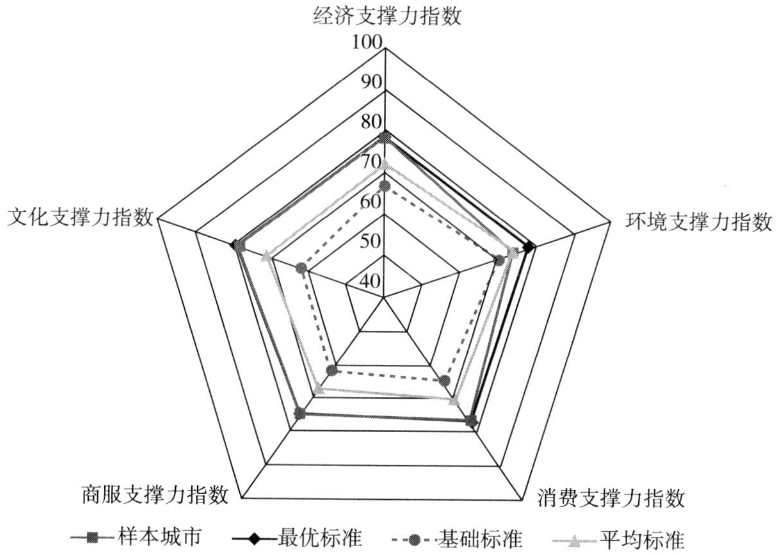

图 31　重庆品牌生态系统专项指数与区域标准城市值比较

通过与全国标准城市模型的比较，重庆品牌生态系统的经济支撑力、消费支撑力、商服支撑力和文化支撑力均高于全国平均水平，但环境支撑力低于全国平均水平。

通过与长江中游品牌生态发展区标准城市模型的比较，重庆品牌生态系统的经济支撑力、环境支撑力大幅低于区域最优水平，文化支撑力、消费支撑力和商服支撑力均达到区域最优水平。

从二级监测指标来看，空气质量、公共医疗资源和出租车的人均保有量成为制约重庆宜居水平提升的重要因素，另外，加大投入提高城市维护的精细化程度也有利于城市品牌经济的发展。

（八）大西北品牌生态发展区领军城市品牌生态分析

根据品牌生态评价指数 CBEI（2018）模型的评价，2018 年大西北品牌生态发展区共有银川、乌鲁木齐、兰州、西宁 4 个城市入围中国品牌生态指数（2018）100 强城市榜单。银川成为区域领军城市，综合指数为 70.78，全国排名第 35，各分项能力指数和全国排名情况如表 19、图 32、图 33 所示。

表 19　银川品牌生态专项支撑力指数比较

分项指数	经济支撑力指数	环境支撑力指数	消费支撑力指数	商服支撑力指数	文化支撑力指数
银川指数	72.14	73.16	69.67	65.50	72.87
银川全国排名	36	37	48	52	27
全国最优值	96.00	96.00	96.00	96.00	96.00
全国基础值	65.80	72.94	64.84	62.15	61.17
全国平均值	72.00	78.27	70.83	67.41	69.30
区域最优值	72.14	73.16	70.76	71.15	72.87
区域基础值	68.34	71.16	65.14	65.50	62.62
区域平均值	70.24	72.54	68.61	68.42	66.09

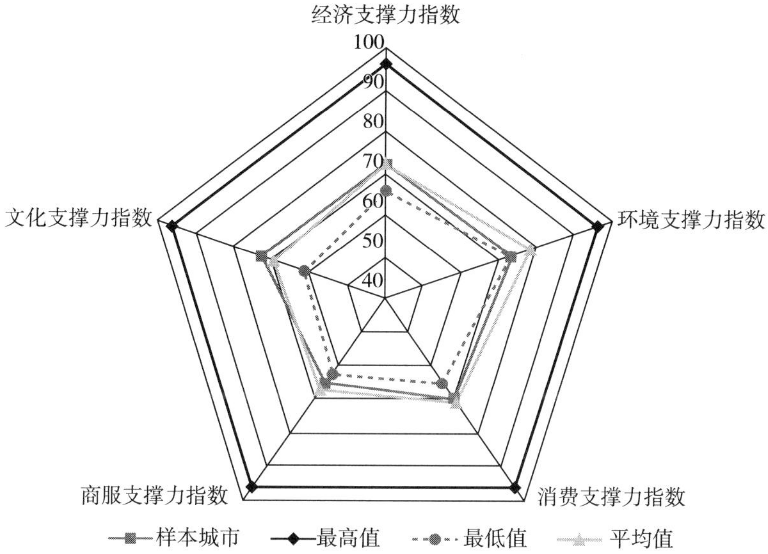

图 32　银川品牌生态系统专项支撑力指数与全国标准城市值比较

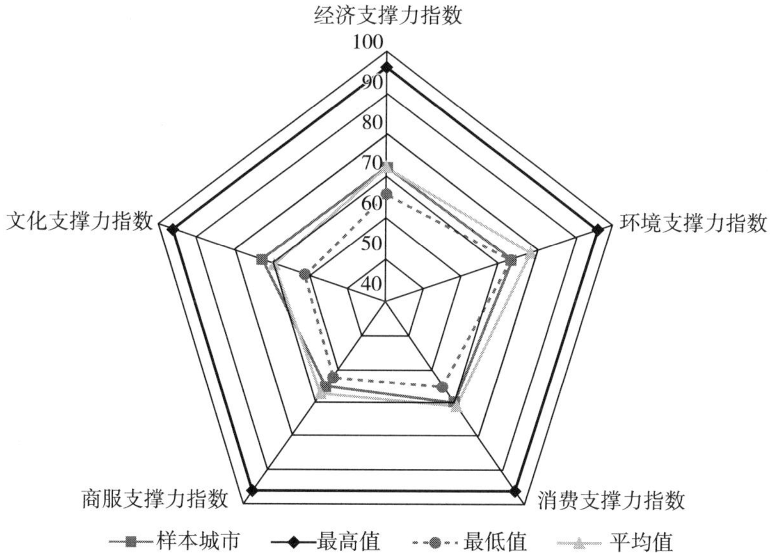

图 33　银川品牌生态系统专项指数与区域标准城市值比较

通过与全国标准城市模型的比较，银川品牌生态系统的经济支撑力和文化支撑力均略高于全国平均水平，但环境支撑力、消费支撑力和商服支撑力落后于全国平均水平。

通过与大西北品牌生态发展区标准城市模型的比较，银川品牌生态系统的经济支撑力、环境支撑力和文化支撑力达到区域最优水平，消费支撑力低于区域最优水平，尤其是商服支撑力大幅低于区域平均水平。

从二级监测指标来看，地区生产总值规模、城镇居民人均可支配收入和外向型经济发展水平成为制约该区域品牌生态发展的关键因素，加大外向型经济发展，加大品牌引入力度有利于提高城市品牌经济的整体发展水平。

五　中国品牌生态指数（2018）评价结果

（一）中国品牌生态指数（2018）综合评价结果

表 20　中国品牌生态指数（2018）综合评价结果

指数排序	城市	所属省、区、市	综合指数
1	北京	北京	90.90
2	上海	上海	89.25
3	深圳	广东	82.82
4	广州	广东	81.66
5	苏州	江苏	80.80
6	天津	天津	79.57
7	南京	江苏	79.08
8	武汉	湖北	78.99
9	杭州	浙江	78.74
10	重庆	重庆	76.49
11	厦门	福建	75.11
12	青岛	山东	74.72

续表

指数排序	城市	所属省、区、市	综合指数
13	东莞	广东	74. 59
14	长沙	湖南	74. 26
15	中山	广东	73. 51
16	成都	四川	73. 32
17	宁波	浙江	73. 28
18	无锡	江苏	73. 19
19	福州	福建	73. 15
20	郑州	河南	72. 98
21	泉州	福建	72. 94
22	佛山	广东	72. 90
23	西安	陕西	72. 86
24	珠海	广东	72. 31
25	沈阳	辽宁	72. 27
26	济南	山东	72. 23
27	温州	浙江	71. 99
28	昆明	云南	71. 93
29	常州	江苏	71. 64
30	鄂尔多斯	内蒙古	71. 60
31	漳州	福建	71. 34
32	嘉兴	浙江	71. 12
33	海口	海南	71. 04
34	呼和浩特	内蒙古	70. 97
35	银川	宁夏	70. 78
36	南通	江苏	70. 64
37	长春	吉林	70. 59
38	烟台	山东	70. 57
39	惠州	广东	70. 57
40	扬州	江苏	70. 34
41	大连	辽宁	70. 30

续表

指数排序	城市	所属省、区、市	综合指数
42	太原	山西	70.29
43	镇江	江苏	70.25
44	南昌	江西	70.22
45	金华	浙江	70.21
46	三亚	海南	70.19
47	贵阳	贵州	70.11
48	湖州	浙江	69.92
49	哈尔滨	黑龙江	69.85
50	合肥	安徽	69.81
51	乌鲁木齐	新疆	69.70
52	洛阳	河南	69.62
53	秦皇岛	河北	69.31
54	丽水	浙江	68.69
55	淄博	山东	68.67
56	绍兴	浙江	68.66
57	威海	山东	68.51
58	遵义	贵州	68.33
59	徐州	江苏	68.31
60	台州	浙江	68.02
61	泰州	江苏	67.99
62	邯郸	河北	67.93
63	衢州	浙江	67.89
64	齐齐哈尔	黑龙江	67.72
65	兰州	甘肃	67.65
66	吉林	吉林	67.57
67	泰安	山东	67.53
68	包头	内蒙古	67.51
69	东营	山东	67.43
70	潍坊	山东	67.42

续表

指数排序	城市	所属省、区、市	综合指数
71	南宁	广西	67.29
72	赣州	江西	67.25
73	石家庄	河北	67.21
74	龙岩	福建	67.18
75	榆林	陕西	67.06
76	岳阳	湖南	66.83
77	桂林	广西	66.82
78	咸阳	陕西	66.75
79	许昌	河南	66.73
80	西宁	青海	66.72
81	唐山	河北	66.71
82	柳州	广西	66.68
83	大同	山西	66.59
84	大庆	黑龙江	66.58
85	保定	河北	66.56
86	马鞍山	安徽	66.41
87	芜湖	安徽	66.33
88	淮安	江苏	66.32
89	聊城	山东	66.24
90	舟山	浙江	66.21
91	廊坊	河北	66.19
92	汕头	广东	66.13
93	株洲	湖南	66.11
94	三明	福建	66.03
95	沧州	河北	66.02
96	九江	江西	66.01
97	江门	广东	65.94
98	肇庆	广东	65.86
99	常德	湖南	65.67
100	上饶	江西	65.51

（二）中国品牌生态指数经济支撑力指数评价结果

表 21　中国品牌生态指数经济支撑力指数评价结果

指数排序	城市	所属省、区、市	经济支撑力指数
1	上海	上海	96.00
2	深圳	广东	94.50
3	苏州	江苏	91.67
4	北京	北京	88.04
5	广州	广东	83.93
6	武汉	湖北	83.17
7	天津	天津	82.42
8	厦门	福建	80.58
9	杭州	浙江	80.45
10	东莞	广东	80.05
11	青岛	山东	79.26
12	中山	广东	79.23
13	珠海	广东	78.35
14	无锡	江苏	77.81
15	重庆	重庆	77.80
16	南京	江苏	77.02
17	佛山	广东	76.72
18	鄂尔多斯	内蒙古	76.46
19	郑州	河南	75.35
20	常州	江苏	75.05
21	威海	山东	74.71
22	宁波	浙江	74.35
23	大连	辽宁	74.09
24	长沙	湖南	74.03
25	沈阳	辽宁	73.76
26	成都	四川	73.61
27	烟台	山东	73.59

续表

指数排序	城市	所属省、区、市	经济支撑力指数
28	南通	江苏	73.17
29	嘉兴	浙江	73.06
30	东营	山东	72.89
31	镇江	江苏	72.86
32	泉州	福建	72.73
33	长春	吉林	72.71
34	西安	陕西	72.56
35	惠州	广东	72.27
36	银川	宁夏	72.14
37	舟山	浙江	72.13
38	合肥	安徽	72.01
39	呼和浩特	内蒙古	71.97
40	济南	山东	71.96
41	福州	福建	71.85
42	漳州	福建	71.71
43	扬州	江苏	71.65
44	乌鲁木齐	新疆	71.55
45	贵阳	贵州	71.31
46	湖州	浙江	71.11
47	泰州	江苏	70.92
48	包头	内蒙古	70.77
49	潍坊	山东	70.70
50	龙岩	福建	70.66
51	南昌	江西	70.43
52	淄博	山东	70.38
53	台州	浙江	70.14
54	金华	浙江	70.00
55	盐城	江苏	69.94

续表

指数排序	城市	所属省、区、市	经济支撑力指数
56	三亚	海南	69.86
57	洛阳	河南	69.75
58	秦皇岛	河北	69.70
59	太原	山西	69.48
60	石家庄	河北	69.38
61	绍兴	浙江	69.13
62	徐州	江苏	69.12
63	莆田	福建	69.01
64	兰州	甘肃	68.92
65	昆明	云南	68.87
66	芜湖	安徽	68.86
67	宜昌	湖北	68.62
68	温州	浙江	68.55
69	三明	福建	68.54
70	西宁	青海	68.34
71	汕头	广东	68.09
72	邯郸	河北	68.07
73	马鞍山	安徽	67.99
74	连云港	江苏	67.95
75	江门	广东	67.95
76	新乡	河南	67.83
77	蚌埠	安徽	67.73
78	淮安	江苏	67.71
79	丽水	浙江	67.52
80	株洲	湖南	67.24
81	唐山	河北	67.16
82	哈尔滨	黑龙江	67.10
83	焦作	河南	67.03

续表

指数排序	城市	所属省、区、市	经济支撑力指数
84	泰安	山东	66.94
85	海口	海南	66.89
86	襄阳	湖北	66.80
87	临沂	山东	66.78
88	滨州	山东	66.62
89	廊坊	河北	66.42
90	遵义	贵州	66.42
91	济宁	山东	66.39
92	衢州	浙江	66.25
93	菏泽	山东	66.18
94	九江	江西	66.17
95	柳州	广西	65.98
96	大庆	黑龙江	65.97
97	沧州	河北	65.97
98	许昌	河南	65.89
99	咸阳	陕西	65.81
100	宿迁	江苏	65.80

（三）中国品牌生态指数环境支撑力指数评价结果

表22　中国品牌生态指数环境支撑力指数评价结果

指数排序	城市	所属省、区、市	环境支撑力指数
1	深圳	广东	85.50
2	东莞	广东	84.73
3	北京	北京	81.36
4	广州	广东	79.90

续表

指数排序	城市	所属省、区、市	环境支撑力指数
5	厦门	福建	79.07
6	贵阳	贵州	78.03
7	上海	上海	77.55
8	福州	福建	76.92
9	三亚	海南	76.87
10	泉州	福建	76.64
11	珠海	广东	76.50
12	合肥	安徽	76.40
13	鄂尔多斯	内蒙古	76.26
14	长沙	湖南	75.86
15	武汉	湖北	75.70
16	南宁	广西	75.70
17	昆明	云南	75.55
18	海口	海南	75.47
19	惠州	广东	75.46
20	天津	天津	75.25
21	上饶	江西	75.17
22	漳州	福建	75.15
23	佛山	广东	75.14
24	青岛	山东	75.10
25	中山	广东	74.79
26	苏州	江苏	74.71
27	南京	江苏	74.62
28	郑州	河南	74.53
29	温州	浙江	74.21
30	长春	吉林	74.14
31	杭州	浙江	74.04
32	大连	辽宁	73.92
33	西安	陕西	73.91
34	重庆	重庆	73.81

续表

指数排序	城市	所属省、区、市	环境支撑力指数
35	洛阳	河南	73.53
36	九江	江西	73.50
37	银川	宁夏	73.16
38	丽水	浙江	73.03
39	威海	山东	73.02
40	遵义	贵州	72.93
41	西宁	青海	72.69
42	烟台	山东	72.62
43	龙岩	福建	72.60
44	东营	山东	72.55
45	株洲	湖南	72.55
46	大庆	黑龙江	72.48
47	宁波	浙江	72.48
48	常州	江苏	72.41
49	马鞍山	安徽	72.32
50	许昌	河南	72.31
51	三明	福建	72.15
52	芜湖	安徽	72.12
53	南昌	江西	72.11
54	常德	湖南	72.07
55	揭阳	广东	71.82
56	宜昌	湖北	71.77
57	乌鲁木齐	新疆	71.76
58	石家庄	河北	71.73
59	无锡	江苏	71.61
60	汕头	广东	71.60
61	绍兴	浙江	71.59
62	廊坊	河北	71.59
63	绵阳	四川	71.37
64	唐山	河北	71.28

续表

指数排序	城市	所属省、区、市	环境支撑力指数
65	南通	江苏	71.24
66	潍坊	山东	71.23
67	沈阳	辽宁	71.21
68	嘉兴	浙江	71.14
69	成都	四川	71.12
70	扬州	江苏	70.95
71	莆田	福建	70.89
72	济南	山东	70.88
73	徐州	江苏	70.83
74	赣州	江西	70.77
75	镇江	江苏	70.69
76	包头	内蒙古	70.67
77	南平	福建	70.55
78	孝感	湖北	70.36
79	蚌埠	安徽	70.36
80	哈尔滨	黑龙江	70.21
81	秦皇岛	河北	70.15
82	台州	浙江	70.14
83	南阳	河南	70.14
84	周口	河南	70.08
85	湖州	浙江	70.02
86	郴州	湖南	70.00
87	桂林	广西	69.99
88	江门	广东	69.98
89	淄博	山东	69.87
90	衢州	浙江	69.83
91	丹东	辽宁	69.82
92	太原	山西	69.70
93	德州	山东	69.64
94	湛江	广东	69.58

续表

指数排序	城市	所属省、区、市	环境支撑力指数
95	新乡	河南	69.47
96	咸阳	陕西	69.33
97	岳阳	湖南	69.29
98	衡阳	湖南	69.22
99	金华	浙江	69.20
100	宁德	福建	68.95

（四）中国品牌生态指数消费支撑力指数评价结果

表23　中国品牌生态指数消费支撑力指数评价结果

指数排序	城市	所属省、区、市	消费支撑力指数
1	上海	上海	96.00
2	北京	北京	94.37
3	深圳	广东	90.74
4	广州	广东	88.16
5	杭州	浙江	83.03
6	宁波	浙江	78.42
7	天津	天津	78.30
8	苏州	江苏	77.90
9	武汉	湖北	77.54
10	长沙	湖南	77.50
11	东莞	广东	77.20
12	重庆	重庆	76.93
13	温州	浙江	76.78
14	南京	江苏	76.72
15	丽水	浙江	76.67
16	无锡	江苏	76.54
17	珠海	广东	76.38
18	金华	浙江	75.20

续表

指数排序	城市	所属省、区、市	消费支撑力指数
19	成都	四川	75. 12
20	厦门	福建	75. 05
21	台州	浙江	74. 91
22	佛山	广东	74. 44
23	济南	山东	74. 40
24	青岛	山东	74. 35
25	大连	辽宁	73. 92
26	嘉兴	浙江	73. 61
27	沈阳	辽宁	73. 28
28	沧州	河北	72. 41
29	常州	江苏	72. 31
30	舟山	浙江	71. 80
31	湖州	浙江	71. 74
32	呼和浩特	内蒙古	71. 41
33	绍兴	浙江	71. 28
34	鄂尔多斯	内蒙古	71. 16
35	郑州	河南	71. 03
36	西安	陕西	70. 94
37	哈尔滨	黑龙江	70. 81
38	乌鲁木齐	新疆	70. 76
39	中山	广东	70. 72
40	三亚	海南	70. 28
41	昆明	云南	70. 17
42	泉州	福建	70. 11
43	长春	吉林	70. 01
44	包头	内蒙古	69. 94
45	南通	江苏	69. 89
46	镇江	江苏	69. 72
47	衢州	浙江	69. 68
48	银川	宁夏	69. 67
49	福州	福建	69. 47
50	唐山	河北	69. 04

续表

指数排序	城市	所属省、区、市	消费支撑力指数
51	贵阳	贵州	69.00
52	兰州	甘肃	68.88
53	惠州	广东	68.72
54	大庆	黑龙江	68.66
55	洛阳	河南	68.59
56	秦皇岛	河北	68.56
57	江门	广东	68.49
58	南昌	江西	68.33
59	合肥	安徽	68.33
60	马鞍山	安徽	68.25
61	龙岩	福建	68.21
62	威海	山东	68.06
63	吉林	吉林	67.95
64	株洲	湖南	67.70
65	海口	海南	67.46
66	东营	山东	67.35
67	廊坊	河北	67.30
68	烟台	山东	67.28
69	常德	湖南	67.02
70	榆林	陕西	66.88
71	漳州	福建	66.85
72	郴州	湖南	66.75
73	潍坊	山东	66.57
74	济宁	山东	66.49
75	淄博	山东	66.45
76	太原	山西	66.44
77	衡阳	湖南	66.42
78	泰安	山东	66.25
79	南宁	广西	66.21
80	桂林	广西	66.16
81	聊城	山东	66.04

续表

指数排序	城市	所属省、区、市	消费支撑力指数
82	九江	江西	65. 91
83	汕头	广东	65. 87
84	湛江	广东	65. 85
85	岳阳	湖南	65. 80
86	泰州	江苏	65. 75
87	三明	福建	65. 74
88	上饶	江西	65. 70
89	南阳	河南	65. 62
90	扬州	江苏	65. 50
91	石家庄	河北	65. 40
92	南平	福建	65. 25
93	绵阳	四川	65. 25
94	滨州	山东	65. 22
95	保定	河北	65. 17
96	遵义	贵州	65. 14
97	西宁	青海	65. 14
98	齐齐哈尔	黑龙江	65. 08
99	芜湖	安徽	64. 97
100	清远	广东	64. 84

（五）中国品牌生态指数商服支撑力指数评价结果

表 24　中国品牌生态指数商服支撑力指数评价结果

指数排序	城市	所属省、区、市	商服支撑力指数
1	上海	上海	96. 00
2	北京	北京	95. 76
3	天津	天津	81. 83

续表

指数排序	城市	所属省、区、市	商服支撑力指数
4	广州	广东	81.34
5	深圳	广东	78.41
6	南京	江苏	76.97
7	重庆	重庆	75.36
8	武汉	湖北	75.21
9	成都	四川	74.96
10	杭州	浙江	74.84
11	海口	海南	73.36
12	西安	陕西	73.11
13	三亚	海南	71.98
14	乌鲁木齐	新疆	71.75
15	昆明	云南	71.75
16	大同	山西	71.53
17	青岛	山东	71.52
18	太原	山西	70.56
19	兰州	甘肃	70.50
20	长沙	湖南	70.41
21	郑州	河南	70.11
22	苏州	江苏	70.04
23	厦门	福建	69.76
24	呼和浩特	内蒙古	69.67
25	宁波	浙江	69.27
26	哈尔滨	黑龙江	69.10
27	保定	河北	69.05
28	齐齐哈尔	黑龙江	69.01
29	济南	山东	69.00
30	邯郸	河北	68.80
31	合肥	安徽	68.62
32	温州	浙江	68.41
33	贵阳	贵州	68.38

续表

指数排序	城市	所属省、区、市	商服支撑力指数
34	沈阳	辽宁	68.22
35	南宁	广西	67.47
36	无锡	江苏	67.19
37	福州	福建	67.06
38	石家庄	河北	66.71
39	大连	辽宁	66.65
40	吉林	吉林	66.49
41	长春	吉林	66.30
42	舟山	浙江	66.29
43	东莞	广东	66.23
44	珠海	广东	66.23
45	鄂尔多斯	内蒙古	66.22
46	南通	江苏	66.15
47	西宁	青海	65.94
48	丽水	浙江	65.82
49	烟台	山东	65.70
50	潍坊	山东	65.69
51	佛山	广东	65.58
52	银川	宁夏	65.50
53	唐山	河北	65.29
54	秦皇岛	河北	65.27
55	金华	浙江	65.14
56	廊坊	河北	65.07
57	常州	江苏	65.03
58	包头	内蒙古	64.85
59	南昌	江西	64.78
60	临沂	山东	64.68
61	泉州	福建	64.63
62	嘉兴	浙江	64.57
63	遵义	贵州	64.56

续表

指数排序	城市	所属省、区、市	商服支撑力指数
64	湖州	浙江	64. 45
65	沧州	河北	64. 45
66	镇江	江苏	64. 36
67	洛阳	河南	64. 30
68	徐州	江苏	64. 08
69	台州	浙江	63. 91
70	惠州	广东	63. 90
71	湛江	广东	63. 84
72	郴州	湖南	63. 84
73	济宁	山东	63. 73
74	常德	湖南	63. 70
75	聊城	山东	63. 69
76	泰安	山东	63. 60
77	大庆	黑龙江	63. 58
78	榆林	陕西	63. 42
79	威海	山东	63. 38
80	九江	江西	63. 38
81	扬州	江苏	63. 28
82	赣州	江西	63. 25
83	淄博	山东	63. 24
84	漳州	福建	63. 03
85	汕头	广东	62. 83
86	龙岩	福建	62. 79
87	衡阳	湖南	62. 72
88	茂名	广东	62. 71
89	芜湖	安徽	62. 70
90	连云港	江苏	62. 69
91	岳阳	湖南	62. 64
92	泰州	江苏	62. 59
93	株洲	湖南	62. 54

续表

指数排序	城市	所属省、区、市	商服支撑力指数
94	绵阳	四川	62. 47
95	盐城	江苏	62. 47
96	南阳	河南	62. 42
97	柳州	广西	62. 40
98	衢州	浙江	62. 36
99	东营	山东	62. 29
100	桂林	广西	62. 15

（六）中国品牌生态指数文化支撑力指数评价结果

表 25　中国品牌生态指数文化支撑力指数评价结果

指数排序	城市	所属省、区、市	文化支撑力指数
1	北京	北京	96. 00
2	南京	江苏	90. 02
3	苏州	江苏	87. 20
4	武汉	湖北	82. 36
5	杭州	浙江	81. 33
6	上海	上海	80. 68
7	福州	福建	79. 95
8	泉州	福建	79. 93
9	天津	天津	79. 59
10	中山	广东	79. 48
11	扬州	江苏	79. 30
12	漳州	福建	79. 04
13	重庆	重庆	78. 32
14	齐齐哈尔	黑龙江	77. 42
15	广州	广东	75. 28
16	太原	山西	75. 01
17	济南	山东	75. 00

续表

指数排序	城市	所属省、区、市	文化支撑力指数
18	南昌	江西	74.94
19	沈阳	辽宁	74.56
20	呼和浩特	内蒙古	74.05
21	吉林	吉林	73.88
22	长沙	湖南	73.68
23	西安	陕西	73.64
24	昆明	云南	73.58
25	郑州	河南	73.18
26	镇江	江苏	72.91
27	银川	宁夏	72.87
28	嘉兴	浙江	72.87
29	温州	浙江	72.81
30	烟台	山东	72.66
31	淄博	山东	72.65
32	常州	江苏	72.64
33	秦皇岛	河北	72.54
34	青岛	山东	72.49
35	哈尔滨	黑龙江	72.49
36	肇庆	广东	72.46
37	海口	海南	72.38
38	赣州	江西	72.38
39	遵义	贵州	72.36
40	泰安	山东	72.32
41	咸阳	陕西	72.31
42	桂林	广西	72.22
43	保定	河北	72.19
44	无锡	江苏	72.13
45	徐州	江苏	72.12
46	宁波	浙江	72.07
47	南通	江苏	72.06
48	成都	四川	72.01
49	湖州	浙江	72.01

续表

指数排序	城市	所属省、区、市	文化支撑力指数
50	佛山	广东	71.82
51	柳州	广西	71.82
52	金华	浙江	71.78
53	邯郸	河北	71.78
54	淮安	江苏	71.76
55	惠州	广东	71.75
56	大同	山西	71.59
57	许昌	河南	71.57
58	洛阳	河南	71.56
59	衢州	浙江	71.50
60	聊城	山东	71.48
61	泰州	江苏	71.46
62	榆林	陕西	71.28
63	岳阳	湖南	70.60
64	厦门	福建	69.99
65	绍兴	浙江	69.37
66	长春	吉林	69.20
67	鄂尔多斯	内蒙古	66.85
68	深圳	广东	63.79
69	东莞	广东	63.76
70	贵阳	贵州	63.48
71	珠海	广东	63.27
72	合肥	安徽	63.13
73	兰州	甘肃	62.77
74	乌鲁木齐	新疆	62.62
75	大连	辽宁	62.53
76	茂名	广东	62.42
77	大庆	黑龙江	62.38
78	芜湖	安徽	62.30
79	石家庄	河北	62.29
80	潍坊	山东	62.23
81	威海	山东	62.17

续表

指数排序	城市	所属省、区、市	文化支撑力指数
82	三亚	海南	62.11
83	揭阳	广东	62.11
84	湛江	广东	62.10
85	莆田	福建	61.98
86	三明	福建	61.96
87	南宁	广西	61.80
88	汕头	广东	61.79
89	新乡	河南	61.59
90	蚌埠	安徽	61.56
91	南阳	河南	61.56
92	宿迁	江苏	61.48
93	马鞍山	安徽	61.40
94	济宁	山东	61.26
95	江门	广东	61.25
96	临沂	山东	61.25
97	丽水	浙江	61.23
98	上饶	江西	61.23
99	台州	浙江	61.18
100	周口	河南	61.17

参考文献

[1] 国家统计局城市社会经济调查司：《中国城市统计年鉴（2017）》。

附　　录

Appendix

B.10
2018年度中国品牌创新案例

一　中铁工业：践行“三个转变”　打造现代装备制造业品牌体系

摘要： 中铁高新工业股份有限公司作为中华民族的工业先驱，一直以来不断创新工业技术，其多样化的产品出口至全球44个国家和地区，主营业务的市场占有率和综合实力位居“国内第一”乃至“世界第一”。作为“三个转变”的践行者，中铁工业走出了一条现代高端装备制造业的品牌之路。

关键词： 中铁工业　三个转变　中国制造

风云两甲子 百年工业的品牌焕新之路

品牌，是一个国家竞争力和国际地位的核心体现，更是企业的生命所在、灵魂所系。强大的国际工业品牌，是一个企业最闪亮的名片，是不可忽视的软实力。

中铁工业拥有悠久的历史传统和卓越的品牌优势。早在1894年成立的山海关造桥厂，是中铁工业成员企业中铁山桥的前身，1909年为京张铁路制造了全线的铁路钢桥，成为中国民族工业的先行者。一百二十多年来，一代代工业人，以传承民族工业血脉，打造民族工业品牌为使命，不断发展壮大，成为中国民族工业企业的一个成功典范。

百年历史，重装出发。在国家大力实施供给侧结构性改革的战略背景下，2017年3月2日，中铁工业重组上市，开启了工业人不断奋进的新征程。公司拥有原中国中铁工业制造板块的科研创新、生产经营、产品制造等多方面的优势资源，形成了更加强有力的市场竞争优势，成为高新装备制造业领域和资本市场的一支核心力量。

中铁工业专业从事隧道掘进机研发制造和综合服务，目前已经形成了完整的盾构产业体系和产品门类，彻底打破了海外掘进机厂商对国内市场的垄断，让国产掘进机品牌有了更多的话语权。公司先后承担了8项国家“863”计划项目、3项国家“973”计划项目，研制出具有自主知识产权的世界最大矩形盾构机、世界最小直径硬岩掘进机、国内最大直径泥水平衡盾构机，打造出“彩云号”TBM、全球首台马蹄形盾构机等一批叫得响的知名产品品牌，综合实力和市场占有率位居“国内第一、世界第二”。

在道岔制造领域，中铁工业有着无可撼动的地位，被誉为“道岔的故乡”，它是我国最早、全球最大的道岔制造企业，同时也是目前我国唯一获准生产高锰钢焊接辙叉的研发制造企业。国内市场上超过60%的普速道岔、高速道岔和重载道岔均出自中铁工业。京沪铁路、哈大客专、京石客专、兰渝铁路等客专项目和高铁项目的平稳运行，与中铁工业提供的高质量、高技术含量的道岔产品密不可分。中铁工业是我国历次铁路大提速的参与者和见证者，为我国铁路运输的发展做出了突出贡献。

中铁工业又被称为“钢桥的摇篮”，它是我国钢桥梁制造安装的龙头企业。早在 1894 年，公司所属企业中铁山桥就成功建设了我国第一座铁路钢桥——滦河大桥，开创了中国自主建造钢结构桥梁的历史。数十年来，中铁工业先后参与建设了以武汉、南京、九江、芜湖长江大桥为代表的一大批超长、特大桥梁，其制造的钢桥先后 20 次跨越海洋、53 次跨越长江、30 次跨越黄河，并为海外 15 个国家制造了 24 座钢桥梁，国内市场占有率达 60%，代表了我国各个时期钢桥梁制造技术的最高水平，特别是智能制造的应用，使我国由“造桥大国”成功迈向“造桥强国”。

公司多年来为铁路施工研发制造架、运、搬、提、铺设备，研发的铁路铺轨机、架桥机完成了全国铁路 90% 以上轨排铺设和 T 梁架设施工。自主研制了具有国际先进水平的 1300 吨搬提运架设备、无砟轨道制造、铺设成套设备等关键设备，达到国际领先水平，为国内客运专线和高速铁路工程的顺利实施提供了强大的设备保障。

在新型轨道交通领域，中铁工业开展了跨座式单轨、磁悬浮、悬挂式交通的综合研发；在地下空间开发领域，依托掘进机设备和创新工法优势，中铁工业大力推进地下停车场、地下综合管廊、地下快速路、地下商业区等开发；在环保领域，公司通过区域资源整合开展整体式设计、模块化建设及一体化运营，带动各地环境治理设施的快速建设及社会资本的广泛介入。

中铁工业旗下集合了诸多知名品牌，多年来蜚声海内外，竞争优势突出。

2014 年 5 月 10 日，习近平总书记视察中铁工业所属企业中铁装备时，表示“中铁装备，我早有耳闻!”勉励中铁装备要不断创新，取得更大的成绩。也正是在这里，习近平总书记提出了“推动中国制造向中国创造转变、中国速度向中国质量转变、中国产品向中国品牌转变”的重要指示，为中国的工业发展指明了新方向。2017 年，国家正式将每年的 5 月 10 日设立为“中国品牌日”。

在“2018 中国品牌价值评价信息发布暨第二届中国品牌发展论坛”上，经过评定，“中铁山桥”品牌价值为 35. 87 亿元，“中铁装备”品牌价值为 43. 44 亿元，“中铁宝桥牌”铁路道岔品牌价值为 9. 13 亿元。

进入新时期，以“中铁工业　世界品牌”为远景目标，践行“三个转变”，集聚众多优势的中铁工业正走在品牌焕新的道路上。

创新技术绘就绚丽“彩虹”

从百年前的滦河大桥开始，中铁工业人就与钢桥紧紧联系在一起，开创和见证了中国钢桥的发展史，并始终以科技进步引领中国钢桥发展方向。从“一五”时期首次为武汉长江大桥制造大跨度铆接钢桁梁开始，中铁工业先后制造完成了五座具有里程碑意义的大桥，实现了造桥技术的飞跃；从香港昂船洲大桥首次采用国际标准制造钢箱梁，到港珠澳大桥首次采用反变形船位机器人自动焊接技术，再到如今“一带一路”上的帕德玛大桥“三项第一”领跑桥梁制造领域，一次次技术革新见证了中铁工业由中国制造向中国创造的华丽蜕变。

港珠澳大桥是我国继三峡工程、青藏铁路之后又一项重大的基础设施建设项目，被海外媒体称为“现代世界七大奇迹”之一。同时，也是中国建设史上里程最长（全长 55 公里）、投资最多（总投资超 700 亿元）、施工难度最大的跨海桥梁，其使命决定了只有实力最雄厚的队伍才有机会角逐这项宏伟的工程。2012 年，中铁工业所属企业中铁山桥在同行业中率先引入机器人自动焊接技术，应用在超级工程港珠澳大桥的钢箱梁制造中。港珠澳大桥设计使用寿命 120 年，采用钢箱梁结构形式。为了提高钢箱梁板单元的制造质量，延长桥梁的使用寿命，中铁山桥深入研究钢箱梁板单元自动化制造与焊接技术，在工艺上形成了一套以自动化、信息化、智能化为主要手段的板单元制造专业技术，以“汽车零件生产方式进行流水线生产钢结构板单元”，完全颠覆了传统以人工为主的生产模式，实现了全球桥梁钢箱梁制造的突破。

港珠澳大桥主体工程共分六个标段，其中 CB01、CB02、CB05 三个标段为钢箱梁制造项目，重达 42 万吨。中铁山桥承建其中最大的一个标段——CB01 标段，总重量超过 18 万吨。其所承建的港珠澳大桥青州航道桥为双塔双索面钢箱梁斜拉桥，大跨度达 458 米，主塔高度达 163 米，是整个港珠澳大桥工程中跨度最大、主塔高度最高的通航孔桥。美丽的“中国结”镶嵌在两个索塔之间，实现了功能与景观的完美统一，寓意“两岸三地”“珠联璧合”，是港珠澳大桥上最醒目的标志，是港珠澳大桥的点睛之笔。

在港珠澳大桥建设中，中铁工业的另一旗下企业——中铁宝桥（原铁道部宝鸡桥梁厂）也是一支重要的力量，承担了大桥 CB05 - G2 标的全部钢结构制造任务，包括九洲航道桥、4 联 23 孔浅水区非通航孔桥、钢塔等，全长 2648 米，钢结构总工程量 40000 余吨。这其中，两座“风帆形”钢塔，由竖直的塔柱和弯曲的曲臂组成，每座钢塔设计高度 101 米，约为 30 层楼高，重 2300 吨，被称为“地标中的地标”，同时也是“难点中的难点”。

钢塔是斜拉桥最主要的受力结构，其性能直接关系到大桥的使用寿命。为了制造出 120 年使用寿命的钢塔，同时降低海上施焊工作量，中铁宝桥采取了将钢塔在工厂整体制造完毕后，整体大节段吊装的工法进行安装。其间，公司经过大量的技术攻关，研发出了国内首创的钢塔整体大节段制造技术，将桥面以上的钢塔在厂内连接制作成整体大节段，总长 67.9 米，宽 4.12 米，高 18.35 米，总重约 1000

吨，堪称我国钢塔整体大节段中的“巨无霸”。2014 年，这两座整体钢塔运往珠海，之后顺利完成了桥位吊装。经过港珠澳大桥管理局委托驻厂监理及第三方检测公司对焊缝进行无损检测，中铁宝桥生产的钢塔 100% 达到港珠澳大桥的技术标准，被誉为“我国桥梁钢塔加工生产技术新的里程碑”。

在云南宣威与贵州水城交界处，中铁工业参与建造的北盘江大桥横跨云贵两省，全长 1341.4 米，桥面到谷底垂直高度 565 米，相当于 200 层楼的高度，是目前世界上已建成的跨径最大、垂直高度最高的钢桁架梁斜拉桥，被称作“世界第一高桥”。在英国 BBC 旅游频道发布的一则名为 *China's impossible engineering feat*（难以想象的中国工程）的视频中，记者惊叹：“在这座桥下可以放下一座美国帝国大厦还有富余，钢索和大桥的其他部分一样是史诗级别的。如果把这座斜拉桥的钢丝连在一起，甚至比北京到纽约的距离还远。”

在山城重庆，中铁工业参与建造的矮寨特大悬索桥创新性采用了“轨索滑移法”架设加劲梁新工艺，成功解决了峡谷悬索桥加劲梁架设难题，实现了高效、经济、安全的施工目标，被国际道路联合会评为施工工艺全球道路成就奖。正式建成通车后，从长沙开车到重庆的时空距离大大缩短，全程只需要 8 小时，比坐火车至少节约 8 小时。2013 年 11 月 3 日，习近平总书记视察矮寨大桥后高兴地说“这个桥很有特色”。历时 4 年多建设的大桥，从此天堑变通途，国家高速公路网 8 条西部公路大通道之一的长渝高速就此全线贯通。

据统计，从 1894 年到 2017 年，从滦河大桥到武汉长江大桥，从南京大胜关长江公铁两用大桥到港珠澳跨海大桥，中铁工业累计制造桥梁 5000 余座，56 次跨越长江、30 次跨越黄河、20 次跨越海湾，用创新技术绘就了水上一座座“彩虹”。

中国“智”造品牌与世界的对话

当地时间 2018 年 3 月 2 日上午 10 时，随着黎巴嫩大贝鲁特引水工程隧洞最后一片岩块碎落，欢呼声中，“雅斯米纳号”世界最小直径掘进机成功“露头”，宣告该项工程施工难度最大、距离最长的2号隧道顺利贯通。

“多亏了这台中国掘进机，今后我们再也不用购买桶装水喝了!”黎巴嫩大贝鲁特供水项目业主监理总监菲利普·纳赛尔激动地说:“项目建好后，可以把远方水库的水引到市里，生活会发生巨变，160万人口将从中受益!”

菲利普·纳赛尔口中的中国掘进机，正是这台“雅斯米纳号”世界最小直径硬岩掘进机，它由中铁工业所属企业中铁装备为黎巴嫩引水工程量身定做。虽然块头小，这台掘进机却“钻”出了世界级速度。自2016年8月以来，这台掘进机最高日进尺达到了48米，远高于同类设备水平。

“从设计、组装到运行中的现场服务，中铁装备值得信任。无论是服务质量，还是技术水准，中铁装备都可以与国际品牌媲美。”黎巴嫩引水工程意大利施工承包商CMC公司亚太区总经理保罗·莫尔说。

在黎巴嫩引水工程中大展拳脚，只是中铁装备践行“中国制造向中国创造转变、中国速度向中国质量转变、中国产品向中国品牌转变”的缩影。

21世纪，人类进入地下空间大开发的时代。掘进机是“入地”的高智能化重大装备，集机、电、液、光、信息化技术为一体，成为地下空间开发的尖端利器，其重要性可与“上天”的神舟飞船、“下海”的蛟龙号相媲美。在西方，掘进机的制造与运用已有近两百年的历史。而在中国，直到20世纪末才开始大规模从国外引进掘进机用于国内工程建设。由于其技术难度高，制造工艺复杂，国内市场长期被德、法、日等少数发达国家品牌所垄断。

中国中铁股份有限公司作为国内最早、最大的进口掘进机采购商与使用者，自20世纪90年代就开始采用进口掘进机施工，通过掘进机快速安全的施工技术应用，推动了国内建筑施工技术水平的提升，也促进了企业的快速发展。但在应用这些进口设备的过程中，也让其深感“外援”之痛、深受“外援”之苦——进口设备不仅价格昂贵，而且在掘进机施工中，设备的维保、配件供应和掘进技术难题的解决都依赖于外方专家，工程施工的主动权始终难以掌握在自己的手中！

必须造中国人自己的盾构机！经过引进、消化、吸收和再创新，十余年磨一剑，中国中铁于2008年4月成功研制出第一台复合式盾构机，并于2009年12月整合公司最优质的盾构研发与制造资源，组建了中铁装备，迈入了中国掘进机制造的征程。

经过多年的潜心发展，中铁装备精心打造的中国掘进机品牌形象获得了国内和国际市场的广泛认可，中铁装备也得到跨越式的发展，经营格局从系统内到系统外、从国内到国际，市场占有率稳居国内第一，发展模式从制造业转向制造服务业并实现了全价值产业链延伸，品牌形象也从中国中铁的新星企业发展为国家高端装备制造业典型。截至目前，中铁装备的产品遍布国内40多个省市地区，并远销意大利、新加坡、马来西亚、黎巴嫩、以色列、越南等16个国家和地区，市场占有率连续六年保持国内第一、世界第二；如今，“上天有神舟，下海有蛟龙，入地有盾构”，中铁装备已成为中国高端装备制造业的靓丽名片。

2018年，在以“新时代的中国：与世界携手　让河南出彩”为主题的外交部全球推介活动中，中铁装备作为河南自主创新代表企业自豪而庄重地向全世界推介了“装备造盾构”。

推介会上的模型就是用于蒙华铁路白城隧道的世界首台马蹄形盾构机“蒙华号”，整机长118米、重1300吨，采用了全球首创的“异形盾构法”施工，不仅安全、优质、高效，作业环境也得到了极大的改善，一改传统铁路隧道施工安全风险大、作业环境恶劣、施工效率低的面貌。在白城项目马蹄形盾构机上，“盾构咖啡厅”首次出现在隧道施工现场，“盾构咖啡传心意，马蹄浓香润心间”，施工者在紧张有序的盾构掘进工作之余，喝一杯咖啡提神，工作变得轻松惬意。

从一锹一镐掘进隧道，到打破国外技术垄断，用中国自主研制的隧道掘进机成倍地提高掘进效率，再到实现隧道掘进机技术的国际领先，中铁装备用坚守与创造为中国在国际高端设备市场上赢得了更大的话语权，拓宽了企业的“朋友圈”，推动了“中国智造”盾构从走出国门到惊艳世界的华丽转变。

早些年成为“中国名片”的中国高铁，让全球看到了“中国速度”。现如今，作为“中国品牌日”起源的中铁装备用创造性的技术、颠覆性的设计，打造了全新的“中国智造”品牌，与世界对话，实现了从“装备中国”到“装备世界”的最初梦想。

工匠精神铸就大国重器和黄金品牌

对每件产品、每道工序都凝神聚力、精益求精，这背后折射的是现代化大生产时代的“工匠精神”，这种精神让中铁工业的产品声名显赫。一百多年来，中铁工业凭借着“精益求精”的工匠精神积淀和“自强不息百折不挠”的优秀传统文化基因，铸就国之重器和黄金品牌，确定了中铁工业在市场上的领先地位。

党的十九大代表王中美，是中铁工业九桥公司女子电焊突击队的队长。对于手中的工作，王中美只信一个理：既然选择了电焊这一行，就要好好干，干出成绩！没想到，从事电焊这一行，她一干就是15年。15年的工作生涯中，王中美先后负责完成了40多座国内知名钢桥梁制造的前期焊接试验任务。她敢于突破固有经验和传统焊法，对焊接工法和焊接工艺进行大胆有效的创新，焊接出了自己首创的“王中美焊接工法”，成功解决了厚度16～28mm钢板熔透焊接工法难题。师傅评价她“就是好钻研，只要有能提高效率的好方法，她肯定就会积极学、敢于探索创新”。

“青年优秀岗位能手”“首席技工”“首席电焊工”“十大专家型技术工人”“青年岗位标兵”“劳动模范”“全国五一巾帼标兵岗”等一系列荣誉称号的背后，见证着王中美在电焊一线的坚持，代表着崇尚质量、追求卓越的工匠精神。

工匠精神贵在精通熟练自己所从事的事业、工作中敢于担当和奉献，也贵在把身怀的绝技毫无保留地传承给更多的年轻人，“这样我们的团队才会一直优秀，才是一名真正的大国工匠，才对得起胸前的党徽。”王中美说。

“大国工匠”李刚就是这样一位徒弟们眼中的技艺精熟而又无所保留的好师傅。作为中铁工业所属企业中铁装备的一名电气高级技师，2016 年国庆节期间，李刚成功登上央视《大国工匠》荧屏，为全国工匠表演了一手为“国之重器”盾构机蒙眼接线的绝活，与“长征”火箭、“蛟龙号”的专家们一起被赞为“贵乎稀有的大国工匠　勇挑重任的大国担当”。

1992 年投入盾构机国产化的攻坚浪潮中，经过二十余年在电气方面的摸爬滚打，李刚成长为当前国内最顶尖的盾构机电气高级技师，在解决盾构机电气问题时干净利落，从不拖泥带水。接线盒在盾构机上是“神经中枢”，整台盾构机电路系统拥有 4 万多根电缆电线、4100 个元器件、1000 多个开关，形成一个巨大的神经网络，直接决定着盾构机的行动能力。李刚从事的这项工作要求精细、精准、精微、精妙，时刻在挑战着人类操作的极限。2002 年我国计划自主研发盾构机，李刚成为首批参与到盾构机模拟实验平台的“863”计划中的成员之一，2008 年，我国第一台复合式土压平衡盾构机下线，李刚就负责其中被比作“盾构机神经与血液”的电气系统。如今经过他手打造的盾构机系统已经超过 800 台，这其中包括世界上最大的矩形盾构机、世界上最小直径的硬岩掘进机、全球首台马蹄形盾构机、“彩云号”TBM 等一系列业内知名的掘进机产品。

李刚十分重视创新突破，更注重对身边年轻力量的培养和锻炼，用创新精神去鼓舞和感染他们，并带领年轻人一起致力于关键技术的研发，研制出的盾构机核心部件液位传感器打破了国外企业的百年垄断，性能跃居世界第一。在企业历年的“五小”创新创效活动中，他和他带领的电气车间也成为出产创新作品最多的车间。他的创新实践也为企业增添亮色，先后两次荣获中国质量奖提名奖、中国好设计金奖、质量标杆企业示范奖等。

在中铁工业，“传承超越　创新发展”的发展理念，与工匠们把一件事情做到极致的价值追求一脉相承，在新的时代里共鸣共振。工匠既专注坚守，又传承才智、创新发展的生态，为企业发展注入新的动力，工匠精神成为中铁工业人共同的价值追求。

“走出去”成为品牌远征主轴线

“中国正在打造一个陆上与海上运输网，从而将它蓬勃发展的经济与欧洲和非洲经济连接起来。而且它正在争分夺秒——针对特定用途设计出令人难以置信的施工机械，以便迅速完成任务……”2018年7月20日，英国广播公司（BBC）网站一篇题为《中国巨型机械助力世界连通》引起了全球的注意，报道称，在中国以及中国以外的地区，一批新的机械设备，如架桥机、铺轨机、盾构机等正以惊人的速度修建铁路。

值得注意的是，报道中所提到的“一带一路”上的这些施工装备均来自中铁工业。仅仅就在这篇报道刊出的前几天，中铁工业所属企业中铁装备自主研制的两台大直径土压平衡盾构机在广东下线，两台设备将用于阿联酋迪拜 DS233/2－深埋雨水隧洞，建成后将承担迪拜世界中心、世界博览会展馆及周边地区的雨水收集和排泄任务。

在当天的下线仪式上，与会的盾构项目业主——阿联酋官员饶有兴致地站在盾构机前合影，并微笑着高举右手，同时伸出了大拇指、食指和中指，这是阿联酋最具代表性的“三指礼”，代表着“赢”、“胜利”和“爱”。满满的喜悦之情，代表着外国客户对中铁工业提供的中国装备、中国方案，贡献的中国智慧的由衷认可。

多年来，中铁工业大力实施国际化战略，积极开拓海外市场，推动国际交流合作，响应国家“一带一路”倡议，致力于为全球客户提供研发、设计、制造、工程服务、投资运营一体化的全产业链解决方案。公司先后参与建设了越南福顺大桥、德国瓦德瑙大桥、孟加拉国帕德玛大桥、马来西亚柔佛州大桥、美国阿拉斯加塔娜娜桥、摩洛哥布里格里格河谷斜拉桥、美国维拉扎诺大桥、挪威哈罗格兰德悬索桥等，每一处，都留下了“中国钢桥”的优秀口碑；道岔产品出口到澳大利亚、美国、丹麦、新西兰等国；研制的掘进机产品出口到马来西亚、新加坡、印度、以色列等16个国家和地区。

2015年6月，在非洲蒙内（肯尼亚首都内罗毕与东非第一大港蒙巴萨）铁路建设中，中铁工业共投入2台/套铺轨机、2台/套架桥机，完成了全线77座桥梁1616片T梁的架设，占到全线桥梁架设的100%；完成了全线主线和站线615千米的铁轨铺设，占到全线铁轨铺设的99%，助力推进蒙内铁路由5年的建设工期缩短至两年半。

孟加拉国帕德玛大桥，是我国“一带一路”建设的重要交通支点工程，是孟加拉国规模最大的造桥工程，也是目前为止中国企业中标的最大的海外桥梁项目。孟加拉国帕德玛大桥为公铁两用大桥，上层是双向四车道公路，下层为单线铁路。全桥由41孔跨度为150米的钢桁梁组成，单孔重3200吨，全桥总重约13万吨，全部由中铁工业所属企业中铁山桥制造。按照生产布局，孟加拉国帕德玛大桥采用本土部件生产、异地建厂总拼成品的方式。从国内生产基地生产杆件单元，通过海运，运输到海外目标国建立的拼装厂，进行杆件单元的拼装，成为一个完整的桥梁钢结构产品，最终完成项目的交付。在帕德玛大桥的钢桥制造中，中铁工业所属企业中铁山桥充分发挥百年企业的造桥优势，创下了三个“国内第一”，即首个采用欧洲标准的超厚板、全焊结构、公铁两用钢桁梁桥；首个“一带一路”上的海外桥梁钢结构试验室；首个“一带一路”上的海外钢结构拼装厂。帕德玛大桥主桁节点均采用全焊接整体节点结构即杆件之间全部采用焊接连接，采用欧洲标准的50～100毫米板厚全断面对接熔透焊接，60～90毫米板厚的隔板小间距熔透焊接，桁片平位拼装、整孔桁梁立体拼装以及桥位焊接等制造及施工技术均为首创。通过该桥的制造创新，将推动世界桥梁向全焊接，超厚板方向迈进。帕德玛大桥已经完成首跨钢梁交付工作，标志着孟加拉国帕德玛大桥钢桁梁制造取得阶段性的胜利。

英国当地时间2017年9月4日，中铁工业参建的苏格兰福斯新桥正式通车，英国女王伊丽莎白二世出席通车仪式并剪彩。福斯新桥位于英国爱丁堡市，全长2638米，其中斜拉桥长度为2090米，两个通航主跨的跨径为650米，是目前世界上最大跨径的三塔斜拉桥。在此项目中，中铁宝桥供应了制造难度最大的桥塔钢锚梁结构和六台架桥机结构。此项目制造采用欧盟EN1090标准，原材料采用欧标S460M，所有原材料均需通过欧盟CE认证。中铁工业人以自己高超的技艺、优异的质量和优质的服务，获得了来自大洋彼岸的总包方和苏格兰交通部的认可，再次向世界展示了中国桥梁制造的高超技艺。

世界经济是合作的，也是共享的。围绕着“中国制造走出去”这条品牌远征主轴线，中铁工业把国内基本建设积累起来的优势技术和创新经验推向了世界，并在全球范围内寻找合作伙伴，通过国际贸易、国际产能合作，真正将“中国设计、世界制造”变成现实，促进人类技术共同进步，共同建设一个美丽新世界。

二　中国商飞：铸大国重器　育大国工匠树大国名片

摘要： 中国商飞上海飞机制造有限公司以实施大型客机国家重大科技专项为契机，目前已建设成为“四个世界级”的航空强企。同时，以大国工匠、全国劳模、全国道德模范胡双钱和大国工匠、中国质量工匠王伟为代表的先进典型持续涌现，为企业发展提供了强大的精神力量。

关键词： 中国商飞　大国重器　大国工匠

2014年5月23日，习近平总书记视察中国商飞时指出，搞大飞机和我们“两个一百年”的目标、实现中国梦的目标是一致的，一定要把大飞机搞上去。ARJ21飞机取得我国喷气式客机首张型号合格证后，总书记深情寄语，让中国自主研制的大飞机早日在蓝天翱翔，成为彰显中国装备制造实力的新名片。面对总书记的期望、党中央的重托、全国人民的期盼，中国商飞上海飞机制造有限公司坚定实施创新驱动发展战略，以实施大型客机国家重大科技专项为契机，认真贯彻党中央《新时期产业工人队伍建设改革方案》，依靠思想政治工作凝聚广大职工，铸大国重器、育大国工匠、树大国名片，涌现了一批重大先进典型。

中国商飞上飞公司党委深入开展在大飞机事业中选树大国工匠的实践研究，以“铸魂、炼术、凝力、亮事”为基本途径，使选树工作与战略发展、型号研制、企业管理运营各环节、各要素高度融合。

一、突出三大引领，熔铸“工匠魂”

用大飞机事业塑魂补钙，保持职工队伍“想干事”的强烈冲动和目标饥饿感。

1. 突出政治引领。以习近平同志为核心的党中央高度重视大飞机事业。四年前，习近平总书记亲临公司视察并发表重要讲话，为大飞机事业指明了方向。在型号里程碑节点，习近平总书记先后作出重要指示 11 次，在 2016 年和 2018 年新年贺词中点赞大飞机。党的十九大报告将大飞机列为创新型国家建设的重大成果。中国商飞上飞公司党委坚持把抓思想政治引领作为搞好企业的基础性、首要性工作，强化理论武装，提高政治站位，把学习宣传贯彻习近平新时代中国特色社会主义思想和党的十九大精神作为战略性工程，把每年 5 月作为习近平总书记重要指示精神专题学习月。通过思想政治工作的内化于心，深刻认识到：大国必须要有大飞机。必须坚定不移跟党走，坚定不移实施创新驱动发展战略，坚定不移掌握核心技术，为党和国家造出更多更好的大飞机。

2. 突出思想引领。党委厚植道德土壤，把思想政治工作扎根于国家重大科技专项，蕴含于先进典型培育和宣传学习之中，深入开展向胡双钱同志学习活动，倡导干部职工争做“高原上的山峰，不做平原里的山丘”。以劳模先进恳谈会、工匠精神座谈会、班组长例会为抓手，以劳动竞赛、技能比武、质量改进为阵地，大力弘扬劳动精神、劳模精神和工匠精神，引导大飞机产业工人把初心与使命刻印在对党忠诚、航空强国的理想信念上，体现在爱岗敬业、干事创业的实践中，努力成为知识型、技能型、创新型的劳动者。

3. 突出战略引领。发展大型客机项目、培育壮大民机产业已经纳入“中国制造 2025”、“十三五”国家科技创新规划等一系列国家重大战略规划当中，作为建设创新型国家和制造强国的标志性工程。根据全球民机产业竞争态势和发展格局，聚焦飞机主业，中国商飞上飞公司确立了“两个建成”奋斗目标和“三步走”总体安排，提出了建党百年“三个一”目标，努力研发世界级产品、塑造世界级品牌、建设世界级企业、形成世界级能力。公司党委用发展战略和宏伟目标激发产业工人的雄心壮志，以工匠精神培育带动高素质产业工人队伍建设，加快培养一批飞机总装制造的“关键先生”和“灵魂式人物”，完善“武器包”和“技能库”，形成支撑飞机总装集成的一流产业工人队伍。

二、搭建三大平台，练就“工匠术”

把ARJ21、C919、CR929三大型号作为工人实践成才的最好“大学”练就“能干事”的“金刚钻”和真本领。

1. 搭建技能培训平台。以岗位资质为核心、以合格证单证项目为补充、以技能等级鉴定为支撑，形成一套完整覆盖飞机技能人才成长全过程的技能培训体系。成立培训中心，年均开展培训8000人次，总培训时数每年都在30万小时以上，做到“周周有培训、月月有竞赛、人人有记录、全员有提升”。

2. 搭建班组建设平台。一架C919有上百万个零部件和标准件，总装工作必须做到“零缺陷”，靠的就是班组和技能工人。中国商飞上飞公司党委提出“飞机质量不是好与坏的问题，是生与死的问题”，持续推进质量信得过班组达标创优活动，树立最严班组管理标准，规范班前会“9个步骤”和班务管理“7项内容”。颁布“质量十条铁律和十条铁抓手”，引导产业工人做程序的执行者、质量的捍卫者、价值的创造者。近年来，公司有4个班组荣获全国质量信得过班组。创新搭建全国先进制造业劳模共建平台，开展“火箭、卫星、高铁、飞机、航母”总装制造党建共建，通过与航天特级技师高凤林、全国劳模唐建平、上海电气集团李斌等知名劳模交流共建，形成劳模精神、工匠技能“双输出”。

3. 搭建群策群力平台。践行习近平总书记“以人民为中心”的思想，把调动职工改革创新的积极性与推进企业生产经营紧密结合起来，经常性深入职工群众了解思想动态和工作创意，发扬民主精神，鼓励建言献策，把职工群众的“金点子”有效转化成企业发展的

“金钥匙”。以职工群众为创新主体，聚智“群策群力”，打造“创新引擎”，在企业内部构建了“人人有想法就提、有‘点子’就报，提案一经采纳就奖”的改善提案即时奖励和积分兑现机制，打通职工从创新灵感到应用转化的快速通道，一年来累计征集提案17700余条，兑现奖励180余万元。广泛开展“工人发明家”、“知识产权进车间一线”活动，实现工人专利提案112项。

三、打造三个高地，凝聚“工匠力”

坚定职工群众“干成事”的顽强意志和精神追求，为工匠培育注入不竭动力。

1. 打造科技高地。组建国家工程技术中心、建立“三新”（新材料、新工艺、新技术）试验验证室，承担了一批国家级民机技术预先研究项目和重大专项技术攻关。打造技术“孵化器”，利用产学研一体科研平台，大胆创新、加快技术成果转化。大国工匠胡双钱所在的数控车间，运用物联网、人工智能、云计算、5G平台等先进技术打造智慧数控车间，实现了航空零件的小批量、多品种、多工序的高精密柔性制造。针对ARJ21批产提速开展40余项技术创新，将3D打印、AR辅助装配、激光投影、工业照相、柔性轨机器人制孔等新技术应用于现场生产，提高装配质量和速率，缩短飞机总装制造周期15天。

2. 打造人才高地。在“炮火”中甄别人才，大胆启用一线技能工人。153名中层干部中18人是来自基层一线的技能人员，“80后”青年干部达到61人，担任党政“一把手”的“80后”青年干部18人。按照“大产业队伍、小核心骨干”原则，党委实施“5个100蓝宝石人才工程”，重点培育100名技术拔尖人才、100名双师型人才、100名特色技师、100名优秀班组长、100名青年后备干部，打造一支高素质专业化的大飞机人才队伍。

3. 打造精神高地。积极践行社会主义核心价值观，大力弘扬伟大长征精神、“两弹一星”精神、载人航天精神和上海城市精神。着力培育航空强国、“四个长期”和永不放弃大飞机创业精神，坚持“精湛设计、精细制造、精诚服务、精益求精”，鼓励广大职工安下心来、专心致志、迷恋大飞机事业。

四、扭住三个关键，亮出“工匠事”

讲好“大飞机故事”和“工匠故事”，打造具有民机产业特色、以职工为中心的匠心文化。

1. 挖掘典型，使榜样“立”起来。在型号会战中开展各类人员参与的劳动竞赛，在关键重点岗位、突破技术难题、完成突击性任务等方面比拼赶超，让“行家里手”崭露头角，评选“每周之星”618名，激发核心战斗力，营造向典型学习的氛围。2017 年选树首届 10 名“上飞工匠”，连续两年表彰上飞十大青年英才，2018 年评选首届十大科技精英。

2. 树立典型，使形象“红”起来。设立“荣誉柱”、“文化墙”，集中展示一线先进典型 118 名；发布《咱们上飞人有力量》；以“这双手总装了中国第一架 C919”为主题，为近 400 位一线工人和技术人员制作“手模”和“全家福”；组织 20 名获得全国级综合类荣誉的先进人物制作“手模”，在“运十”飞机前铺就匠心之路，激发职工的荣誉感和归属感。

3. 推广典型，使故事“传”开来。新华社、央视等主流媒体长期关注大飞机，特别是一线产业工人。2015 年，从业 35 年质量无一差错的钳工高级技师胡双钱当选大国工匠登上央视《新闻联播》。2016 年，钣金高级技师王伟登上央视《新闻联播》。胡双钱陆续获得了全国劳模、全国道德模范等荣誉称号，被中央组织部确立为十九大之前重点宣传的先进典型。王伟获得中国质量工匠、年度质量人物等荣誉称号。

中国商飞上飞公司深入开展选树大国工匠的实践活动，取得了显著的成效。

第一，型号研制捷报传

中国商飞上飞公司以排山倒海之势，完成 C919 大型客机首架机总装制造任务。2017 年 5 月 5 日实现成功首飞，似大地惊雷，印刻成中华民族伟大复兴的图腾。第二架 C919 实现结构总装下架交付试飞中心，转场山东东营。ARJ21 新支线飞机实现 5 架机交付成都航空，安全运送旅客超过 10 万人次。

第二，先进典型红一片

一支高素质的大飞机产业工人队伍正迅速形成，技术技能工人的“获得感”进一步提升。建立国家级、上海市级、中国商飞级技能大师工作室 17 个。在公司内部，一批“80 后”、“90 后”生力军茁壮成长。经党委推荐，8 名职工申报享受国务院特殊津贴，10 名职工申报入选全国技术能手，2 名职工获得了上海市杰出技术能手，7 名职工当选上海市技术能手，8 名职工被评为上海市首席技师。2 人获全国劳动模范称号、3 人获全国五一劳动奖章称号；5 人获省、部级劳动模范等称号。

第三，品牌形象响当当

大国工匠涌现出来的同时，也吸引了央视、新华社等主流媒体将目光聚焦到大飞机事业上。中国商飞上飞公司登上央视 30 余次。“大国工匠”胡双钱和原上飞公司总工程师姜丽萍亮相 2017 年春晚舞台，向全国人民拜年；飞机部装车间副主任孟见新作为《父女两代人、追梦大飞机》主人公，登上央视《新闻联播》。2017 年 2 月，上飞公司返聘老专家倪国民的故事登上了央视《新闻联播》；C919 首架机首飞成功后，孟祺菁、周琦玮等青年骨干登上央视《开讲啦》《端午特别节目》，体现了新一代民机人的雄心壮志。

总结中国商飞上飞公司选树大国工匠的成功实践，再一次证明无论科技多么发达，工匠精神依然是培育品牌的核心。

第一，实现“中国梦”是选树大国工匠的初心。

习近平总书记说，要靠有智慧、有技术、能发明、会创新的劳动者，用他们的劳动为实现“中国梦”添砖加瓦，才能够真正实现“中国梦”。大飞机梦是中国梦的重要组成部分。大飞机事业需要一大批出类拔萃、身怀绝技的人才。中国商飞上飞公司党委探索建立大国工匠培养选树机制，大力培养知识型、技能型、创新型高技能人才，为实现“中国梦”“大飞机梦”提供人才保障。

第二，大飞机事业是选树大国工匠的舞台。

以大飞机事业为平台，做到选树工作与实现国家战略紧密结合，与型号攻坚紧密结合，与产业工人队伍建设紧密结合，多措并举，为职工成才积极搭建平台、创造有利条件。

第三，价值内核是选树大国工匠的要义。

争取中央媒体支持，站在国家战略高度展示当代劳动者形象。大国工匠胡双钱、王伟厚重的积淀、优秀的品质，展现出的是民机人脚踏实地的梦想力量，体现出的是一种大国形象、民族气质，所以一经推出，便与时代合拍、与社会共鸣，引起强烈反响。

三　徐工集团：发挥品牌引领作用，打造装备制造业世界品牌

摘要：徐州工程机械集团有限公司（以下简称“徐工”）以打造面向高端的世界一流品牌作为品牌定位与战略目标，以丰富品牌核心价值、健全品牌生态体系、整合推广品牌形象、高效协同管理运营为抓手，已初步建设成为世界级高端品牌，极大地促进了企业品牌核心竞争力的提升。

关键词：徐工　品牌引领　世界级高端品牌

一、加强品牌建设的重要意义

（一）加强品牌建设是推进制造强国战略，引领中国品牌走向世界的时代要求

制造业是国民经济的主体，而装备制造业又是制造业的脊梁。作为制造强国战略的优势行业，工程机械行业是服务于“一带一路”建设的重要力量，为全球基础设施建设、重大工程施工发挥了积极作用。徐工集团是中国工程机械的奠基者、引领者，见证并参与了中国装备从无到有、中国力量由弱变强的演变历史。习近平总书记充分肯定徐工继承红色基因、适应时代发展取得的成绩，勉励徐工要着眼世界前沿，努力探索创新发展的好模式、好经验，为国家“两个一百年”目标做出新的贡献。在新时代制造强国战略指引下，徐工必须肩负起迈向全球价值链中高端的引领示范责任，打造成为世界一流的中国品牌。

（二）加强品牌建设是做强做优国有企业，引领工程机械行业发展的迫切需要

国有企业是中国特色社会主义的重要物质基础和政治基础，是中国特色社会主义经济的“顶梁柱”。当前，我国实体经济稳中向好，但增速换挡、结构性调整和新旧动能转换任重道远。与世界先进水平相比，中国工程机械行业在自主创新能力、资源利用效率、产业结构水平、信息化程度、质量效益等方面差距明显，转型升级和跨越发展的任务紧迫而艰巨。中国装备正从中低端向中高端迅速迈进，从国内市场向全球市场快速挺进，要想在激烈的竞争中脱颖而出，国有企业必须率先走自主创新、高质量发展道路。习近平总书记充分肯定徐工集团是一个很重要、很成功的走自己道路的国有企业、现代化企业。面临国家经济建设与工程机械行业发展的迫切需求，徐工更要扛起国有企业自主创新的责任，树立世界一流品牌标杆，引领工程机械行业可持续发展。

（三）加强品牌建设是提升企业核心竞争力，攀登全球产业高峰的内在需求

品牌是企业核心竞争力的重要组成部分。习近平总书记在徐工考察时特别强调，实现中国制造向中国创造转变、中国速度向中国质量转变、中国产品向中国品牌转变。在当前经济全球化日益深化、市场竞争日趋激烈的形势下，更要以加强世界一流品牌建设为抓手，着力提升品牌的生命力、渗透力、凝聚力和影响力，提升管理水平、提高竞争实力、增强发展后劲，促动企业真正意义上的脱胎换骨、自我变革和创新发展，进而提升世界级品牌影响力和内涵魅力。已经具备长期的品牌培育和产业积淀的徐工，必须紧扣“探索工程科技，为全球工程建设和可持续发展提供解决方案”的品牌使命，通过品牌重塑和全球推广，激发品牌发展内生动力，努力攀登全球产业高峰，打造成为一个全球信赖、具有独特价值创造力的世界一流企业和世界一流品牌。

二、品牌建设的内涵和主要做法

为打造面向高端的世界一流品牌，确立中国制造的国际领先地位，徐工锚定“世界一流”品牌战略目标，通过品牌战略的清晰定位、核心竞争优势的持续塑造、组织体系和资源平台的高效协同管理、全球媒体的整合推广、国际营销的持续推进，实现了高端产品、高端市场的持续突破，提升了全球品牌的认知度、美誉度和忠诚度，实现了从高知名品牌、高价值品牌到高情感品牌的渐进式发展。其主要做法主要有以下几个方面。

（一）依据企业发展战略，明晰世界一流品牌定位

1. 战略先导，以清晰的品牌定位指引品牌建设

企业的高质量发展离不开品牌培育，而清晰的品牌战略定位是建设强势品牌的重要指引。徐工的战略目标是在2020年和2025年分别实现世界工程机械前五、前三。基于此，徐工以塑造“世界一流”

品牌为战略目标，在充分对标产业板块、业务板块、核心产品的全球一流标杆，深度调研分析竞品动态、环境趋势和品牌发展优劣势的基础上，确立了以单一企业品牌（中文为“徐工”，英文为“XCMG”）为主导的混合品牌架构模式，以及重点打造企业品牌，适度打造各专业板块业务品牌和独立品牌（包含产品品牌、技术品牌、服务品牌、解决方案品牌等）的塑造策略；搭建了以“探索工程科技，为全球工程建设和可持续发展提供解决方案”为品牌使命，以“成为全球信赖、具有独特价值创造力的世界级企业”为品牌愿景，以“全球信赖的工程装备解决方案服务商”为品牌定位，以“品质、创新、价值、责任”为品牌核心价值的品牌屋；系统规划了品牌组合模式、品牌塑造方向、传播推广策略，清晰分解了从高知名品牌到高价值品牌再到高情感品牌的阶段塑造策略路径，形成徐工“十三五”品牌发展战略规划，为世界一流品牌建设指明了方向。

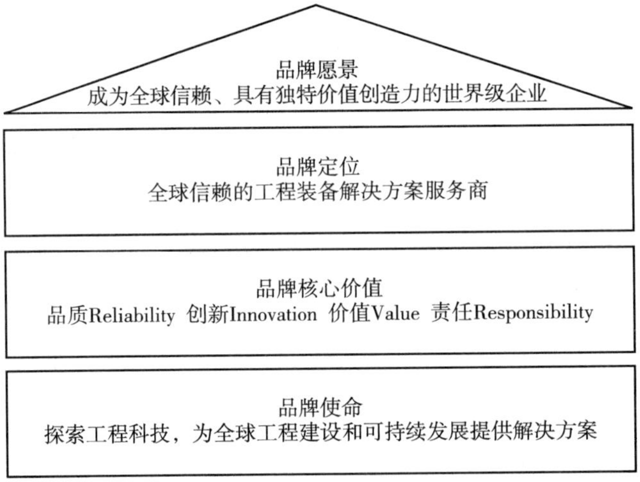

图1　徐工品牌屋

2. 分层分策，以精准的策略塑造世界一流品牌

在企业品牌下，众多业务品牌市场地位的不一致是装备制造企业

品牌塑造普遍存在的“难题症结”。要服务于企业品牌综合竞争力的提升，“量体裁衣”制定不同的业务品牌策略必不可少。基于不同产业板块市场竞争形势与品牌建设现状，徐工着力打造起重机械、矿山机械、基础工程机械板块高端、领导者品牌形象，凸显市场领先优势和竞争实力优势；打造铲运机械、道路机械、消防机械、重卡、环境产业、零部件等板块专业化品牌形象，持续加强专业产品、专业服务、专业解决方案等特质优势打造；加强徐工巴西、进出口公司国际化品牌形象塑造；加强徐工信息、徐工智联、徐工金融、徐工财务等服务型品牌优势塑造。以最佳策略组合，不断强化各业务品牌特质优势，推动不同板块业务品牌建设，逐步实现全球行业领先，提升徐工“世界一流”品牌综合实力与竞争力。

3. 领域细分，以鲜明的独立品牌彰显竞争优势

要建设一个具有独特价值创造力的世界一流品牌，除了精准施策的业务品牌外，还需要建立特色鲜明的独立品牌作为重要支撑。基于不同业务领域的不同业务属性，徐工注重分类打造产品品牌、技术品牌、服务品牌、解决方案品牌等独立品牌，凸显领先性、差异性竞争优势。经过3年持续挖掘塑造不同业务板块产品与技术、市场与服务、智能制造与精益生产、施工工法与解决方案等细分领域的高端、国际化竞争优势与品牌内涵，已形成了起重机械“G一代”产品品牌、道路机械“2+1”服务品牌以及挖掘机械的矿山施工解决方案品牌等61个独立品牌。其中“G一代”产品品牌突出科技智能、绿色节能、品质效能、超高性能的品牌形象，新产品上市第一年，销量占比就超过50%，2018年更是突破60%，品牌调研认知度已达88.2%，美誉度72%，忠诚度85.6%，各项指标比上年显著提升。

（二）丰富品牌核心价值，塑造品牌核心竞争力

对于全球客户来说，“品质可靠、创新领先、价值共赢、责任担当”等理性价值，能够满足其内心对“成功、信赖、以客户为本”

等品牌感性价值的认同和向往。徐工通过强化“品质、创新、价值、责任”四大品牌核心价值内涵，不断塑造品牌高端、一流形象。

1. 坚守工匠精神，提供卓越“品质”的产品与服务

品质是品牌的牢固基石，成就世界一流品牌，必须以铸就世界一流品质做保障。徐工将工匠精神融入品质提升，连续开展两季“质量生命”行动，主要分三个阶段：首先，开展精神洗礼。面向全价值链合作伙伴发布《我们的质量信条》，包括“我们持续满足客户需求，我们努力成为世界级质量冠军，让追求卓越成为我们的习惯，让零缺陷成为我们的质量目标，我们重视标准的力量，我们必须发挥自我质量领导力”等核心内容。采取论坛、研讨、培训、分享等多种形式宣传推广，将追求卓越的质量管理要求渗透进全员、全价值链的意识行为中，并转化为成就“世界一流企业、世界一流品牌”的坚定信仰。其次，进行透视辨析。引导全员对照质量信条，找准质量管理中标准缺失、执行不力、工具方法应用欠缺等影响管理改善的关键问题，明确持续改善的方向和行动。再次，进行改善提升。推行“质量问责、积分激励、绩效考评”等管理方法，促动全员纠正思维、行为偏差，培养员工追求卓越的基本素养和习惯，并通过推行卓越绩效管理模式，总结推广六西格玛、精益管理等项目中好的方法，培育了以卓越为核心的质量文化，形成了徐工特质的质量管理模式和“视质量为生命、视品质为尊严”的工匠品牌。

2. 坚持源头驱动，激发品牌“创新”的内生动力

创新是品牌的活力源泉，徐工视创新为品牌管理的核心。在“世界一流”品牌建设过程中，徐工以创新性解决源头问题和瓶颈问题、实现可持续发展为原则，面向全球员工、合作伙伴，发布了“技术领先、用不毁”创新标准，开展了“绿色创想”品牌工程，搭建起难题攻坚、知识共享、模式推广、人才历练的创新平台，逐步将工程机械关键技术与核心零部件、成套化解决方案与服务模

式、商业模式与管理模式等方向的比较优势，转化成核心竞争优势。

3. 遵循客户导向，提供领先“价值”解决方案

工程机械产品在基础工程建设中不可或缺，以客户为导向，为客户创造最大化价值，是公司“价值”品牌理念的最高追求。徐工紧扣服务型制造业转型升级主线，持续推动各二级分子公司深化成套化、专业化、服务化解决方案品牌塑造，成立徐工财务公司、信息公司、金融事业部、工润建筑科技有限公司等服务型公司，形成并持续塑造“用不毁”成套化产品解决方案、专业化施工工法解决方案、全生命周期金融及服务解决方案等13大解决方案。通过进一步深化变革，企业从单一产品、施工方案、售后服务的提供者，转变成为成套化解决方案的提供者。徐工品牌为客户提供的高端、可靠、专业、智能、便捷的产品与服务价值，进一步深化了“全球信赖的工程装备解决方案服务商”的品牌定位。

4. 践行可持续发展，彰显担当“责任”的大爱情怀

将可持续发展融入品牌建设，推动构建人类命运共同体的企业，才是真正面向未来的企业。按照国家“精准扶贫、精准脱贫”战略指导要求和“创新、协调、绿色、开放、共享”发展理念，徐工主动担当社会责任，积极实践“让世界更美好”的公益价值观，在抗震救灾、教育助学、扶贫济困、行业发展、绿色环保五大公益领域，精准实施非洲水窖、海外蓝梦计划、全球好机手、行业技能大赛、蓝梦童行、美丽乡村、希望小学“微心愿”、绿色创新大赛、绿色再制造等14个特色公益品牌项目。以“非洲水窖”项目为例，从2016年至今，徐工为埃塞俄比亚干旱缺水地区的7个村建造了81口水窖，为当地6700多名居民解决了洁净用水问题，有力提升了徐工在非洲的品牌美誉度和责任标签形象。2018年徐工在非洲市场的占有率同比增长16%，远超国内外竞争品牌。

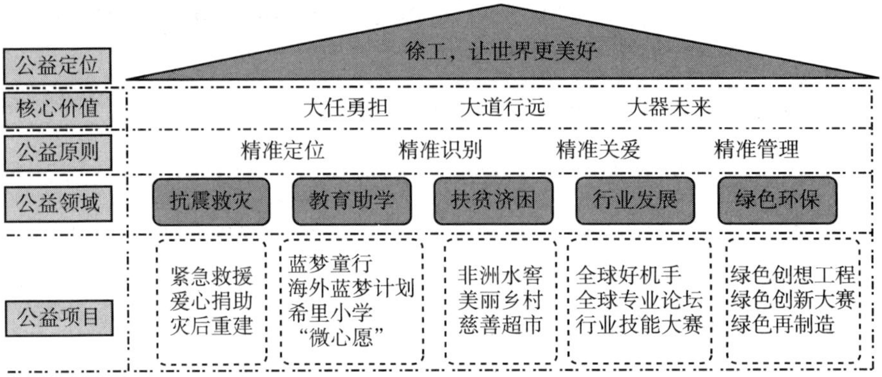

图2　徐工全球公益项目架构

（三）健全品牌生态体系，规范品牌架构流程

1. 构建三级品牌管理组织，保障全业务链品牌管理

企业品牌的塑造作为一项长期的系统性工程，必须要有健全的管理体系作为支撑。而科学的组织架构是提高品牌管理有效性的最重要方法之一，组织架构能否适应企业品牌塑造和推广的要求，对最终的建设成果有着重大影响。基于企业发展特点，徐工构建了三级品牌管理体系：

（1）决策层：由集团领导班子组成品牌管理委员会；

（2）管理层：总部各部门、品牌与文化发展部、各二级分子公司品牌主管领导；

（3）执行层：各二级分子公司以品牌主管领导为核心、以市场部为主体的品牌管理及实施机构。

其中，企业总裁办公会是品牌工作的最高决策机构，下设领导小组和统筹办公室，形成了以企业"一把手"为组长，各事业部、分子公司"一把手"协同支持的最高决策机构，负责为培育品牌资产开展以消费者为中心的规划、传播、评估和规范等一系列战略决策、指导管控等顶层设计工作。同时，为了促进各项工作有序推进，落实主体责任，组建了以各业务分管副总经理为负责人的管理单元，协同本部各职能部门、事业部、分子公司，整合资源、顶层设计，在品牌的战略管理、计划管理、形象管理、传播管理、品牌供应商管理、评估管理、团队管理等方向，做实品牌管理的统筹策划、执行实施、过程管控、验证评估等全业务链工作。

2. 强化品牌职能体系，打造专业化一流人才队伍

有了统一指挥的组织机制，就必须有强大的品牌管理队伍来承担战术实施的角色。徐工品牌主管部门不仅统一规划和指导各二级分子公司品牌管理队伍开展和执行本企业的品牌塑造与推广工作，还要督导各二级分子公司健全品牌管理组织架构，配备专职品牌管理、传播岗位，并帮助其优化岗位说明书。有了组织机制，人才就是实现目标的关键。徐工不断强化品牌队伍建设，以应对新常态和复杂新环境需要的专业能力和复合发展力，不断塑造出提升品牌队伍的“三敏”、“三深”、“三能”特质素养能力新优势。训练体系全员对环境变化的敏感反应力、洞察关键因素的敏锐捕捉力、快速行动响应的敏捷执行力，培养体系全员深入学习、深度调研、深谙管理的职业习惯，进而联动内外资源，不断积蓄徐工品牌势能，释放价值引领创新驱动动能，持续转化成为促进徐工品牌美誉提升的强大效能。通过每年上百次分层开展专项业务、品牌项目、跨业务沙龙及业务技能实战训练，培育了一批复合型、专业化的一流品牌管理人才队伍。

3. 健全制度管理体系，提升品牌管理运维质量

围绕建立精准化的品牌战略管理体系，徐工制定了一系列的规章制度。其中，《品牌战略管理制度》是品牌战略管理的总纲，明确了品牌战略规划的组织体系、运行体系、保障体系构成及分工，划分了形象管理、传播管理、评估管理、公关管理、危机管理、供应商管理等10个品牌职能，建立了10项品牌运营关键制度、19个关键执行管控流程，明确了主要职能分工、分类标准、行为标准要求。其中，《品牌管理绩效评价制度》，通过月度关注、季度验证反馈、年度评估改进的管理模式，持续监测品牌管理、品牌传播、资源管理、视觉

应用等关键指标情况，提升品牌管理持续改进效能，不断激发徐工的组织活力，持续促进内部运营效率提升。

4. 建立资产评估体系，实现品牌价值持续提升

系统、客观、全面分析企业品牌价值、品牌形象、品牌联想，是实现企业品牌长远目标的基本保证。徐工通过构建品牌价值模型、集团品牌和产品品牌评估价值调查、分析数据与品牌价值评估、评估结果运用实践四个阶段，持续开展品牌资产评价标准体系建设工作。其中，徐工进行全球品牌现状调研诊断，评估企业品牌、产品品牌资产，清晰掌握品牌建设现状，形成以企业品牌价值成长为目标，以品牌漏斗和品牌溢价为关联构成要素，以品牌传播评估、品牌形象评估、品牌结构互动关系评估为基础方法的徐工全系品牌评估模型，持续改善品牌管理运营质量。对接国内外品牌管理权威机构，把握最新品牌管理趋势及标杆做法，持续改进提升，加强品牌管理关键策略方法、成果成效的不断优化提炼、总结回顾，输出徐工特有的品牌管理模式，协助权威机构进行客观评价，实现了徐工品牌价值稳步提升。

表 1　品牌价值评估计算模型

<table>
<tr><th>步骤</th><th>项目</th><th>公式</th><th>N(当年)</th><th>N－1 年</th><th>N－2 年</th></tr>
<tr><td>1</td><td>销售额</td><td>年报</td><td></td><td></td><td></td></tr>
<tr><td>2</td><td>利润</td><td>年报</td><td></td><td></td><td></td></tr>
<tr><td>3</td><td>非品牌因素贡献利润</td><td>(2)×5%</td><td></td><td></td><td></td></tr>
<tr><td>4</td><td>品牌利润</td><td>(2)－(3)</td><td></td><td></td><td></td></tr>
<tr><td>5</td><td>利润修正加权系数</td><td rowspan="2">三年加权</td><td>0.5</td><td>0.33</td><td>0.17</td></tr>
<tr><td>6</td><td>修正利润</td><td></td><td colspan="2">N×0.5＋(N－1 年)×0.33＋(N－2 年)×0.17</td></tr>
<tr><td>7</td><td>强度系数</td><td>分值 6～20 之间</td><td></td><td></td><td></td></tr>
<tr><td>8</td><td>品牌价值</td><td>(5)×(6)</td><td></td><td></td><td></td></tr>
</table>

5. 推行VI规范管理，塑造全球统一的品牌形象

视觉识别设计（VI）是企业形象宣传最外在、最直接、最具有传播力和感染力的重要载体。徐工作为国际化的企业，建立全球统一的VI管理规范，能够有效地推广品牌形象，提升品牌辨识度。徐工不断加强国际化品牌形象的规范化、一致性、创新性管理，一方面通过制定《全球VI视觉形象手册》，对徐工企业标识、标准色、标准字体、司旗、工作服等进行统一设计和规范，同时推广到全球子公司、供应商、经销商一致应用，统一国际化形象，形成了全球一致的品牌识别，并通过开展VI应用排查、自查，持续评估改进，强化视觉应用规范管理。另一方面，联动国内外子公司及合作资源，持续加强产品工业设计特质化建设、标准化管理，并以多形式、多渠道发布更具人文化、创意化、国际化的主题创意平面广告、专题微电影微视频，持续彰显“品质、创新、价值、责任”核心价值和“世界一流”品牌形象。

（四）多维平台整合推广，彰显世界一流品牌形象

品牌是市场竞争的产物，也是传播的产物。品牌传播是从品牌到消费者的联结过程，在全球化竞争激烈的市场环境下，品牌传播已成为企业品牌战略的重要内容之一，甚至被誉为品牌战略的“制胜法宝”。

1. 整合“融媒体”平台，放大集群传播效应

进入21世纪，随着信息技术和互联网的普及、传播方式的去中心化，媒体生态也随之发生了巨大的变化。在这种背景下，作为最具革命性、大众化、社会化的传播工具，融媒体已成为企业最热衷的交流传播方式。徐工以融合的思维创新传播策略，着力搭建国际与国内媒体、大众与专业媒体、传统与新兴媒体多维结构有机排布的“融媒体”传播矩阵，通过多种媒介不断传播企业优秀的品牌核心价值内涵。

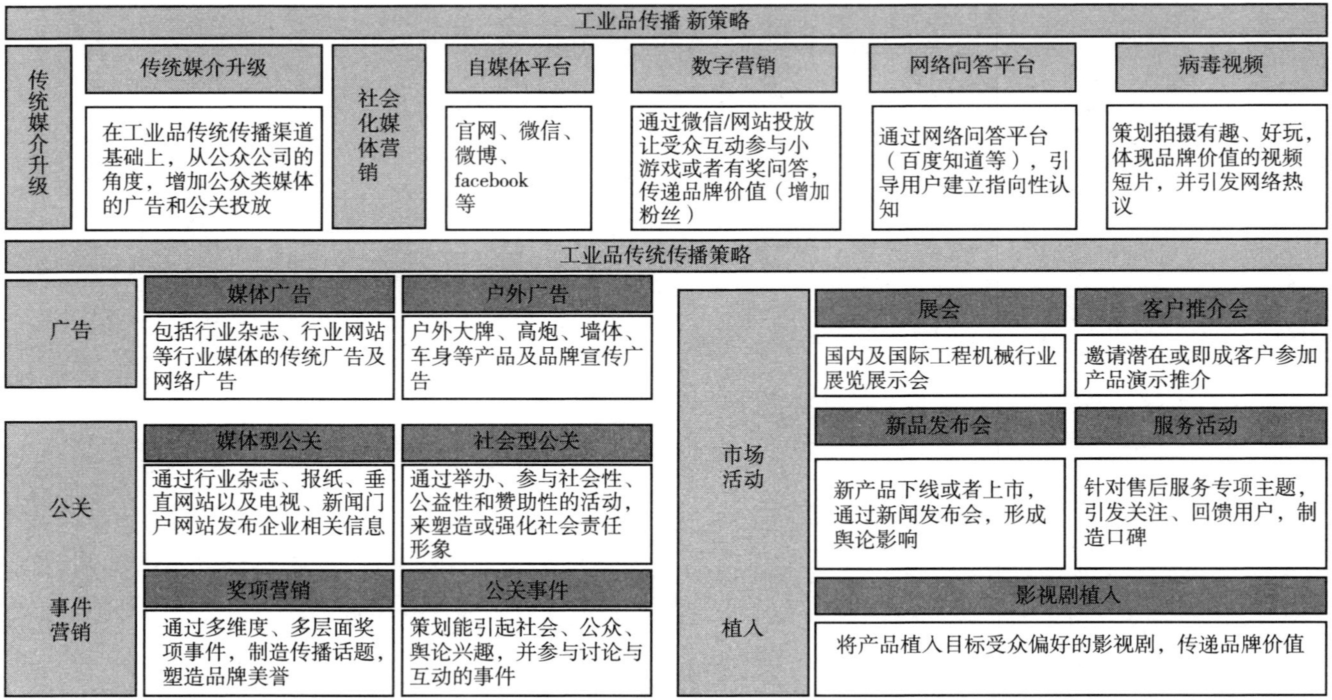

图3　徐工品牌传播媒介组合

通过优化资源配置，完善品牌传播网络，打造信息一次采集、多种生成、多元传播的“徐工融媒体”全球传播平台。同时，以大众化的品牌传播影响关键决策者、行业专家、客户、潜在客户和社会大众，打破关键受众对“中国制造”的刻板印象，带动销售及效益提升，树立高端、国际化形象，提升企业全球品牌竞争力。

据人民网舆情监测室统计，徐工品牌全球传播声量连年以超过50%的增幅不断提升，持续位居国内行业之首、全球行业前列。

2. 拓展专业资源渠道，提升行业领袖形象

媒介即讯息。真正有价值的讯息不是各个时代的具体传播内容，而是所使用的传播媒介及其拓展性。徐工通过拓展国家级媒体资源渠道，借势“实体经济、中国制造、中国品牌、国企改革、技术创新、智能制造”等国际趋势及国家热点，主动参与“世界智能制造大会”、“中国品牌日”、“中国品牌论坛”、G20等全球高端论坛峰会，聚焦展示徐工深耕主业、匠心坚守、引领行业可持续发展的领导者形象，实现品牌全球性媒介传播。其中仅2017年就实现央视“为中国实业代言”、“挑战不可能”、“经济半小时”等栏目及《人民日报》、新华社、《纽约时报》等专题报道共计649次，有效提升了企业全球影响力和知名度。

3. 创设经典公关活动，凸显价值共赢理念

品牌传播要以品牌的核心价值为指引，在品牌识别的整体框架下，选择广告、公关、营销等传播方式，将品牌特质推广出去，以建立个性化品牌形象。徐工围绕国家“创新驱动”、“一带一路”、“中国制造2025”、“精准扶贫”等重要战略布局，基于市场发展需求，面向公众、媒体、政府，积极开展高价值性的产品推介会、新闻发布会、专业论坛及客户体验等公关活动，以一致的“品质、创新、价值、责任”的品牌内涵和传播诉求，通过多媒体渠道进行传播推广，赢得受众“创新引领时代、价值共赢未来”的品牌认可。通过2015

年工程机械 Top50 峰会“三大引擎驱动”新闻发布，2016 年上海宝马展“技术领先、用不毁”、工业云平台发布，2017 年道路机械高新产品推介，2018 年 700 吨“神州第一挖”下线仪式等 48 场大型公关活动，展示了高端、高附加值和高可靠性产品，有力塑造了世界一流品牌形象。

4. 增强线上线下互动，赢得全球受众口碑

品牌互动营销相对于其他营销方式，具有更好的市场营销效果。针对市场用户、关键媒体、互联网公众三类群体，徐工形成“线上感知”和“线下体验”两种互动模式：线上互动以“聚焦忠诚用户、触动关键媒体、影响社会受众”为行动路径，借助“改革开放”、“一带一路”等国家和企业重大热点事件，让忠诚用户和铁杆“粉丝”发声，通过媒体资源转化推广，提升线上互动效应指数。线下互动结合企业重大项目发布等重要活动，邀请目标用户、媒体记者、互联网公众等走进徐工，打造标志性体验活动品牌。自 2016 年起，徐工面向海外社交媒体平台“粉丝”，连续三年开展了“徐工实习生”创意体验活动，以工厂体验、精英对话、互动交流等多种体验形式，让投票海选的网络“粉丝”大咖感受中国制造、感知徐工制造文化，并通过“粉丝”群体效应，让全球受众和忠诚“粉丝”发声，提升徐工在受众心中的内涵魅力。2017 年，“徐工实习生”活动先后获评第五届 Top Digital 创新盛典“海外品牌创意营销”银奖和人民日报海帆奖“中国品牌海外传播十大杰出案例”，2018 年获得领英中国“年度最 In 海外传播奖”。

（五）持续推进国际营销，提升品牌全球声誉

经济全球化是不可逆转的历史大势，“走出去”是中国制造的必然选择。经过多年的探索实践，徐工走出了一条独具特色的国际化之路，经历了从战略视野国际化，到营销服务国际化，到研发生产国际化，再到品牌及管理体系国际化四个跨越发展阶段，实现了从国际高

知名品牌、高价值品牌到高情感品牌的渐进式发展。

1. 拓展高端市场渠道，提升品牌全球知名度

开放带来进步，封闭必然落后。徐工坚持以国际化为导向的品牌发展战略，拓展全球市场渠道，在海外建立了30个分子公司、40个办事处、40个大型备件中心、300多家经销商，构建了涵盖2000余个服务终端、5000余名营销服务人员，辐射182个国家和地区的高效网络，形成了“海外经销商—业务部—服务与备件部—主机厂”的服务备件体系，不断为全球客户提供售前、售中、售后及融资租赁等便捷服务。徐工坚持以国际标准提升产品品质，取得了CE、GOST、海湾七国GCC等多种产品认证，多款产品实现欧洲、北美等高端市场销售突破。近两年出口中东300吨大型矿用挖掘机、110吨矿卡等近2亿美元大单，全地面起重机通过欧盟认证并出口德国，120台压路机出口北美，标志着徐工产品批量进入高端市场，改变了国际巨头垄断的全球产业竞争格局。

2. 实施高端资源整合，增强品牌高价值认知度

通过整合全球资源实现创新链、产业链、市场需求有机结合，是装备制造业加快品牌国际化步伐的有效举措。徐工以多种渠道进行海外投资，其中通过跨国并购、资本融入，打造了以徐工为核心的全球工程机械产业价值链。徐工持续加大研发投入，建立了中国、美国、德国、巴西、印度5大研发中心，增强了全球高、精、尖工程机械设备的科技研发实力。先后完成对高端核心零部件企业——荷兰AMCA、德国FT的收购和整合，并收购全球混凝土机械第一品牌——德国施维英公司，全资控股，加速了徐工国际化进程。以高端市场需求为导向，加强产品适应性研发，为全球客户提供更优质的成套化产品和个性化服务，提升了徐工品牌在全球市场的高价值认知度。

3. 加强品牌本土建设，提高品牌融合美誉度

跨国企业实施有效的全球品牌营销战略，本土化策略是一条重要

实施路径。徐工在巴西、德国、印度、美国、乌兹别克斯坦、波兰、哈萨克斯坦等国家，建立了15个海外制造基地、KD工厂或合资企业。巴西生产基地是徐工第一个海外绿地工厂，总投资3.5亿美元，每年可生产各类工程机械整机5000台，是中巴经济合作的标杆性项目。在巴西，徐工以“诚信、共赢”作为与当地政府、经销商、用户以及社会大众共同合作的原则，为中国制造的国际化发展做出示范。一方面，通过当地化技术转化、产品适应性改进和当地化研发“三步走”，形成了技术创新模式，并积极运用当地政策，促进产品销售。目前，获得巴西FINAME资质的产品已达17款，XCMG成为巴西工程机械主流品牌。另一方面，积极投身当地社会公益事业，通过参与水灾救援、流浪者救助、福利院慰问、爱心大巴等扶贫济困善举，赢得了当地社会广泛关注和认可，提升了品牌美誉度。李克强总理曾在2015年高度赞扬“徐工在巴西做得很好，你们要争取更好！”巴西总统特梅尔在2017年也高度评价徐工集团是中国企业在巴西投资发展的成功典范。

（六）联动四大资源平台，强化管理运营高效协同

1. 利用信息化平台，提升品牌传播覆盖影响力

信息化平台可以使品牌策略真正落实到企业管理细节中。长期以来，徐工高度重视信息化平台在品牌建设中的作用，构建起了涵盖企业内部沟通平台、专题项目管理平台及移动新媒体传播平台的“三平台联动”组合管理模式。持续应用“整体策划、项目管理，高位发声、话题引爆，整合传播、持续升温，平台协同、集群联动”管理方法，通过内部沟通平台联动各二级分子公司，深入研发一线、生产一线、营销一线、管理一线挖掘优秀品牌案例故事，展现徐工身后的人文底蕴和改革发展的最新成果；通过专题项目管理平台整合营销管理、信息化管理、生产管理、质量管理、组织与人力资源管理等方面的管理改善成果；利用新媒体传播平台及时发声、持续发声，充分发挥矩阵传播效应，让徐工内外部的“粉丝”第一时间了解并自主

传播徐工品牌发展成果案例。经过 3 年运维，徐工海内外“粉丝”总量已超过 100 万，全球传播声量也保持了连年高速增长态势。据人民网舆情监测室监测，徐工相对于国内主要行业竞品，已连续五年保持声量绝对领先，优势不断加大。

2. 搭载工业云平台，构建品牌创新融合生态链

在制造业信息化和服务化的大背景下，工业云这一网络化制造新模式应运而生。工业云发展是培育工业大数据产业生态和带动制造业服务化转型的重要基础，是未来先进制造业发展中实现工业互联网和智能制造的信息中枢。徐工立足工程机械行业两化融合实践经验，同时基于徐工“互联网 +”融合行动方案和“徐工制造 2025”的战略落地，联合阿里巴巴打造行业内首个工业云平台“XCMG - CLOUD”，平台将任务需求、创新、社区相融合，搭建知识汇聚、技术创聚、人才集聚的众创空间，打造“互联网 + 云技术 + 制造”的全新工业经济发展模式。搭载“XCMG - CLOUD”，徐工开展“绿动世界、领创未来”创新设计大赛，在邀请全球设计精英参与到“大国重器”的设计中，通过绿创大赛平台，一系列的创新创造成果，将产品全价值链各个环节与外部社会化资源、供应商、经销商、客户等开放共享。通过徐工云平台面向全球融智，“小型化低噪声高效风机”这一行业技术难题已成功解决并应用于道路保洁产品。

3. 打造专业化平台，放大资源协同增值效应

外部媒体作为传播媒介，能够协助企业品牌更迅速、更高效地传播推广，但其“专业顾问、专业师资、专业平台”作用却往往被企业忽视。围绕专业解决方案需求，徐工整合利用专业媒体、专业机构、专家团队资源，为世界一流品牌塑造推广，实现各类专业方案、业务培训、专题报道、深度调研、经典案例等服务支持，有效发挥专业资源的协同增值效用。同时，从传播热度、影响深度、受众认可度和专业能力提升贡献度等维度方向，加强对专业资源的贡献价值评

估，实现品牌建设的专业化提升。三年来，共输出960（之前数字513）场品牌营销活动（含市场推广活动：2015年223场，2016年241场，2017年283场，2018年末统计，按2017年三个季度算213场，合计960场）、231（之前数字227）项重大事件传播方案（集团2015年23项，2016年24项，2017年26项，2018年20项，考虑有新增国家大事，但企业大事不是每项都做方案，增减抵消合计93，二级公司重大品牌活动三年合计138次，重大活动必做传播方案，合计231项）和1954篇专题深度报道（2015年448篇专题传播稿，2016年502篇，2017年573篇、2018年前三季度431篇）、192（之前数字182）次专业业务培训（2015年39次，2016年47次、2017年62次、2018年前三季度44次）以及1690（之前数字1443）个经典案例故事（品牌故事第一集133篇、第二季243篇，劳模风采录6集合计168篇，加上技术领先用不毁、智能制造、一带一路和徐工匠人等案例1146个案例，合计1690个经典案例。）

4. 搭建预防性平台，确保品牌运营协同高效

针对“碎片化、浅阅读——秒读+秒传”的互联网现状，预防舆情风险事件由释放到变异的转化，需要企业从事前风险管理入手。为将声誉风险管理纳入全面风险管理体系，徐工锁定经营、财务、战略等九类重大风险，通过“知识共建、风险排查、敏感岗位筛选、系统回路探查”等方式方法，对声誉风险管理的组织功能、岗位职责、运营机制进行系统性建设，形成《声誉风险评估报告》《职能体系和运营机制建设方案》《声誉风险应对情境集和口径集》等9个解决方案。同时，建立常态化风险监测机制，借助外部专业机构，建立“监测、预警、研判、处置、修复”闭环式风险管控模式，实施7×24小时风险预警管理，确保风险得到有效防控和管理。2018年，徐工负面舆情占全面传播声量的0.01%，敏感信息率远低于同行，整体舆论环境正面积极。

三、品牌建设的初步成效

1. 初步建成世界一流品牌，促进了企业管理效益提升

面向高端的世界一流品牌建设，使得徐工主动适应经济新常态，始终保持稳定快速发展。在内部，以管理提升与组织效率变革，激活了企业管理模式的变革创新，企业营销管理、信息化管理、生产管理、质量管理、组织与人力资源管理等方面不断改善，更加注重经济增长的质量和效益，更加注重体系运行的效率和务实，更加注重产品技术的先进性和可靠性，全面提升了企业资产质量、赢利能力和核心竞争力。2017 年以来，徐工摆脱了国内行业低端、低档次、同质化、粗放式发展的竞争现实，进入了有质量、有效益、有规模、可持续高质量发展的健康轨道。2018 年，通过持续实施新业务企业混改，信息技术产业成为国家工业互联网领域前三强并在新三板挂牌上市。徐工成功入选国企改革“双百行动”，被纳入江苏省第一批混改试点企业名单，为企业管理效益提升注入了新的活力。

2. 增强全球市场竞争力，带动了企业经济效益提升

品牌作为企业的无形资产，为经营业绩持续提升带来不竭动力。通过面向高端的世界一流品牌建设，徐工连续三年主营、自主营收入和利润都保持50% 以上的增幅；产品品牌、自营出口增幅均为国内主要竞品近 7 倍，双双稳居行业出口第一。2018 年 1 ~9 月，徐工主机产品销量保持高速增长，实现营业收入 875 亿元，其中主营收入同比增长 44%，出口总额同比增长 55%，利润、利税分别同比增长 42% 和 44%，各项主要指标再创历史新高，继续处于领跑位置。目前，徐工保持中国工程机械行业第一，全球行业排名从 2015 年的第 8 位上升到第 6 位。

2018 年 6 月，世界品牌实验室（World Brand Lab）发布中国 500 最具价值品牌，徐工以 602.18 亿元排名第 66 位，这是徐工进入榜单以来连续第五年蝉联中国工程机械行业榜首。

表 2　徐工品牌价值变化

品牌价值单位：亿元

年份 / 品牌价值	2014 年	2015 年	2016 年	2017 年	2018 年
品牌价值	287. 36	392. 79	430. 81	512. 43	602. 18

3. 全面提升品牌形象，取得了显著的社会效益

近年来，以“一带一路”倡议为引领，徐工携手 80 多家中资企业抱团出海，65% 的工程机械选择了徐工品牌。“一带一路”国家实际投资超过 30 亿元，覆盖沿线 95% 的国家和地区，其中 35 国出口占有率第一，在哈萨克斯坦、乌兹别克斯坦占有率超过 60%。出口的 182 个国家和地区中，70 国市场占有率和 12 类主机居中国品牌第一位，国际化收入占比达 35%，徐工成为全球工程机械最具美誉度的“中国名片”。徐工积极投身于各类社会公益事业，慈善捐助和投入设备资源总价值超过 2 亿元，积极参与全球重大灾情救援 20 余次，被中共中央、国务院、中央军委联合授予“全国抗震救灾英雄集体”，多次荣获“中华慈善突出贡献企业奖”“中国企业公益奖”“责任品牌奖”等荣誉，徐工被联合国全球契约中国网络授予行业唯一的“实现可持续发展目标 2017 中国企业最佳实践”大奖。在回馈社会的同时，彰显了世界一流品牌的企业公民形象。

四　汾酒集团：汾酒1510工程，中国白酒文化发掘的里程碑

摘要：“汾酒 1510 工程”系列共 50 集，是汾酒集团精心打造的科普类白酒典籍。“一个轴心、五度品格、一清到底、十必秘诀”的“1510 品质体系”既是汾酒 1510 系列快速走红的核心驱动力，同时对于发掘中国白酒文化、探索中国白酒发展历史同样具有

重要意义。

关键词：汾酒1510工程　1510品质体系　白酒文化

“汾酒1510工程”，就是通过“一个轴心、五度品格、一清到底、十必秘诀”来“从头到尾，原原本本，明明白白，一五一十”地告诉消费者“汾酒到底好在哪里”，该系列共有50集，是汾酒集团精心打造的科普类白酒典籍，对发掘中国白酒文化和探索中国白酒发展历史具有重要的意义。

内容中并没有太多抽象的宣传概念，更没有打鸡血似的口号呐喊，而是以一种探索的角度为读者介绍一个个有趣、有料的内容，娓娓道来，举重若轻，能让人在不经意间被内容所吸引。

可以说，汾酒1510系列真正做到了“内容为王”，踏踏实实地说出了很多干货。

满足核心需求

前5年，文史类的内容很受欢迎，汾酒的宣传重点也是文化历史，并取得了极好的效果，巩固了其第一文化名酒的地位。当下，大家不再那么太关心有些久远的历史了，而是开始关心安全、健康、养生等与自身相关的内容。

汾酒敏锐地捕捉到了这一变化，并及时做出了调整。从2017年起，汾酒的宣传重点从历史转向现在，从文化转向品质，通过人们最关注的食品安全、生产工艺、绿色健康等角度，来讲述汾酒的优点，以及与之相关的白酒知识。

正是这种转变，才让汾酒1510系列很快就抓住了网友的心。白酒是每个人都能接触到的日常消费品，但大家对白酒的了解程度却非常有限，很多网友并不清楚，白酒究竟是怎样酿造出来的，什么样的白酒最干净，我喝什么样的白酒最安全，等等。汾酒1510系列则用全面的资料，客观的数据，系统性地为网友解答了这些问题。

优化传播链条

很多企业在宣传时采用的做法都是尽可能多地通过大面积、轰炸式的渠道推广，去重复一些概念或口号，这样做固然能够在一定程度上提升品牌的知名度，但也很容易产生负面效果，让消费者产生厌烦情绪。

而汾酒1510系列在传播的过程中，很好地回避了这些弊端。不说空话、套话，持续抛出品质、科技、文艺、生态、地理环境、历史文化等方面的干货，网友们根据这些干货和线索，积极发表自己的观点，并转发到自己的社交平台中，通过这样一传十、十传百、百传万、万传亿的全新传播链条，将汾酒和有趣的白酒知识、科普漫画、优质音频一起传播出去。

深厚底蕴支撑

汾酒集团位于闻名全国的酒都——山西杏花村，这里考古所发掘的仰韶遗址将中国酒的酿造历史推到了6000年前；这里是白酒祖庭，茅台、五粮液、西凤酒等名白酒都深受其影响；在近现代发展上，汾酒是唯一获得1915年巴拿马万国博览会最高奖——甲等大奖章的白酒，之后又进行了白酒业的第一次现代化股份制改革、注册了第一枚商标，新中国成立后成为第一国宴用酒，五次蝉联国家名酒，成为业界公认的“汾老大”……有如此深厚的底蕴做支撑，汾酒才能张弛有度、游刃有余地采用“内容为王”的宣传策略。

从另一个角度来看，汾酒独特的工艺决定了汾酒卓越的品质，在汾酒1510系列中，从山川奇气所形成的独特之自然香味、地下800米深层用水、地缸发酵（如盆中和面，而泥窖发酵则如地上直接和面）、每一个生产环节都一丝不苟精益求精、“一清到底”等角度，一五一十、明明白白地说出汾酒为什么能成为世界上最干净纯正的白酒。汾酒又率先执行了高于国际、严于国内的食品内控安全标准，切实保证消费者的饮酒安全。有这样的技术底蕴和良心品质做支撑，读者自然能真切地感受到汾酒的品质确实值得信赖，也不禁对其十分扎实的品牌根基敬佩有加。

除了汾酒的自身底蕴外，汾酒1510系列还以地球为原点，以白酒相关的各类知识为半径，用地球胃、香味战争、分子结构、微生物、岩溶水、黄金纬度、神奇“吕梁弯”等知识点来吸引网友。有强大的底蕴做支撑，又将其他领域的优质内容有机地结合进来，汾酒1510系列大受追捧也就不奇怪了。

创新表达方式

有好的内容还不够，好的传播还需要好的表达方式，汾酒1510系列在表达方式上有两大创新，一是概念新，二是形式新。

先说概念新。从全人类的“地球胃”到山西的“大三香”、“小三香”，从香火相传的本质到神秘孢粉的科学研究，从“六角雪花型构象”到中国白酒的未来“生死劫”，汾酒1510系列解锁了大量的新概念、新理论，让每位读者都有耳目一新之感。

再说形式新。不少网友都发现，汾酒1510系列文章的文笔之优美不亚于优秀纪录片的解说词，让人读起来非常“上瘾”。微信公众号上发布的各类文章，还都是花样翻新、亮点多多、颇具正能量的“标题党”，一下子就抓住了人们的眼球和心理需求。除了文章外，汾酒还推出了充满神秘感和吸引力的音频版，以及轻松幽默的科普漫画版，来抓住不同的受众，使人若饮醇醪，不觉自醉。

强大的传播力度

“汾酒1510工程”共在100余家媒体发表50篇文章，从选种到成品全面解读。从2017年3月6日开始，发行了文字版、漫画版和音频版。分别在网站、微信、微博、各音频App推广，据统计全网传播总点击量为8.46亿人次。微信公号发布平台13个，累计发稿1014次，累计阅评赞505.28万人次；微博大V累计发布1037次，#一五一十说汾酒#话题阅读量2.1亿；移动终端及热门博客发稿7644

次，点击量5亿6022.24万；音频发布平台6个，累计发布300篇，仅喜马拉雅FM的总收听量就达7082.4万；百度收录相关信息17万条；门户网站首发平台75家，累计发稿3975篇，每次发稿的平均覆盖人群为6.58亿。

有料的内容，加上有趣的形式，这就是汾酒1510系列能快速走红的核心动力。

沧海横流谁著史？酒魂激荡写春秋。汾酒给传播界注入的这股清流，必将在中国传播史上写下浓浓的一笔！

五　海尔集团：创世界级物联网生态品牌

摘要： 在物联网时代，海尔首创的“三生”体系能够精准地捕捉到社群交互、共创共享、迭代体验等物联网时代的新特点，开创性地提出物联网时代的创牌方式——生态品牌，正是不断实践大胆的颠覆性创新推动海尔成为全球创新的标杆企业。

关键词： 海尔集团　生态品牌　“三生”体系　“人单合一”

日新月异的科技发展，不断地重塑商品与人类的关系，并深刻影响着企业的商业模式与人们的生活方式。从以蒸汽机为代表的第一次工业革命到内燃机和电力为代表的第二次工业革命，企业面对的是一个单边市场，一对一的交易，企业占据市场主导权，因此企业的管理更多地强调效率，因此形成了命令—执行的线性管理思维和模式。进入20世纪随着以互联网为代表的第三次工业革命的兴起，互联网带来的零距离，产生了人类社会的大规模连接，全球70亿人更加紧密地连接在一起。市场成为一个双边或者多边市场，用户开始掌握市场主动权，企业纷纷成为平台企业或入驻平台，为用户提供了庞大的选择目录和快速的购物体验。

物联网被视为改变世界的第四次工业革命，实现了人与物、物与物、物与信息等万物之间的互联，使人类进入了共时性、普遍性、去中介的万物互联时代。用户不仅需要选择权，更希望自己个性化的需求和体验得到满足，并且随着市场边界、企业边界、行业边界不断模糊，极大地开发了企业的创新空间，但同时面临的是高度不确定性和复杂经济系统，企业该如何应对物联网的变革成为重要话题。

一、生态品牌是物联网时代的专属产物

传统时代，品牌靠产品溢价。工业技术没有实现人与物的连接，产品是一个个信息孤岛，传统商业模式通过企业与顾客直接对接的产品交易方式实现，这时候的企业围绕产品的质量和功效以及市场营销体系来打造产品品牌，如阿迪、耐克与可口可乐等品牌。

互联网时代，品牌靠流量溢价。信息技术实现了人与机器、人与人之间的连接，出现连接企业与顾客的第三方交易平台，此时以电商为代表的平台品牌得以崛起。电商平台为用户提供了更多的消费选择和快捷的购物体验，巨大的用户流量红利带给电商平台巨大繁荣。

但随之而来的是对诚信问题和价格战等问题的质疑。实质上，电商平台只是交易平台，获客成本不断攀升，不具有情感体验特性和自我增强的能力，用户流动性大。

物联网时代，品牌制胜的利器是什么？物联网催生了基于某个品牌的消费者之间的社会关系和社会关联的、不受地理范围限制的社群，社群经济下，社群成为企业产品服务体验迭代的主体；物联网出现的共享经济则需要各方创造价值并共享价值，才能再创造更多的体验价值；物联网的第三大趋势体验经济要一直能够满足用户产生的各种需求，产生用户对品牌的信赖，成为品牌的终身用户。因此物联网时代品牌之间的竞争围绕的是终身用户的体验和价值，是生态圈之间的竞争，靠的是生态溢价。

海尔提出的生态品牌完美地契合了物联网时代的特点，围绕用户体验的迭代升级和触点网络的扩展开放构建共创共赢的生态圈，不断满足用户需求和体验，共享增值价值。生态品牌不是企业自己能够创造，而是要共同进化的，体现为用户需求无止尽，生态收入无止境，生态圈无边界。

二、生态品牌的实现路径是“三生”体系

海尔实现生态品牌的目标，必须基于海尔的“三生”体系。其中，生态圈是必要条件，生态收入是充分条件，生态品牌是追求目标。

生态圈这种组织形态打破了企业组织的边界让各类创新主体融合在一起。过去，企业与用户的关系是买卖关系，随着交易终结，关系也随之结束。生态圈与此不同，用户与企业是交互共创的关系，企业通过触点网络实时接触和感知用户个性化小数据，始终与用户保持着迭代交互。海尔生态圈的触点网络不仅有产品传感器，更重要的是有用户传感器。用户传感器不是零售店或者电商的网店，而是O+3。

大顺逛现在是中国最大的社群经济网络，微店就有一百多万家，在电商平台上，你买不到小瓶的红酒，但在顺逛，早已根据用户提出需要一支小瓶红酒而联动资源方实现了用户个性化的需求。此外，在农村，海尔通过装净水机，解决农村饮水问题，进到了每一个村，和村民发生交互；在城市社区里，海尔则通过快递柜和社区的人建立起情感。这种直接触达用户需求的，与用户产生有温度、有深度和有广度的触点网络，是其他企业触点无法达到的。

科里纳说实物价值会减弱，用户价值随时间而增加。电商平台长期处于“卖产品”的逻辑，追求实物价值，各方都是一种博弈关系，商家经常性陷入价格战中，收益也是逐渐递减。而海尔遵循“创价值”的逻辑，关注用户价值，生态圈内各方把产品仅作为一个载体，围绕用户需求产生更多更大的服务方案，共享不断递增的生态收入。

如海尔衣联网生态圈吸引了服装、洗涤剂、试衣镜、服装衣联技术提供商等资源加入，为用户提供全流程的智能洗护体验。通过衣联生态的搭建，海尔洗衣机在硬件产品以外，还通过整套服务解决方案、数据解决方案等实现生态收入，仅 2018 年上半年衣联网的生态收入同比增长 20 倍。海尔基于衣联生态建立的衣联生态联盟成员从 2017 的 8 家扩大到目前的近 3000 家，美国、德国高端品牌也纷纷加盟。

生态品牌蕴含着品牌与人类的新型关系："品牌即人，人即品牌"，这是张瑞敏"企业即人，人即企业"的经营哲学的自然延伸和新发展。生态品牌的标准就是以用户最佳体验为标准，按照这个标准，不断进行用户交互与迭代升级，变成生态系统，最终实现生态圈内利益攸关方的增值。生态品牌能否引爆就取决于能否不断增强引力，吸引更多的攸关方创造更大的、新的价值，不断裂变出新的生态圈，开始新的"生态圈—生态收入—生态品牌"循环。

三、孕育生态品牌的土壤是人单合一

即使是互联网时代，很多互联网企业也只是具有互联网技术业务，组织本质仍然是依附于传统层级制管理模式。基于传统的管理模式，品牌所倡导的以顾客为中心，实际上就是单次服务过程对用户的友好态度，获利主体仍然是企业，提供服务只是产品的附加品，而非生态品牌所强调的，从产品和服务设计之初到全流程的以用户体验为标准的理念，也无法实现共创共赢。

"人单合一"为海尔成为物联网时代第一生态品牌提供了管理模式的支撑。通过"人单合一"，在组织上，海尔把科层制颠覆为网络化组织，每个员工都成为网络上的一个节点，每一个并联节点都可以与用户零距离接触，海尔成为一个创业平台，可以在上面成立"三自"组织——自创业、自组织、自驱动，还将决策权、用人权、薪酬权全部还给创客，每个人都成为自主人，为生态品牌通过与用户交互即时获取用户需求提供了组织保障，实现"组织围绕用户转"、人人创造用户体验的现实。

在薪酬上，海尔从企业付薪转变为用户付薪，让每个人为用户创造的价值与自己的收益匹配起来，创造多大的用户价值就可以分享多大的价值，如果不能创造价值就不能分享，有效地驱动了员工关注用户需求，积极地发掘用户需求，创造用户价值。

如今，人单合一模式已经成为引领物联网时代的世界级商业模式，被全球商学院、管理界权威期刊以及管理大师们推崇。全球战略大师加里·哈默最近在《哈佛商业评论》封面文章《科层制的终结》中以海尔人单合一模式为例，剖析海尔颠覆科层制的途径，预示着海尔成为管理的“下一个世代”的开启者。《哈佛商业评论》意大利版主编恩里科·萨松还亲自推荐《科层制的终结》一文，他号召商业领袖们可以从海尔的实践中汲取灵感，从而缔造属于自己的“人单合一”。

四、海尔生态品牌实现全球引领

因为有物联网时代世界级管理模式为基础，海尔在生态品牌方面也取得了诸多成果。目前主要体现在国际标准引领和产业升级引领两方面。在国际标准的引领上，2017 年 12 月，IEEE 通过一项决议书，由海尔 COSMOPlat 牵头制订了大规模定制模式的国际标准；2018 年 5 月，ISO 全票通过由海尔牵头成立的大规模定制研究组；同年 7 月，IEC 通过由海尔牵头成立工业互联网平台任务组的决定。

事实上，COSMOPlat 作为海尔生态品牌的重要实践，其已经在智能制造乃至多个领域发挥作用。COSMOPlat 模式下，海尔开启了由大规模制造向大规模定制转型的路径，并实现高精度下的高效率，目前，海尔的产品不入库率达到 71%，生产效率提升了 60%。

在产业升级引领方面，食联生态从溯源切入，通过全流程信息可溯，满足用户对食品安全的需求。海尔通过构建生态圈，汇集各利益攸关方，共同开展协同创新、标准运营。目前食联生态联盟聚集了山东省标准化研究院、中粮营养健康研究院、百年栗园、源本生活等 9

家成员，连接食品生产、加工、流通、信息技术、标准化研究等，共筑以用户体验为中心的、多方共赢的“生态品牌”。

在日日顺乐家诚品模式中，围绕诚信生态，日日顺乐家打通了橘橙种植户、小区用户、小管家触点等资源，不仅实现了农特产品上行，也将优质的种植技术带给农户。

海尔的模式不仅再造了海尔，也适用于西方企业。海尔将人单合一与“三生”体系带到 GEA 后，GEA 的管理模式也由过去的线形管理转变为非线性管理，企业核心也从以产品为中心进化为以用户为中心。2018 年上半年，在美国家电市场负增长的背景下，GEA 逆势增长，实现美元收入同比增长 11%。

过去，中国企业作为模仿者学习西方经典管理，在国际上创品牌特别艰难，而今，物联网时代的变化给中国企业带来了一个很好的契机，全球企业都在寻找转型的出路，而海尔代表中国企业率先找到了物联网时代的商业模式——人单合一模式，实现从模仿者到引领者的转变，并通过生态品牌引领，改写全球品牌的竞争准则，助力中国企业在世界管理当中走到前列，为中国品牌走出去、强起来提供了良好的借鉴。

六　霍尼韦尔：全球巡展带你感受“至联致远”

摘要：霍尼韦尔通过打造“互联飞机”概念，对其产品、服务与软件解决方案进行系统和充分的营销，从而帮助客户、乘客、监管机构、媒体等目标受众全面、迅速地了解“互联飞机”业务及产品，进而完善品牌形象并持续提升品牌竞争力。

关键词：霍尼韦尔　“互联飞机”　“空中实验室”

互联技术是改变当代飞行最伟大的科技进步。随着航空业迈向数字化和物联网时代，未来十年互联技术和软件服务将为航空业带来2.6万亿美元的市场需求。霍尼韦尔通过打造“互联飞机”概念，对一系列产品、服务与软件解决方案进行营销。为帮助客户、乘客、监管机构、媒体等目标受众全面、迅速地了解“互联飞机”业务及产品，霍尼韦尔将一架波音757测试机改装为“空中实验室”，直观展示了互联飞机所有功能。

2017年5月至7月，霍尼韦尔以“至联致远”为主题，在全球30多座城市进行飞行巡演，并在11座重点城市组织了93位媒体朋友参观及飞行。借助一线行业、商业、大众媒体报道，霍尼韦尔互联飞机的形象深入人心。配合公关活动，他们还积极开展了新媒体平台营销——借助线上内容营销、社交媒体、直播、视频等形式，与目标群体进行直接互动。活动获得包括NBC、CNN、《华尔街日报》、中国中央电视台、新华社、日本每日经济新闻等全球重点媒体的97篇原创报道，社交媒体覆盖超过35亿人次。巡展带来的销售额高达1100万美元，同时，还有数百万美元的订单正在洽谈之中。

随着航空业迈向数字化和物联网时代，互联技术和软件服务正面临巨大机遇。波音公司预测称，未来十年内全球对于航空服务的需求将达到2.6万亿美元，其中亚洲市场增速最快。

空中Wi-Fi已成为航空业近年来的热门话题。事实上，消费者所期待的在万米高空点赞朋友圈或观看视频直播网站仅仅是互联服务的一部分应用，互联技术能够彻底改变维护维修、运营和飞行方式——飞行员可以通过高速、实时的数据传输与分析来避免恶劣天气带来的影响；维修人员可以在设备故障前及时发现并进行故障排查。无论是乘客、航空公司、公务机运营商、机组人员还是维护团队，都能通过“互联飞机”提升安全、效率与舒适度。

霍尼韦尔的技术广泛应用于飞机上几乎所有主要部件，这种独一无二的优势与实力，能够将各部件连接起来，打造真正的互联飞机。

市场预计，互联飞机技术的市场需求约为70亿美元。为了向客户和媒体等目标受众展现互联飞机技术、应用及服务如何变革航空业，霍尼韦尔以“至联致远”为主题进行互联飞机全球巡展，并通过整合营销传播将影响力最大化。

根据霍尼韦尔与Kelton公司2016年发起的一项调查，近四分之三的乘客随时准备更换航空公司，以求获得更加快速可靠的Wi-Fi连接。出生于1982~1998年的“千禧一代”成为本次调查中对联网需求最迫切的一代人，因为他们是首个完全成长于数字时代的人群。上述调研及市场洞察结果表明，霍尼韦尔认为，乘客对更加稳定、快速的空中网络连接的期待已经显而易见，航空公司需要迅速采取行动部署网络服务，以避免业务流失。

从整个行业来看，乘客的需求反映出“互联飞机”业务与市场需求的冰山一角。航空业正在经历一场由大数据分析和物联网驱动的数字化转型。如果将传统的机械和电子产品与最新互联技术相连，航空公司、公务机运营商、飞行员、机组人员、运维人员和产业链上的各方都将获得更大益处，例如实现预测性维修、优化路线并节油减排，等等。

如何让客户直观、清晰地了解到以上诸多霍尼韦尔互联产品和服务？霍尼韦尔市场与公关团队决定打造一架真正的“互联飞机”。不同于单纯讲述互联飞机如何改变飞行员、乘客、维修人员和操作人员的体验，嘉宾将参与到飞机飞行的各个环节，亲身体验霍尼韦尔的最新技术。

飞行后勤保障是巡展最具挑战性的难题之一。公关团队与霍尼韦尔飞行运营部门密切合作，确保飞机可用、安排航线与行程、统筹飞行计划，以确保活动成功。

通过演示航前准备、起飞、巡航和着陆的整个过程，霍尼韦尔向嘉宾充分展现互联飞机技术如何提升飞行体验。为确保嘉宾此行能有最大的收获，霍尼韦尔为每一位嘉宾提供定制化日程，安排其最感兴趣的内容进行体验，与此同时了解霍尼韦尔互联飞机的完整故事。

项目策划方案

一、策划目标

借助一线行业、商业、大众媒体平台，阐述霍尼韦尔在互联飞机业务方面的优势。配合公关活动，还积极开展了新媒体平台营销——借助线上内容营销、社交媒体、直播和视频等形式，与目标受众群体进行直接互动。其具体目标包括：

• 利用霍尼韦尔独有的波音 757“空中实验室”向记者全面展示互联飞机功能；

• 支持霍尼韦尔“至联致远”的公司策略；

• 在 11 座重点城市组织 50～60 位媒体朋友参与互联飞机巡展活动；

• 5～8 篇顶级媒体报道；

• 20～30 篇专题报道；

• “互联”“创新”“升级”三条核心信息集中输出，占总篇幅的 50% 以上；

• 社交媒体信息触达超过 30 亿人次；

• 利用内部/外部传播渠道使信息触及员工，并激励员工参与。

二、受众分析

• 全球航空公司采购部门与其他决策者；

• 公务机所有者和运营商；

• 商旅乘客；

• 霍尼韦尔股东与潜在投资者；

• 媒体和意见领袖。

三、策略及传播内容

首先，霍尼韦尔打造了一个前所未有、吸引眼球的独特展示平台——将改装的波音 757 飞机打造成互联飞机“空中实验室”，为它进行了全新涂装，通过前期预热宣传让其巡展成为航空业及大众关注的事件；其次，在空中展示和传播过程中，将互联飞机与提升飞行安全、效率及舒适度相挂钩，针对不同的目标人群制定差异化的场景和提供核心信息；此外，通过线上、线下融媒体传播渠道将霍尼韦尔航空航天集团打造成互联飞机解决方案的开创者和全球领导者。

高速而稳定的机上 Wi-Fi 是本次活动的一大亮点，而 JetWave 卫星通信系统——这一用于接入国际海事卫星组织 GX Aviation 高速 Wi-Fi 服务的硬件产品——是本次展示的重点。通过营造不同的使用场景，并让受邀嘉宾能够亲身体验在不同场景下机上 Wi-Fi 的效果与益处，从而认同霍尼韦尔互联产品与系统的可靠性和领先性。

借助 JetWave 硬件和 GX Aviation 服务，记者可以下载大型文件、观看在线视频、发送并接收电子邮件，畅享无异于地面上的高速、稳定的上网体验。许多记者在三万英尺高空巡航的过程中就撰写并发布了报道。例如，飞机在纽约州北部上空飞行时，美国国家广播公司（NBC）Today Show 节目的记者 Tom Costello 发布了一个三分多钟的现场报道。中国中央电视台在其新媒体平台进行了长达 20 分钟的机上直播。

除此之外，霍尼韦尔还向记者演示了机组人员和维护团队使用的其他互联飞机功能，并安排记者与试飞飞行员、工程技术人员和高管等项目参与者进行全面沟通与面对面互动，从而深度影响目标受众，打造技术领导者的品牌形象，形成持续性媒体报道，并最终促成客户采购决策。

公关团队在此次世界巡展中能够拿到这么多优质资源，主要得益于霍尼韦尔管理层将媒体关系视为重要销售战略。

“至联致远”互联飞机全球巡展于 2017 年 5 月 30 日启动，持续至 2017 年 7 月 27 日。在这九周的时间里，巡展覆盖了 33 座城市，并在其中 11 座城市开设新闻媒体专场。在新闻稿中将“至联致远”

互联飞机全球巡展与50年前的“爱之夏”摇滚乐队巡展相提并论，激发目标受众的兴趣，进而推出“Honeywell Rocks”口号。公关团队根据飞行巡展各站城市的媒体环境，拟定包含10到15名记者在内的名单，覆盖当地主流的行业、商业和大众媒体。霍尼韦尔的公关团队在媒体类别上进行拓展，涵盖了平常不太接触的意见领袖及社交媒体“大号”，以影响终端乘客。公关团队还特意创建了专属网站www.HoneywellRocks.com，重点介绍“至联致远”互联飞机全球巡展的全部内容，包括巡展细节、时间表、视频和霍尼韦尔互联飞机解决方案重要媒体报道的链接等，在Twitter、Facebook、LinkedIn、Instagram、微信、微博等全媒体平台直接影响核心意见领袖，通过社交媒体文章为“粉丝”提供一手巡展进度情况。

四、效果评估

亚太站开启前两周，官方全媒体平台通过深度内容、视频、动画及多图开始预热，平台包括：官网、微博、微信、头条新闻、一点资讯、网易新闻，同时联合十余家行业“大号”进行同步预热，辐射“粉丝”数高达7600余万人，急速扩大了活动预热影响力。另外，宁波至首尔航段的两场计划周详的“航业大咖空中直播”，在兼顾新闻性、趣味性的同时，完美展现了霍尼韦尔机上互联技术的差异化特性，即高速稳定、全球覆盖、简单易用。多平台直播吸引了70余万人次观看，互动数高达20余万，活动视频吸引了超过30万点击量。

在亚太其他国家，通过本国语言及图片素材为当地飞行行程进行预热，语言包括：日语、韩语、中国台语、中国粤语、马来语、印尼语、英语等，亚太多国语言的推送在Facebook上吸引了4万余“粉丝”，在Twitter上获得了近12万浏览量及5千互动数。

并非每一场公关活动都能赢得多家顶级媒体的特别报道——美国国家广播公司（NBC）王牌早间节目Today Show，美国有线电视新闻网络（CNN）Money Talk，中国中央电视台《第一时间》和央视新闻微直播都对“至联致远”互联飞机全球巡展活动进行了报道。争取到了 Today Show 节目 3. 15 分钟的特别报道，包括一段使用霍尼韦尔互联飞机技术在 25000 英尺高空进行现场直播的视频。约有 360 万人观看了直播，还通过社交媒体进一步扩大影响力，从而触达 460 万人次。中国中央电视台的两个栏目对互联飞机巡展中国站分别做了报道，包括《第一时间》早上黄金档播出的一段 4 分钟报道，以及央视新闻在微博及央视客户端做的一段 22 分钟的直播。两档节目覆盖超过两千万收视人群。

“至联致远”全球巡展已被公认为霍尼韦尔航空航天集团有史以来最成功的公关活动之一。多家著名行业、商业和大众媒体报道了本次巡展，同时，霍尼韦尔还实施了积极的新媒体策略。这次活动，包括平面媒体、广播媒体和数字媒体在内的信息触达总量高达 67 亿人次。

截至目前，已有 93 名记者乘坐了霍尼韦尔 757 测试飞机参与了此次飞行演示，亲眼见证了霍尼韦尔互联飞机的力量，远高于其接待 50 ~ 60 位媒体代表的初始目标。记者发布的原创文章达 101 篇，转发近千次，在电视、平面、网络及社交媒体等多个平台上获得了大量优质报道。除 NBC、CNN、中国中央电视台的现场直播外，路透社、新华社、彭博电视、《华尔街日报》、《大西洋月刊》、《快公司》、印度《经济时报》、日本经济新闻、航空周刊、Flight Global、Flying Magazine 杂志等媒体也对活动进行了重量级报道。通过互联飞机世界巡展网页可查看部分名单。

内容分析显示，“互联”、“创新”和“升级”等重点信息得到了广泛传播。100% 的报道介绍了互联技术，84% 的报道提及创新，56% 的报道介绍了与霍尼韦尔“至联致远”全球巡展有关的技术升级，而霍尼韦尔最初的目标是确保核心信息占总篇幅的 50% 以上。

为支持巡展，霍尼韦尔亚太区公关团队开展了积极的社交媒体宣传活动，辐射“粉丝”数高达7600余万人。宁波至首尔航段的多平台直播吸引了70余万次观看，互动数高达20余万，活动视频吸引了超过30万点击量。在亚太其他国家，亚太多国语言的推送在Facebook上吸引了4万余“粉丝”，在Twitter上获得了近12万浏览量及5000互动数。

截至7月17日，巡展带来的销售额高达1100万美元，同时，还有数百万美元的订单正在洽谈之中。互联飞机销售团队在互联飞机全球巡展活动中收到了许多客户及潜在客户的积极反馈。

中国商用飞机有限责任公司副总经理、C919国产大飞机总设计师吴光辉表示：“感谢霍尼韦尔提供这次绝佳的体验，让我们了解到目前国际上已成功应用的互联新技术。尽管Ka波段互联技术在中国还未获准商用，但我们希望回去之后两个团队能够就JetWave互联产品、SmartRunway和SmartLanding等产品进行深入沟通。”

中国民航报社、中国民航出版社副社长谢长庆先生对“互联飞机”的传播给予了很高评价：“霍尼韦尔互联飞机巡展从话题节点设置、事件传播策划，到活动结束后的持续发酵和延伸讨论，反映出霍尼韦尔在传播上的功力。尤其值得注意的是，霍尼韦尔利用直播等数字传播新技术，运用全媒体平台进行有的放矢的宣传，引起民航圈及社会大众的关注，带动行业思考互联技术及其本土发展机遇。”

五、策划亮点

利用霍尼韦尔独有的波音757“空中实验室”，让客户和媒体不仅亲眼看到而且在万米高空亲身体验到最先进的互联飞机技术。

亚太站开启前两周，官方全媒体平台通过深度内容、视频、动画及多图开始预热，辐射“粉丝”数高达7600余万人，急速扩大了活动预热影响力。

得到多家顶级媒体的特别报道——美国国家广播公司（NBC）王牌早间节目Today Show，美国有线电视新闻网络（CNN）Money

Talk，以及中国中央电视台、央视新闻微直播、新华社、中国日报、第一财经日报、21 世纪经济报道、中国民航报、中国航空报等十几家权威媒体参与高空互联体验。中国中央电视台的两个栏目对互联飞机巡展中国站分别做了报道，覆盖超过 2000 万收视人群。

宁波至首尔航段的两场计划周详的“航业大咖空中直播”，在兼顾新闻性、趣味性的同时，完美展现了霍尼韦尔机上互联技术的差异化特性，即高速稳定、全球覆盖、简单易用。多平台直播吸引了 70 余万次观看，互动数高达 20 余万，活动视频吸引了超过 30 万点击量。

七　云华设计：数字化时代下的商业设计变革

摘要：作为云华互动旗下数字化设计服务品牌，云华设计倡导以设计解决商业问题，立足于企业的数字化战略进行思考，在数字时代建立数字化设计的评价体系与服务标准，以设计支撑数字时代下企业的商业模式变革，并以此促进国内企业的品牌提升。

关键词：云化设计　数字化设计服务　商业设计

一、文化创意服务类项目的创新

商业设计是文化创意类服务，商业设计区别于艺术作品，是服务于企业的。商业设计作品，有其特定的商业价值，所以，很难以艺术价值来评定其作品的好与坏。商业设计公司的品牌塑造，多数靠业界口碑或者设计师履历来评定。

在数字化时代，商业设计已经从单纯的平面设计衍生到各类数字平台的设计服务。云华设计，作为云华互动旗下数字化设计服务品牌，倡导以设计解决商业问题，立足于企业的数字化战略之上进行思考，使设计能够支撑企业在数字时代下的商业模式转型。同时也尝试在数字时代建立数字化设计的评价体系与服务标准，以此来提升国内企业的品牌形象。

二、“设计解决商业问题”的本质思考

我们倡导设计品牌的价值观就是“以设计解决商业问题”。对于客户来说好的设计要用在刀刃上，尽管我们不想以“低水平勤奋”来形容那些在追求“视觉”角度上勤耕不辍的设计师，但在商业社会费时的“利刃”易得，费心的“名器”难寻——想让客户沉醉在品牌之中，想要企业获得竞争力，聪明人都知道这不只是一个“看上去”的问题，而确实更是一个深谙市场趋势，懂得商业底层逻辑的“老工匠”敲出的“名器”才能解决的问题。

国际化市场上唯有视觉是表情传意的最快捷、最准确方式，一个笑脸表情符号，三个笔画，却让全世界都可“拈花一笑”。好的设计就是如此简单直接，云华设计选择设计来解决商业问题，首先就是通过视觉设计来达到与客户和市场的“拈花一笑”，好的设计比文字更容易快速达到认同。

在以互联网为核心驱动的时代，企业网站在某种程度上的价值与战略意义，甚至超出于传统的 VI 体系，在云华设计看来，企业网站的价值已经不在于单纯的信息展示，更是企业与品牌形象力建设的平台，甚至顶级驱动作用，在于解决核心复杂的商业问题。

比如市值将近三千亿美金的 Facebook，核心运营之于社交网站；以及引领国内传统企业进行互联网 + 转型的红领，串联资源的核心点在于官网；已经是国内招聘领域巨头的前程无忧，核心点即在于 51job 平台，也是一个网站对于上述所提及的企业，官网已然成为它们商业运营的核心所在，成为企业生存乃至发展的核心驱动因素。

云华设计以设计人做商业咨询，助力客户找到真正的商业价值并通过设计表达出来，让商业咨询不再是企业自身的认知，而是一曲共鸣的，让客户企业和市场共识一个商业价值。我们把企业咨询报告通过设计表达出来“以设计解决商业问题”，可以不夸张地说，现在不会做设计的商业咨询人都是纸老虎。

三、提出企业官网的评价体系

企业官网评价体系分为两大评价维度——“综合表现维度”与“价值实现维度”。“综合表现维度”由“设计表现性”、“体验友好性”、“内容价值性”以及“性能可用性”构成；“价值实现维度”由“品牌识别性”与“商业支撑性”构成。

1. 品牌识别性

“官网”是品牌资产家族的核心成员，尤其是在以互联网为核心驱动的数媒时代下能否传递出品牌的标示性、专属性与家族性，以及品牌影响力表达的充分性，是否与品牌调性想契合是衡量官网价值的重要维度。

—官网调性能否秉承品牌调性与视觉元素，涉及品牌 VI 视觉体系的契合与应用，杜绝以单纯的“美观度”为核心评判准则，以“品牌调性—官网视觉”的切合度进行审视。

—官网作为互联网领域内的重要资产，面对不同于传统 VI 视觉应用的传播环境及人群特质，能否独立发挥品牌建设与影响力传递的重任，能否在数媒环境下独立成章地发挥品牌基础物料的价值，为品牌影响力加持与加分。

—官网作为“数字世界”的核心价值载体，能否体现品牌经营于数字时代下独特的“品牌特征”，发挥视觉形象塑造与价值传递落脚点的重担，展现企业在数字化转型浪潮中独特的战略规划与布局，构建在激烈市场竞争中的带有明确“标识性”的品牌竞争优势。

2. 商业支撑性

官网是否充分考量企业当前所处的商业及市场环境，是否与企业“解决商业经营问题”的初衷相匹配，这里所提及的商业经营的难题包括：企业重大变动与调整、商业模型变革、切入新市场及推出新产品或其他品牌、战略及品牌形象升级诉求、上市或资本市场运作等等。

官网能否在某种程度上解决企业的商业经营问题，能否为品牌带来商业竞争力及独特的竞争门槛，赋予品牌超出行业内及核心竞品的核心商业驱动优势。

3. 设计表现性

官网作为一类重要的品牌视觉物料，是否具备足够的设计感、创意性及前瞻性，能否通过“设计表达”形成推动品牌影响力建设的核心推动力。

—设计手法应用。官网视觉设计完成度方面是否足够成熟与细腻，涉及设计元素、视觉呈现、配图选取、版式结构、配色体系等能够体现视觉设计的“纯熟度”与“经验性”，任何“设计”方面的“粗糙”与“不讲究”都是减分项。

—独特创意性。在遵循商业运营及品牌建设诉求的基础上，官网设计能否具有创意性与独到想法，在创新性方面能否给用户耳目一新的直观印象，在整体框架与细节设计方面是否拥有足够的“惊喜感”。

—前瞻性把控。官网创意能否基于对设计前瞻性理解的基础上，在设计表达层面有所体现及涵盖，对前瞻性的趋势拥有敏感的把控与强势的驾驭能力；对所处行业的视觉表达是否能够形成引导性，在设计潮流、视觉风格与表达方式等方面拥有独创或开创属性，将是加分项。

4. 体验友好性

官网需要满足受众的“特定体验需求”，由此“可用性”将是一个衡量官网价值的重要维度。作为品牌建设3.0时代（品牌1.0时代是大众媒体独步传播的时代；2.0时代是品牌差异化与优势竞争时代；3.0时代即为当下以互联网为驱动的数字媒体时代），“互动性”

与“友好性”依然成为品牌建设的核心手段，官网作为独特的品牌权威资产成为最有效的解决方案。

—可用性评测。官网体验方面能否基于用户行为习惯（需充分考量国内与国外用户特质）的基础上，直观地进行信息传递与品牌影响力的扩散，给予用户最为“便捷”与“高效”的体验感，任何阻挠用户达成快速浏览目的的行为都不可取。

—交互/微交互、特定环境下的体验感。官网在交互层面能否为用户带来明确的惊喜感，与“设计”实现无缝对接，体现品牌调性及保持整体风格的协调与统一，同时作为一套完整的交互解决方案，以“人性化”、“互动性”及“友好性”为准则进行规划与设置。

5. 内容价值性

官网在整体内容方面能否对品牌影响力建设有驱动价值，能够直观地传递品牌核心竞争力与优势，通过内容规划、呈现及完整性等，搭配创意、交互、设计等层面提升网站形象可作为一类重要的加分项。

—内容规划服务于品牌表达。官网整体内容框架策划层面，涉及内容主题、内容排布、栏目策划及宣传 Slogan 等是否能够准确遵循品牌理念原则，能否基于用户的阅读习惯进行信息排布与呈现，并与设计、体验相契合为品牌影响力的建设提供附加效应。

—内容表达展现品牌调性。内容规划能否基于品牌调性之上进行“贴切”表达，杜绝以单纯的文案优美与华丽作为评判标准，“模拟用户测试”过程中能够通过阅读过程准确感知品牌的气质与性格，并非单纯地进行文字与信息的罗列。

—内容规划与呈现完整度。官网是互联网领域内唯一的信息集合载体，承担着全方位的信息传递作用，为用户提供尽可能完整的信息是基础标准，但这种完整性并非等同于“冗长内容”，在条理性、易读性及体验感等层面需要综合考量。

6. 性能可用性

官网不同于平面类物料的最大特征之一即拥有“大量硬件基础”，包括域名、服务器、文件、代码、功能等多重维度，性能稳健性同样是重要评判维度，能否以“均衡”姿态确保网站运营与稳定，至关重要。

—功能策划及实现度。官网功能策划能否服务于商业运营及品牌互动，以及是否存在更佳的功能设置方案，能否为内容呈现、用户体验及交互表达等做支撑，以及在实现度与易用性方面拥有上佳的体验。

—代码开发标准与优越性。代码运行正常、没有明显 BUG 且具有可读性和可维护性；利用专业的代码分析工具，来进行明确的衡量与评测。

—硬件性能及安全性测试。涉及网站基础硬件性能测试，包括压力测试、容量测试、并发测试、兼容性与响应式测试、安全性测试（服务器及网站漏洞）、连接速度/加载时间测试、负载测试等，可利用专业的评测工具进行客观化的衡量。

四、提出数字化时代的创意输出以及设计输出理念——中子风暴、全脑设计师

1. 中子风暴模型

在商业设计类公司崛起的近 150 年中，“用创意赢得利益与尊重”始终是圈内无法逃避的“生态法则”。因此，创意方法论也成为世界顶尖设计类公司的“不传之秘”。在当今，几乎任何顶尖设计品牌都会有一个属于自己的创意“宝典”。云华设计也有着独特的创意模型——“中子风暴创意模型”——“让创意来一场核爆，但拒绝哪怕 1 毫米的误伤”。

“可控”这个词可能是中子风暴最令人疑惑的地方，但在云华设计看来，一个创意人如果标榜一分钟之内想出几十个创意或许是一件糟糕的事情。“确实从表面上看，这是在限制一个人的创造力。”Andre说道，“但是，这也是让‘中子风暴创意模型’足够有趣的原因之一。我们很乐意看到一个又一个创意点像‘核爆’一样疯狂爆发出来，但是作为一个商业创意人，每个人都需要对自己的创意负责，做出正确的创意而不是‘泛滥’的创意才是创意人的‘立身之本’。而‘中子风暴创意模型’正是仿照中子弹原理设计的，它所倡导的是基于这种逻辑下的创意思路。”

“与我们常说的原子弹不同，当中子弹爆炸时，只杀伤规定范围内的有生目标——任何建筑、车辆、基础设施都完好无损，并且现场的辐射将会很快散去，对环境影响极小，可以说这是最干净的核武器。”中子弹的比喻正是“中子风暴创意模型”的精髓。云华设计认为，作为创意者，应当同样保证这种精神——要警惕创意“癌变”，疯狂生长会破坏掉健康的部分。创造无对错，但加了品牌与商业这一条件后，它就开始变得微妙了，这是真正的资深品牌创意人最着迷的地方，也是初级设计师最难把握的险境。这里充斥着一系列创意与商业现实的“高层次”碰撞，流芳百世和遗臭万年只是毫厘间的偏差。

2. 全脑设计师——商业设计师的理念升级

云华设计针对旗下的设计类业务的执行标准全新升级，并将长期以来对于优秀商业设计师的培养理念与认证体系进行融合，这一综合理念被正式命名为“全脑设计师”，并申请了相关商标注册与知识产权保护。升级后的“全脑设计师”理念成为集团设计类项目及专业设计师成熟的理论、实操体系与核心操作理念，有望未来成为目前设计界对于商业设计师最高的认证标准与商业设计输出的最高作业理念。

提出“全脑设计师”旨在为当前设计类服务提供真正全面在商业环境下，对接客户需求的操作标准；同时提升项目设计师在商业模式认知、品牌价值塑造以及基本技术交互理论等层面的认知。使其能够在具备极强的设计技能功底基础下，在创意及设计过程中避免传统“艺术类”设计师主观因素过多的弊端存在，从而使操作流程更为科学化，获得远超于普通设计师的项目认知及操作水平，使作品达成更好的商业绩效。

其中，“全脑设计师”包含形成体系的多个资产，由设计师“思维模型”及技能要求、商业创意模型、标准输出流程以及输出检测标准等构成。目前官方所公布的设计师“思维模型”中，“全脑设计师”所具备的四种思维：“客户思维”、“用户思维”、“工程师思维”、“客户经理思维”分别对应一个商业设计师的不同思考维度及知识素质。在设计师长年培养中，拥有这四类“全脑思维”，才是被云华设计官方认可的拥有完整驾驭商业设计能力的设计人才。

据了解，“四大思维”中包含独特的意义与子维度：“客户思维”要求设计师拥有“探究表象需求背后的商业问题”的能力。在数字媒体时代，官网作为当前商业第二战场，设计师要明晰设计需要解决的是哪类“商业问题”，而不是将精力过多投入于“风格”、“功能”之上。这就要求设计师必须能够拥有“项目背景洞察力”、“品牌价值体系思考”与“商业绩效转化”三个维度的意识。

同时用户思维则要求设计师能够“构建场景来特殊对待核心客户”，在云华设计看来，商业设计界一大弊端就在于设计师的创意主观性过强，导致创意无法与用户真实需求相结合。因此，“全脑设计师”则要求设计师能够拥有调研的意识与能力，获取“用户潜在需求的洞察”、“用户画像与商业角色”、“用户感知及场景需求”、“媒介传播环境与渠道”四大维度的信息。进行用户思维的调研与考量，收集、接触、了解，对传播环境、用户心理、使用情景进行不断的模拟演练，明确用户在参与设计时的真实需求。

“客户经理思维”与“工程师思维”则明确了设计师在设计类项

目执行时的工作伙伴对接标准。设计师在项目执行中能够以“品牌战略认知”、“商业模式洞察解读”、“需求剖析”三个维度与客户经理达成成功沟通并能够一致性推动。在具体设计实践中，能够明确需求与表达方向，达到“用设计驱动商业运营”的作业标准。而面对工程师，设计师将“产品经理思维”、“可实现性评估”与“运营与管理体验”三个维度相结合，站在项目全局统筹负责，并与工程师相互协调，达成设计表达最优化。

五、建立全球首例行业研究平台——一番·一站，行业官网分享、鉴赏、评价平台

2015年，云华设计建立全球第一个行业性企业官网设计分享平台。也是到目前为止唯一一个基于行业分类进行优秀企业官网展示与评价的平台，至今已涵盖了约130个细分行业领域，入选并评价超过1000个顶级的企业官网，而其背后所考察与关注过的官网更是要数十倍于此。关注数字化时代“企业官网”的作用与意义，关注每一个作品的综合表现与价值实现，从而通过大量的评价经验与专业知识积累逐渐形成了现有的完整品牌官网评价体系。

六、高端与品质服务的保障体系

多年来，我们不断深入市场一线进行分析与洞察，传统生产企业所面临的商业经营环境因“互联网力的作用”而发生翻天覆地的变化：民族企业有机会进入国际市场展开竞争，消费升级时代消费者的认同价值更加突出，企业竞争力与文化观捆绑更加紧密，科技与创新成为独特且强势的品牌背书，就如中国纸业巨擘太阳纸业负责人所说的：这些工作我们都在扎扎实实地做，但却没有一丁点的宣传。但对于传统生产企业来说，不管是直接面对目标客户，还是围绕在企业周边的利益共同体，互联网品牌形象的建设已经不再是单纯的“模板化”、“工厂流水线式”的网站建设所能够满足的，构建一整套业内最为顶级、专业的服务体系，为传统生产类企业带来商业优势与品牌价值，将远高于设想。

通过构建业内顶级与专业的服务体系，确保企业能够获取如“旗鱼一般乘风破浪”进行品牌升级与转型的力量，最大限度地凝聚企业文化与核心竞争力来直接服务于市场运营。我们将这一领先于业内的服务体系称为“旗鱼算法”，作为云华设计输出高端、品质服务的核心方法论。

旗鱼（Sailfish）是汪洋大海中名副其实的速度之王，拥有赖以成名的武器（躯干、上颌、背鳍、腹鳍），这点与云华设计的专业保障体系有着异曲同工之妙：通过专业咨询进行品牌价值挖掘，全方位“赋能”构建具有竞争力的品牌形象，推动生产类企业构建以官网为核心的互联网品牌形象体系，在正在发生数字化变革的全球商业领域内获取独特的竞争优势。

旗鱼的“躯干”，是速度的保障与基石。这与云华设计在网站建设项目中对于“品牌定位”的极致追求相契合。基于所独有的“互联网形象识别系统（IIS）”，遵循于“品牌咨询—官网设计”的服务模式，确保企业在互联网化浪潮中构建一个坚实可靠、耐冲击的“旗鱼躯体”，降低海浪阻力，高效地分摊水的压力，驱动企业在激烈的市场竞争中建立独特而具备高效差异化品牌形象，从而更好地服务于商业运营。

旗鱼的“尖嘴”，是获取速度的冲刺利器。作为“旗鱼算法”皇冠级别的存在，承担着穿透阻力与披荆斩棘重任的是云华设计的“全脑设计师”，相较“能力”与“功能”复合的“全站设计师”，我们将完全站在“解决商业问题”的角度；毕竟官网早已超脱于“漂亮名片”、“信息集合体”的范畴，更是互联网品牌形象与影响力建设的“定位点”，对传统制造类企业来说更甚于此，企业的战略动态、科研优势及文化力量等都有可能成为企业进行商业经营的核心驱动力，“全脑设计师”将是输出如上服务的核心利器，将成为互联网浪潮中披荆斩棘的旗鱼之“尖嘴”。

旗鱼的“背鳍”，是引领高速前行的稳定器。云华设计历来推崇“好的流程保障好的输出”，我们制定并严格遵循于“168 步”这一业内最为完整与专业的服务流程，严格把控细节与执行标准，是我们对服务质量的极致追求与珍视，不管客户规模或大或小，或领先或新锐其所接受到服务流程是标准的、一致的，这与当前主流的套用模板、输出粗糙的“工厂化流水式创意服务”有着本质区别，就像旗鱼的“背鳍”，承担着项目实施与专业输出的“稳定性”。

旗鱼的“腹鳍”，是高速运行的动力引擎。恰如云华设计进行项目实施的两大核心引擎：创意与技术。为确保项目输出具备业内顶级的创意亮点与形象标杆，我们凝练“中子创意风暴模型”为视觉策划提供最为专业与完善的执行准则，通过围绕互联网品牌定位（IIS）构建“创意边界”，深度策划“主创意锚点”，搭配以“辅助创意锚点”共同塑造极致的品牌形象识别性，保障品牌能够如“中子弹”一般精准打击目标客户。“云华互动·品牌官网整合支撑引擎（CloudOne BiSE）”是云华设计进行项目输出的技术保障，基于成熟的 Html5 技术及功能模块，在开发平台、前端技术、用户体验、交互特效及网站安全性等性能方面均能够领先于业内。通过“创意”与“技术”两大核心引擎，为网站建设项目提供强有力的落地保障，如同旗鱼的两片“腹鳍”，是项目能够高质量输出的核心动力单元。

八　久韵腾香：大国麒麟　盛世展翅

摘要：久韵腾香普洱茶是麒麟国际独资成立后持有的茶行业高端品牌，同时也是全球上升最快的健康品牌。其专注于高端普洱茶这一核心业务，在最大限度地保留每片茶叶的古树神韵的同时，巧妙地融入了生态和健康的元素，并以尊重消费者作为企业工艺革新的根本动力。

关键词：古树普洱　健康品牌　东方元素

1997 年，美丽的东方之珠——香港，胜利回到祖国母亲的怀抱。

国家对香港乃至整个环香港地区，都给予了无与伦比的疼爱与呵护，至 2017 年，覆盖粤港澳的大湾区建设被首次写入政府工作报告。一个世界上规模最大，建设标准最高的世界级城市群呼之欲出。中国也必将在未来的世界经济版图中起到更重要的作用。

2013 年，麒麟国际在中国香港成立，麒麟国际旗下涵盖了船舶制造、文化传媒、茶叶等。麒麟国际致力于发展成为国内领先的“专注于生态健康领域的产业投资、运营及服务提供商”。全面布局生态健康领域，创新性地提出了搭建投资驱动平台，以生态健康产业投资为核心带动上下游产业链发展，从而打造“生态圈”的发展战略。

久韵腾香普洱茶是麒麟国际于 2013 年在云南独资成立后持有的茶行业高端品牌，茶叶全部来自公司自有茶山——南糯山古树群。南糯山合计有 13200 亩古树，久韵腾香品牌拥有 4500 亩。

目标任务

久韵腾香以大胆鲜明的健康追求致敬经典。久韵腾香是一家只做高端普洱茶的茶企。追求真正的健康是久韵腾香的最初本意，其大胆地采用了传统的阳光萎凋手工揉制，纯人工石模压制，极致达成久韵腾香健康追求。而久韵腾香普洱茶最大限度地保留了每片茶叶的古树神韵，巧妙地融入了生态和健康的元素。久韵腾香追求自己每一个制茶工艺的进步，都源自对消费者的尊重，成为全球上升最快的健康品牌。

久韵腾香追求自己每一个制茶工艺的进步，都源自对客户的尊重，并对此持有自信，不因金钱和时间的制约扭曲自己的意志或做出妥协。为客户奋力拼搏，只为做到完美品质。企业做强的硬件准备好了，现在需要的就是如何将硬件功能向市场散发能量。

现状分析

普洱茶是目前已知的木本植物树叶中唯一含有果胶的树叶，对女士的皮肤进行修复，普洱茶中含有的维生素 C、维生素 E、茶多酚、氨基酸和微量元素等具有抗氧化作用，能延缓衰老过程，水溶性果胶非常容易吸收，脸部吸收效果尤其明显。

此外，普洱茶降脂减肥，普洱茶经过独特的发酵过程生成了新的化学物质，其中有的含有脂肪分解酵素的脂肪酶，能对脂肪产生分解作用，而普洱茶去除血液里的脂肪能效显著。

该茶冲泡后汤色金黄明亮，茶汤入口汤质饱满，苦弱涩显，但回甘快速，涩能够很快转化为生津，且茶气强烈，因与原始树木混生山野气韵较佳。她的韵气沉稳、香气饱满让世人在品味久韵腾香的同时，更多的是对历史的回味和对茶祖、茶农的赞赏。

但是久韵腾香普洱茶创世之初，就刚好遇到普洱茶行业的灭顶之灾：全球的普洱茶都因为被炒作而叫苦不迭，当时在行业里排名最末的久韵腾香当然也不例外。市场这一盆水浇下来，实在让人浑身湿透了。一个后起品牌，要如何才能另辟蹊径，走到品牌前列的呢？

久韵腾香抛弃了正在行业里流行的制茶方法，依然坚持古老的晒青工艺，变成久韵腾香的茶只有一个程序：晒太阳。真正地将原生态保护到了一个前所未有的高度，使得茶叶品质在行业里脱颖而出，一上市就收获经销商和消费者大量赞美。

然而，有了好产品，有了好口碑，不等于就好卖。在研究了市场中的上千家企业后，麒麟国际选择了更为大胆和创新的推广模式，奠定了业内更高的品牌影响力。

第一，与奢侈品同台共舞，提升品牌价值高度。

2015 年 10 月 28 日，宝马中国发布旗下最高端车型 BMW 新一代

7 系列豪华轿车，与以往宝马新车上市不同的是：中国企业——久韵腾香普洱茶闪亮登场！

宝马 7 上市选择久韵腾香，这是品牌的力量在发力，互相认可的两个品牌才有可能擦出合作的友谊之花。所以久韵腾香茶业和宾利、宝马这样的国际巨头走在一起一点都不惊奇，只有强强联合才能共创美好未来。

与国际巨头共舞，除了需要拥有独到的眼光外，还应具备巨大的资本实力。而国际合作中企业家除了得到丰厚的资本市场回报外，还将收获企业品牌的海外影响力。同时，高端产品间互相拥有的客户惊人重叠，这使得两个追求高端的品牌有了合作的基础。

德国宝马选择了久韵腾香，这充分说明了品牌的吸引力，而久韵腾香也在茶叶品质上下足了功夫。随着国家供给侧改革政策如火如荼，久韵腾香更是卯足了干劲：一芽一叶的采摘标准让消费者惊喜异常，抛弃许多同行为了省时省钱而采用的机器压饼方法坚持使用古老的石模人工压茶工艺，虽然成本大幅上升，但市场反馈回来的消息让所有人都觉得坚持住了对的方向。

第二，创新视觉传播渠道，创造品牌领军形象。

2016 年，久韵腾香决定向文娱产业跨界，其中梦工厂与中国合资成立的东方梦工厂，于 2016 推出大卖系列影片的最新续集《功夫熊猫 3》，该片已经确定为中美合拍片，中方背后投资商是久韵腾香茶业和旗下的中鼎足球俱乐部，为梦工厂提供强大力量。而卡森伯格也表示将在《功夫熊猫 3》里植入一段阿宝儿兄弟向师傅敬茶的片段。

一部电影，疯狂了整个世界，久韵腾香也跟着在全球范围内展开品牌攻势：根据路透社 2018 年 2 月 14 日的报道，久韵腾香品牌宣传片在万众瞩目下惊艳亮相纽约时代广场纳斯达克大屏。继中国大陆首播之后，久韵腾香宣传片在全球金融商业中心第二次精彩亮相。

第二年，继低调租用NASA卫星监控位于中国云南的茶山之后，作为迈向国际化平台重要的一步，久韵腾香品牌宣传片使用中国传统的京剧概念，突出视觉，彰显中国。短片中包含大量的东方元素，中国篆体字的久韵腾香商标等标志展示了祖国恢宏的气势和千年韵味，中国红等颇具中国特色的符号凸显中国文化的源远流长。祝福全球人民，整年都快乐！公开以全球和谐、四海一家的中国精神在纽约时代广场为中国好茶代言，拉开了有史以来中国品牌、中国产品最大规模的形象展示。

美国纽约时代广场这个“世界的十字路口”，是全球营销的中心点。而坐落于时代广场西北角的纳斯达克大屏已成为国内像阿里巴巴、百度、京东等知名品牌走向世界的舞台。久韵腾香经过5年沉淀，不断加速久韵腾香品牌战略生态布局。根据2017上半年久韵腾香财报披露，集团业绩一直呈现高增长趋势，登陆纽约时代广场不仅预示公司品牌营销进入高速发展阶段，也将为品牌的国际化蓄力。

第三，发力机场、高铁高端渠道，拓展商务精英客群。

树立高端商务精英品牌形象，与中国56家机场达成战略联盟：针对麒麟国际以及旗下的久韵腾香品牌客户，国宾独立安检通道，40公里奔驰礼宾车接送，专人代办登机手续等，直接提升品牌荣誉感和归属感。品牌半径再一次被消费者主动强化。

在非洲，久韵腾香品牌考察了乌干达的万亩茶园，这里的茶树种子是当时中国总理周恩来亲自送给非洲兄弟的。这块象征着中非友好的茶园长势喜人，可是非洲兄弟却不懂制茶，久韵腾香根据产业布局需要，结合国际形势，直接将乌干达的这片茶园收归旗下，将非洲产区定为红茶生产区。至此，久韵腾香的茶叶版图扩充到了“一带一路”的重要制高点。非洲生产的红茶，只面对拉丁美洲和欧洲销售，其目的其实很简单：就是为了突破目前世界范围内的英国红茶的经济版图，打破这种一家独大的产业局面。

向世界进军的久韵腾香，在行业不景气的大环境下，好消息却接二连三地传来：机场为了提升旅客更尊贵的服务，邀请久韵腾香进驻机场向广大旅客展示中国茶文化；宝马4S店为了品牌强强联合，再次邀请久韵腾香在宝马终端向消费者开展跨界联合；全球经销商更是闻风而动，一举将久韵腾香送进了世界茶联的金奖名单。

根据高铁杂志《商旅》2017年10月20日的报道：高铁出行，久韵腾香伴你一路悠扬。久韵腾香2017年高铁广告投放策略为“三纵六横，串联覆盖，南北贯通，重蛛网辐射”。城市涵盖了北京、河北、河南、湖北、湖南、成都、黑龙江、广东等省（直辖市）为主的“京广线、京津哈大线、京沪线、沪汉蓉线、沪深线”等300条高铁主动脉，实现全国重点城市的高铁车厢内部蛛网式覆盖。

高铁传媒鼎力支持久韵腾香品牌一路前行，这在茶行业里已经是罕见的大手笔，随后久韵腾香普洱茶冠名高铁，通过列车冠名以及在头枕巾、小桌板、海报、列车玻璃门、语音播报、跑马屏、候车大厅中央位置LED屏等处，进行以“久韵腾香，世界共享”的主题宣传，搭起让更多热爱健康、注重生活品质的人士进一步认识普洱，了解、体验的新平台和新窗口，营造出良好的品牌环境效应，同时也能大幅提振行业信心。

效果评价

麒麟国际已经完成平台类生态链建设，从全球布局的茶树买断，到独树一帜的古老工艺，都可以看出久韵腾香的品牌追求。当杜万山掌握了全球媒体矩阵后，大家忽然明白，这是个有着长远规划的企业家。而当他拿着手里的资源覆盖在与其相关的企业家的时候，才发现他是个合纵连横的高手。

2018年6月，麒麟国际香港集团与全球53家机场在北京宣布达成全面战略合作，合作内容涉及麒麟国际旗下的麒麟会、久韵腾香品牌伙伴、麒麟传媒合作伙伴等多个业务线，实现全域尊贵场景下会员权益服务场景的互联互通，为全球麒麟国际伙伴消费者提供真正奢华的尊贵体验。

麒麟国际方面称，依托麒麟国际旗下久韵腾香普洱茶的全球运作体系，此次协调全球数十家机场贵宾通道为麒麟国际的广泛客户提供荣耀级的尊贵服务，是因为麒麟国际旗下的久韵腾香品牌的消费者层次明显高于其他品牌的使用者，基本覆盖于全球商业大鳄、演艺明星等社会号召力非凡的公众人物。而麒麟国际在全球主动迎接消费升级，提升消费者的更尊贵的荣耀体验，让消费者真正获得国宾级别的崇尚体验。

机场贵宾通道拥有为全球国家领导人、重要国宾抵离机场提供接待服务的专业机构。拥有政务专机、要客进出港成熟服务经验和专业服务人员，多年来承接国内外政务要客以及商务贵宾接待服务。而麒麟国际董事长早前就是全球高端商务圈的召集人之一，所以通过全球机场贵宾通道去惠及更多的优质客户，此举旨在获得更多有力筹码。

久韵腾香品牌是目前茶行业唯一只做古树纯料的企业，品牌上市不到一年，就获得德国宝马汽车的合作商配套资格，在宝马推新 7 系列的时候，唯一为宝马站场的中国企业就是久韵腾香。2017 年 3 月，久韵腾香正式成为广东机场集团潮汕机场贵宾室的茶品牌赞助商，多款茶品摆放于商务贵宾厅。至此，不论是地上高速飞驰的高铁，还是翱翔在天上的飞机，都有久韵腾香的身影，也让品牌消费者，在各个不同场合都能找到亲近感。

九　足力健鞋：夕阳产业帝国奔腾的黑马

摘要：足力健老人鞋始终践行“低毛利战略”，将“品牌不溢价”落到实处，并建立“用户研究中心”，以用户为中心，全力满足用户需求，不脱离用户做产品，独创“五维一体”设计标准，这成为其打造企业品牌、持续提升品牌核心竞争力的关键。

关键词： 足力健鞋　用户研究中心　五维一体

三年间，店铺从 0 到 5000 家，荣获专利 80 余项，每 5 个老年人中，就有一个在穿足力健老人鞋。足力健老人鞋如何做到一路销量火爆、复购不断？又是如何另辟蹊径，挖出千亿蓝海市场，迅速跻身中国老人鞋第 1 品牌，成为老年人日常生活离不开的必备鞋？

寻找草原，解决 2.4 亿人的穿鞋痛点

据国家统计局统计，截至 2017 年底，中国 60 周岁及以上人口高达 2.4 亿，占总人口的 17.3%，中国已进入高速老龄化社会。随着年龄增长，绝大多数老人脚部开始发生变化，经常出现脚疼、脚累、出门怕滑等穿鞋难题。老年人穿鞋更加注重安全与舒适，这是刚需。2014 年，国内老人鞋均处于初级阶段，不成熟且不专业，缺乏领导品牌。2.4 亿的市场契机，老年人穿鞋的刚需，足力健深入挖掘出千亿元级蓝海市场，找到自己的“肥美草原”。

另外，由于年龄等客观原因，老年人对网购的兴趣不大，他们更习惯通过自己的感官去鉴别产品是否值得购买，摸一摸鞋的材质，试一试是不是合脚，因此实体店对于老年人来说非常必要，这也是足力健实体店如此火爆的原因之一。

打造爆品，每一双都让用户尖叫

以“用户”为中心，满足用户需求才是第一位，只有不脱离用户做产品，才能打造企业壁垒和长久的品牌竞争力。足力健老人鞋从成立之初，就建立了“用户研究中心”。从用户、产品和专项三大模块，开启了专业、规范的用户研究工作，建立用户画像，采集用户脚型数据，探询用户需求。

足力健调研小组经常到老年人聚集的场所，跟老年人聊天交流。深入了解老年人穿鞋习惯以及穿鞋需求后，再与产品研发中心进行沟通调整，足力健老人鞋的一切设计都是从实际问题出发，针对老人脚型，开发了一系列专业鞋楦，独创了“五维一体”设计标准，研发了更专业、更舒适的老人鞋。

49元的“袜子鞋”，轻便不累脚，安全不怕滑，舒适不挤脚，穿上不想脱，越走越轻松，一经上市就被老人们疯抢，单店日销300余双；79元的广场舞鞋，撑足弓，跳舞不伤脚，轻缓减震，跳舞不累脚，透气清爽，跳舞不捂脚，阿姨们都是10双8双地团购买；299元的安全鞋，走路更安全，出门不怕滑，宽松不挤脚，走路脚不疼，穿上更贴合，舒适脚不累。有的老人怕过后买不到，一下囤了5双。349元的羊毛鞋，澳洲高密度柔性羊毛，天鹅绒保暖鞋垫，抵御冷空气，穿上更暖和。耐低温超纤鞋面，耐寒橡胶大底，出门不冻脚。立体三角抓地钉，牢牢抓地，走路不怕滑，出门更安全。一入冬，老年人人手一双。超高的性价比让足力健产品所向披靡，上市即热销，款款皆爆品。

为时刻把握用户痛点，科学化持续满足老人穿鞋需求。2017年12月，足力健老人鞋与人民日报《健康时报》，联合成立了“足部科学研究院”。邀请了北京多家三甲医院足踝专家，于北京先后召开了两次足部科学研究院专家座谈会，就“老年人足部病症和治疗康复办法”进行了深度探讨。“足部科学研究院”的成立，为足力健的产品科学化，提供了大量临床跟踪数据，形成足力健老人鞋独有的“数据+技术+反馈+升级”的产品生产模式。

打造超预期口碑，让用户都说好

“实在价格，厚道服务”是足力健老人鞋的产品理念，更是足力健老人鞋对老年人的关爱承诺。足力健老人鞋始终践行“低毛利战略”，将“品牌不溢价”落到实处。足力健老人鞋通过收购、自主研发等手段，鞋底鞋垫鞋面鞋盒自己生产、成型自己生产、零售也自己做，全闭环产业模式不仅仅能够提升效率，降低用户获取产品的隐形成本，也能将产业链关键环节掌握在自己手中，更快速高效地对产品进行进一步优化和迭代。两者叠加之下，使足力健老人鞋拥有了足够强的性价比竞争优势，更快占据了老人鞋产业的高地。全产业链模式让足力健老人鞋49元至399元的定价，能够满足80%消费者的需求。

足力健老人鞋信奉“用户是父母，是家人”的用户理念。为用户提供超值、性价比高的超预期产品；提供远超行业标准的超预期服务（30天无忧退换货；一年内开胶断底，免费旧鞋换新鞋）；提供超预期体验（进店免费试穿，半跪式服务，穿鞋难题专业解答）；提供超行业水准的员工薪酬，超一线员工的特权（高薪用人，赋予一线员工更多专属服务用户的特权），从产品到服务，给用户打造全方位的贴心服务，让用户脚上穿着舒服，心里也舒服。

新零售营销，助力商超连锁模式

足力健独创商超连锁模式，商超基本满足老年人日常生活所需，是老年人离不开的场所之一，因此，足力健在商场开店，可以借助商超带来的天然客流优势，最大程度将店铺信息与产品信息传递给顾客，店铺统一装修风格，易形成规模，能快速赢得老年人的信任，简化成交流程，轻松促成交易，减少库存压力。

足力健总部直接对接零售商，减少沟通成本，没有中间商，规则公平、透明。另外，孝夕阳成长商学院会定期对零售店铺进行培训，将足力健新零售最新知识传达到店铺。店员经过专业系统的培训，对于老年人穿鞋问题具备专业的解答能力，能够根据老年人的脚型与需求，挑选最为合适的鞋款，并且关爱每一位老年人，采用半跪式的服务，帮助老年人试穿鞋款，避免弯腰累、穿鞋难的问题。因此，很多顾客都会进行转介绍和复购，为足力健带来超高复购率与新的顾客群。

注重品牌宣传，快速拉动销量

足力健选择了在老年人中备受欢迎的影视明星张凯丽作为品牌代

言人，影响力迅速攀升，获得了广大老年人的信任与喜爱，很多老年人到店以后说就要凯丽穿的那双鞋，试穿后直接付款，更加简化了销售流程，销售也更加火爆。

冠名北京卫视养生堂，央视广告投放，全年无间断，影响力覆盖全国，定位精准，彻底辐射目标人群，快速拉动了全国实体店铺的销量，足力健的品牌影响力也快速扩大。

为践行足力健老人鞋的“关爱”理念，重阳节专为老年人打造了“重阳三大盛宴”专题活动。推出“老年人特权日”——拿上结婚证，足力健打折；推出举办了“首届老人时尚秀”——足力健老人鞋“重 young 足够秀”首届时尚盛典；打造了“老人专场电视节目”——在北京卫视《养生堂》，专为老年人打造了重阳节养生节目《足健康　人长寿》。

全球化品牌战略，征战世界

“成为全球老人鞋产业龙头企业!”是足力健老人鞋的愿景。为实现梦想，足力健老人鞋提出了“足力健幸福小镇”计划，计划在睢县建立自动化+信息化的“全闭环智能化鞋业园区”，并建立进行孝文化展示与体验的“中华孝心园”。

未来，足力健老人鞋将采取国内门店直营+部分小区域独家代理模式，国外门店100%直营的终端战略，并始终坚持线上、线下价格一致，不降价的价格策略。从美国、日本、德国寻求更多世界先进资源，整合国内外先进技术，邀请更多国际知名设计师加入产品设计中，让更多国际时尚元素融入产品，增强鞋子设计感和时尚感。

B.11
品牌政策汇编

（一）品牌与供需结构升级相关政策摘录

序号	政策名称	发布单位	发文字号	发布时间
1	国务院办公厅关于发挥品牌引领作用推动供需结构升级的意见	国务院办公厅	国办发〔2016〕44 号	2016 年 6 月 10 日
2	福建省人民政府办公厅关于印发福建省发挥品牌引领作用推动供需结构升级实施方案的通知	福建省人民政府办公厅	闽政办〔2016〕137 号	2016 年 8 月 16 日
3	甘肃省人民政府办公厅关于印发甘肃省发挥品牌引领作用推动供需结构升级实施方案的通知	甘肃省人民政府办公厅	甘政办发〔2016〕156 号	2016 年 9 月 21 日
4	河北省人民政府办公厅关于发挥品牌引领作用推动供需结构升级的实施意见	河北省人民政府办公厅	无	2016 年 9 月 23 日
5	重庆市发挥品牌引领作用推动供需结构升级实施方案	重庆市人民政府办公厅	渝府办发〔2016〕204 号	2016 年 9 月 28 日
6	四川省人民政府办公厅关于印发四川省发挥品牌引领作用推动供需结构升级的实施方案的通知	四川省人民政府办公厅	川办发〔2016〕74 号	2016 年 10 月 9 日
7	关于发挥品牌引领作用推动供需结构升级的实施意见	吉林省人民政府办公厅	吉政办发（2016）73 号	2016 年 10 月 31 日
8	广西壮族自治区人民政府办公厅关于印发广西发挥品牌引领作用推动供需结构升级实施方案的通知	广西壮族自治区人民政府办公厅	桂政办发〔2016〕144 号	2016 年 11 月 7 日
9	陕西省人民政府办公厅关于印发发挥品牌引领作用推动供需结构升级实施方案的通知	陕西省人民政府办公厅	无	2016 年 11 月 11 日

续表

序号	政策名称	发布单位	发文字号	发布时间
10	山西省发挥品牌引领作用推动供需结构升级的实施方案	山西省人民政府办公厅	晋政办发〔2016〕165号	2016年11月25日
11	贵州省发挥品牌引领作用推动供需结构升级实施方案	贵州省人民政府办公厅	黔府办函〔2016〕242号	2016年11月30日
12	湖南省人民政府办公厅关于发挥品牌引领作用推动供需结构升级的实施意见	湖南省人民政府办公厅	湘政办发〔2016〕93号	2016年12月2日
13	蚌埠市人民政府办公室关于印发蚌埠市发挥品牌引领作用推动供需结构升级工作实施方案的通知	安徽省人民政府办公厅	无	2016年12月3日
14	宁夏自治区人民政府办公厅关于印发发挥品牌引领作用推动供需结构升级实施方案的通知	宁夏自治区人民政府办公厅	宁政办发〔2017〕3号	2017年1月3日
15	浙江省人民政府办公厅关于印发浙江省发挥品牌引领作用推动供需结果升级工作实施方案的通知	浙江省人民政府办公厅	浙政办发（2017）3号	2017年1月5日
16	沈阳市人民政府办公厅关于印发沈阳市发挥品牌引领作用推动供需结构升级实施方案的通知	沈阳市人民政府办公厅	沈政办发〔2017〕5号	2017年2月9日
17	内蒙古自治区人民政府办公厅关于印发《内蒙古自治区发挥品牌引领作用推动供需结构升级实施方案》的通知	内蒙古自治区人民政府办公厅	内政办发〔2017〕20号	2017年2月24日
18	西藏自治区人民政府办公厅关于发挥品牌引领作用推动供需结构升级的指导意见	西藏自治区人民政府办公厅	无	2017年2月26日
19	广元市人民政府办公室关于印发广元市发挥品牌引领作用推动供需结构升级的实施方案的通知	广元市人民政府办公室	无	2017年2月28日
20	黑龙江省人民政府办公厅关于发挥品牌引领作用推动供需结构升级的实施意见	黑龙江省人民政府办公厅	黑政办发〔2016〕129号	2017年3月13日

续表

序号	政策名称	发布单位	发文字号	发布时间
21	毕节市人民政府办公室关于印发毕节市发挥品牌引领作用推动供需结构升级实施方案的通知	毕节市人民政府办公室	毕府办发〔2017〕28 号	2017 年 3 月 17 日
22	海东市人民政府办公室关于印发海东市发挥品牌引领作用推动供需结构升级实施方案的通知	海东市人民政府办公室	无	2017 年 3 月 23 日
23	十堰市人民政府办公室关于发挥品牌引领作用推动供需结构升级的实施意见	十堰市人民政府办公室	十政办发〔2017〕14 号	2017 年 3 月 31 日
24	江西省人民政府办公厅关于印发江西省发挥品牌引领作用推动供需结构升级实施方案的通知	江西省人民政府办公厅	无	2017 年 4 月 27 日
25	银川市人民政府办公厅关于印发银川市发挥品牌引领作用推动供需结构升级实施方案的通知	银川市人民政府办公厅	无	2017 年 5 月 8 日
26	盘锦市人民政府办公室关于印发盘锦市发挥品牌引领作用推动供需结构升级实施方案的通知	盘锦市人民政府办公室	无	2017 年 5 月 11 日
27	长春市人民政府办公厅关于发挥品牌引领作用推动供需结构升级的实施意见	长春市人民政府办公厅	无	2017 年 5 月 26 日
28	铁岭市人民政府办公室关于印发铁岭市发挥品牌引领作用推动供给侧结构性改革实施方案的通知	铁岭市人民政府办公室	铁政办发〔2017〕32 号	2017 年 6 月 5 日
29	淮南市人民政府办公室关于印发发挥品牌引领作用推动供需结构升级工作实施方案的通知	淮南市人民政府办公室	无	2017 年 7 月 14 日
30	滁州市人民政府办公室关于印发发挥品牌引领作用推动供需结构升级工作方案的通知	滁州市人民政府办公室	皖政办〔2016〕77 号	2017 年 8 月 11 日

续表

序号	政策名称	发布单位	发文字号	发布时间
31	云南省人民政府办公厅关于印发云南省发挥品牌引领作用推动供需结构升级实施方案的通知	云南省人民政府办公厅关	云政办发(2017)92号	2017年9月2日
32	武汉市人民政府办公厅关于发挥品牌引领作用推动全市供需结构升级的意见	武汉市人民政府办公厅	武政办〔2017〕118号	2017年11月19日
33	鄂尔多斯市东胜区人民政府办公室关于印发东胜区发挥品牌引领作用推动供需结构升级实施方案的通知	鄂尔多斯市东胜区人民政府办公室	无	2017年12月11日

(二)品牌与商标管理相关政策摘录

序号	政策名称	发布单位	发文字号	发布时间
1	国家工商行政管理总局商标局、北京市工商行政管理局、中关村科技园区管理委员会关于印发中关村国家自主创新示范区商标品牌示范试点单位培育工作方案(2016—2018年)的通知	国家工商行政管理总局商标局 北京市工商行政管理局 中关村科技园区管理委员会	中科园发〔2016〕22号	2016年7月1日
2	青岛市人民政府关于深入实施商标品牌战略促进经济发展的意见	青岛市政府	青政字〔2017〕24号	2017年2月24日
3	兴安盟行政公署办公厅关于印发《兴安盟地理标志商标品牌注册培育实施方案》的通知	兴安盟行政公署	兴署办发〔2017〕15号	2017年4月5日
4	郑州市工商行政管理局关于印发《郑州市工商行政管理局开展商标品牌战略“四进”活动实施方案》的通知	郑州市工商行政管理局	郑工商文〔2017〕56号	2017年4月12日

续表

序号	政策名称	发布单位	发文字号	发布时间
5	工商总局关于深入实施商标品牌战略推进中国品牌建设的意见	工商总局商标局	工商标字〔2017〕81 号	2017 年 5 月 17 日
6	贺州市人民政府办公室关于印发贺州市深入实施商标品牌战略推动品牌经济发展实施意见的通知	贺州市人民政府办公室	贺政办发〔2017〕77 号	2017 年 7 月 4 日
7	吉林省工商局深入推进商标品牌战略实施意见	吉林省工商行政管理局		2017 年 9 月 30 日
8	内蒙古自治区人民政府关于进一步实施商标品牌战略的意见	内蒙古自治区政府	内政发〔2017〕142 号	2017 年 11 月 20 日
9	齐齐哈尔市工商行政管理局关于印发《商标、广告、合同“三位一体”监管服务促进品牌培育营销保护工作推进方案》的通知	齐齐哈尔市工商行政管理局	齐工商规〔2017〕10 号	2017 年 11 月 21 日
10	上海市工商行政管理局关于在全市开展商标品牌指导站工作的意见	上海市工商行政管理局	沪工商标〔2018〕70 号	2018 年 4 月 18 日
11	福建省人民政府办公厅关于修改《福建省人民政府办公厅转发省工商局关于推进商标品牌工作若干措施的通知》的决定	福建省人民政府办公厅	闽政办〔2018〕36 号	2018 年 5 月 2 日
12	泉州市人民政府关于加强商标品牌建设工作的意见(2018)	泉州市人民政府办公厅	泉政文〔2018〕70 号	2018 年 6 月 12 日
13	重庆市人民政府办公厅关于深入实施商标品牌战略建设商标品牌强市的意见	重庆市人民政府办公厅	渝府办发〔2018〕113 号	2018 年 8 月 16 日

（三）品牌与质量建设相关政策摘录

序号	政策名称	发布单位	发文字号	发布时间
1	农业部关于开展农产品加工业质量品牌提升行动的通知	农业部		2016 年 4 月 19 日

续表

序号	政策名称	发布单位	发文字号	发布时间
2	质检总局关于印发《质量品牌提升行动计划(2016)》的通知	质检总局办公厅	国质检质〔2016〕215号	2016年5月13日
3	工业和信息化部、质检总局、国防科工局关于印发《促进装备制造业质量品牌提升专项行动指南》的通知	工业和信息化部、国家质量监督检验检疫总局、国家国防科技工业局	工信部联科〔2016〕268号	2016年8月15日
4	四川省人民政府办公厅关于印发加快推进工业产品质量品牌提升行动实施意见的通知	四川省人民政府办公厅	川办发〔2016〕92号	2016年11月17日
5	质检总局关于印发《质量品牌提升“十三五”规划》的通知	质检总局	国质检质〔2016〕595号	2016年12月16日
6	武汉市人民政府办公厅关于印发武汉市质量品牌提升行动计划(2017－2020年)的通知	武汉市人民政府办公厅	武政办〔2016〕189号	2017年1月3日
7	呼和浩特市人民政府办公厅关于印发呼和浩特市质量品牌发展规划(2017—2020)的通知	呼和浩特市政府	呼政办发〔2017〕38号	2017年1月3日
8	广元市人民政府办公室关于印发加快推进工业产品质量品牌提升行动的实施意见的通知	广元市人民政府办公室	广府办发〔2017〕23号	2017年2月14日
9	工业和信息化部办公厅关于做好2017年工业质量品牌工作的通知	工业和信息化部办公厅	工信厅科函〔2017〕132号	2017年3月10日
10	湖南省经济和信息化委员会关于做好2017年全省工业质量品牌工作的通知	湖南省经济和信息化委员会	湘经信科技〔2017〕144号	2017年3月14日
11	河北省工业和信息化厅关于做好2017年河北省工业质量品牌建设工作的通知	河北省工业和信息化厅	冀工信科节〔2017〕82号	2017年4月5日

续表

序号	政策名称	发布单位	发文字号	发布时间
12	福建省经济和信息化委员会关于做好 2017 年工业质量品牌建设工作的通知	福建省经济和信息化委员会	闽经信函技术〔2017〕352 号	2017 年 4 月 28 日
13	苏州市政府办公室印发关于进一步加强质量品牌建设意见的通知	苏州市人民政府办公室	苏府办〔2017〕173 号	2017 年 6 月 20 日
14	厦门市经济和信息化局、厦门市质量技术监督局、厦门出入境检验检疫局关于联合开展 2017 年工业质量品牌行动的通知	厦门市经济和信息化局、厦门市质量技术监督局、厦门出入境检验检疫局	厦经信技术〔2017〕410 号	2017 年 7 月 12 日
15	福建省经济和信息化委员会、福建省质量技术监督局、福建出入境检验检疫局关于联合开展工业质量品牌提升行动的通知	福建省经济和信息化委员会、福建省质量技术监督局、福建出入境检验检疫局	闽经信技术〔2017〕224 号	2017 年 8 月 14 日
16	德阳市人民政府办公室关于印发《加快推进工业产品质量品牌提升行动实施方案》的通知	德阳市人民政府办公室	德办发〔2017〕57 号	2017 年 9 月 15 日
17	工业和信息化部办公厅关于做好 2018 年工业质量品牌建设工作的通知	工业和信息化部办公厅	工信厅科函〔2018〕83 号	2018 年 3 月 6 日
18	福建省经济和信息化委员会关于印发 2018 年福建省工业质量品牌建设工作计划的通知	福建省经济和信息化委员会	闽经信技术〔2018〕102 号	2018 年 5 月 3 日

Abstract

The "Report on the Development of Chinese Brand Strategy" is founded on the values of two important documents: "Suggestions on promoting independent innovation, building Chinese brand power, safeguarding national economic security" and "Further suggestions on promoting independent innovation, building Chinese brand power, safeguarding national economic security", which was co-signed by Chen Guangya, Yang Shengming, Zhang Xiaoshan, Wu Jiapei, Wang Tongsan and other members of academicians. Under the guidance of central authorities' important instructions, the report is conducted by the China Brand Strategic Planning Institute as an annual research program, with the research object of brand strategy and features of comprehensive, strategic, academic, industrial, policy.

The "Report on the Development of Chinese Brand Strategy (2018)" is divided into five chapters—the general report, analysis of brand strategy security situation, brand strategy frontier theory, development of brand ecological index and evaluation report of brand ecological index, as well as the assembly analysis of the case of brand innovation and brand policy. The report implements an innovative understanding of the "three transitions" key indicators in a new historical position, analyses and demonstrates systematically with three key directions of macro trend analysis, theoretical application innovation and regional ecological assessment.

The general report, which reviews the domestic and foreign macro-economic development situation and the brand development trend in 2017 comprehensively, summarizes and reviews the development of national brand around the five dimensions of promoting institutional innovation, riching content and theme, strengthening industrial base, promoting international recognition and fostering regional characteristics. Combined with the domestic and international evaluation system, the report has evaluated the development level of China's national brand strategy and put forward the annual expert suggestion.

The analysis of brand strategy security situation makes a full elaboration of three hot topics such as national overall security concept and Chinese brand strategic security, relationship with five-in-one and Chinese brand ecological security, global development and overseas security of Chinese brand, and establishes the logic system of national brand strategic security research.

The research on brand strategy frontier theory focuses on three hot topics—national brand strategic innovation, brand life cycle and brand strategy selection, the relationship between brand economy, high-quality development and total factor productivity. At the same time, the report has established the basic evaluation model of brand credit index and the brand strategic risk problem of the countries along the Belt and Road.

The report has re-adjusted the index system of brand ecological index combined with the latest trends in the development of the brand ecological. The principle and basis, index system framework and evaluation model are described again, while the research objects are further enlarged to 130 cities on the basis of the first evaluation in 2017. On this basis, a comprehensive evaluation report of Chinese brand ecology index in 2018 is formed. Then a comprehensive evaluation conclusion, regional standard city model, analysis of special index operation and development report of regional leading city brand are established.

The report insists on examining the institutional and economic environment of Chinese brand construction from the height of national economic security; insists on exploring the internal structure, influences and forming mechanism of brand strategy from the academic angle; insists on analyzing the factor environment and superior resources of regional brand development from the angle of ecology, and insists on analyzing the opportunities, challenges and implementation paths faced by Chinese brand in the process of globalization from the global level.

At present, brand economy has been widely recognized as a more advanced economic development model. Promoting the development of brand economy becomes a strategic choice to achieve the high-quality development and build a better life. It will also become a strong hand to implement the three changes. Chinese economic development is faced with the challenges of anti-globalization and domestic "consumption relegation" in 2018. The report will focus on the macro situation, application theory and regional ecology of the development of Chinese brand economy, and achieve the strategic development of Chinese brand from the five dimensions of promoting institutional innovation, riching content and theme, strengthening industrial base, promoting international recognition and fostering regional characteristics.

Keywords: Brand Strategy; Brand Ecology; Evaluation Index; Regional Brand

Contents

I General Report

Abstract: With the transformation of the main contradictions of socialism in China, brand building in China has entered a new stage of development. Comrade Xi Jinping first inspected enterprises after the Nineteenth National Congress to mention the "three transformations". The China Brand Day was first established officially on May 10, 2017. Prime Minister Li Keqiang made important instructions to the first independent brand exposition. And once again, the development of brand economy has become a hot topic. To improve the development of China's brand economy, we need to promote institutional innovation, enrich the connotation of the theme, consolidate the industrial foundation, promote international recognition and cultivate regional characteristics. More importantly, we need to give full play to the role of think tank experts to form strategic decisions to promote China's brand economy.

Keywords: Brand Strategy; Macro Situation; Brand Development Level

Ⅱ Brand strategy Security Situation

Abstract: The development of brand is related to national strategic security. The understanding of brand strategic security should insist on systematic analysis from the perspective of national overall security, economic construction, political construction, cultural construction, social construction and ecological construction, and from the perspective of globalization and Chinese brand overseas security. Then, we can build a brand analysis strategy and security analysis logic system with Chinese characteristics.

Keywords: Brand Strategy Safety; Five-in-one; Overall Security Concept; Overseas Risks

Ⅲ Frontier Theory of Brand Strategy

Abstract: National brand is an important strategic resource for a country to gain national competitive advantage. Building an influential and recognizable national brand is crucial to improving China's economic development quality, enhancing international competitiveness, strengthen international discourse power, and safeguarding national strategic security. In the process of national brand building, it needs not only a solid foundation of productivity, but also the support of national culture and values. At the same time, it needs to pay attention to obtaining a wide range of international recognition in the interactive practice with other countries.

Keywords: National Brand; Building; Dynamical System

B. 4 Study on the Relationship between Brand Economy, High-quality Development and Total Factor Productivity / 082

Abstract: Integrating various innovative elements with the core of brand, implementing brand strategy and developing brand economy, this is not only a strategic choice to enhance the quality advantage of China's economic development and meet the needs of the people for a better life, but also an important innovation element to improve the TFP and make up for the shortcoming of economic growth. As China's economy enters a new stage of high-quality development, we should accelerate the top-level design of brand strategy, build a modern industrial system to support the ecological growth of brand, strengthen enterprise brand management and release the consumption potential with brand as the focus.

Keywords: Brand Economy; High-quality Development; TFP

B. 5 Brand Life Cycle and Brand Strategy Choice / 094

Abstract: The brand life cycle is a process in which the brand, as a living organism, borns, grows and matures through continuous development, gradually declines, exits from the market, or adjusts the brand strategy to make the brand revitalized and finally extends the brand life cycle. It mainly includes four stages: import stage, growth stage, maturity stage and recession stage. In different stages of the brand life cycle, the interaction of internal and external ecological factors promotes the brand to form different " ecological niches " . Based on the different value and growth characteristics, enterprises need to make corresponding brand strategy selection to acquire the core competitive advantages.

Keywords: Brand Life Cycle; Brand Strategy Selection; Ecological Niches

Abstract: The countries along the Belt and Road have become the focus of China's new round of going out strategy. Under the influence of anti-globalization and geopolitics, as the representative of the Oriental discourse system, we will focus on the strategic opportunities of the countries along the line while facing greater cultural challenges and economic risks. Brand is a comprehensive carrier of politics, economy and culture. Promoting the study of strategic risks of national brands along the line is an important subject related to the promotion of export-oriented competitiveness in China.

Keywords: the Belt and Road; Strategic Risks

Abstract: Brand credit is an act of self-restraint. It's a market operation rule voluntarily and consciously implemented by enterprises.

Brand credit involves all aspects of an enterprise and covers all business activities of the enterprise. It includes enterprise credit ability, entrepreneur credit, public credit, media credit, bank credit, capital credit, government credit and other credit. Brand credit is a comprehensive quantitative reflection of these credit forms.

Keywords: Brand Credit; Index Evaluation

Ⅳ Brand Ecological Index Development Research

Abstract: This part is based on the theoretical system of brand ecology. On the basis of the previous systematic research and according to the stage requirement of the development of brand economy in China, the index system and standard city model of China's brand ecology index are established. By tracking and comparing the data of 130 key cities, We formed the brand ecology index of China, which include the comprehensive operation analysis, special index operation analysis and regional leading city analysis report. We expect to provide a brand new management thinking for the development of city brand economy and city brand development.

Keywords: Brand Ecological; Brand Strategy; Evaluation System

Ⅴ Brand Ecological Index Evaluation Report

Abstract: According to the criterion of the brand ecological index evaluation system (2018 edition), we evaluated the brand ecological index of 130 cities in China (excluding Hong Kong, Macao and Taiwan). The comprehensive evaluation results show that many cities, including Beijing, Shanghai, Shenzhen, Guangzhou, Suzhou, Tianjin, Wuhan, Nanjing, Hangzhou and Chongqing, have entered the top 100 cities of China Brand Ecology Index (2018). The evaluation results of China's brand ecological index are composed of a comprehensive index and five sub-indexes: economic support, environmental support, consumption support, industrial support and cultural support.

Keywords: Brand Ecology Index; Evaluation

Ⅵ Appendix

皮书起源

“皮书”起源于十七、十八世纪的英国，主要指官方或社会组织正式发表的重要文件或报告,多以“白皮书”命名。在中国,“皮书”这一概念被社会广泛接受，并被成功运作、发展成为一种全新的出版形态，则源于中国社会科学院社会科学文献出版社。

皮书定义

皮书是对中国与世界发展状况和热点问题进行年度监测，以专业的角度、专家的视野和实证研究方法,针对某一领域或区域现状与发展态势展开分析和预测，具备原创性、实证性、专业性、连续性、前沿性、时效性等特点的公开出版物，由一系列权威研究报告组成。

皮书作者

皮书系列的作者以中国社会科学院、著名高校、地方社会科学院的研究人员为主，多为国内一流研究机构的权威专家学者，他们的看法和观点代表了学界对中国与世界的现实和未来最高水平的解读与分析。

皮书荣誉

皮书系列已成为社会科学文献出版社的著名图书品牌和中国社会科学院的知名学术品牌。2016 年，皮书系列正式列入“十三五”国家重点出版规划项目；2013~2018 年，重点皮书列入中国社会科学院承担的国家哲学社会科学创新工程项目;2018 年,59 种院外皮书使用“中国社会科学院创新工程学术出版项目”标识。

中国皮书网

（网址：www.pishu.cn）

发布皮书研创资讯，传播皮书精彩内容
引领皮书出版潮流，打造皮书服务平台

栏目设置

关于皮书：何谓皮书、皮书分类、皮书大事记、皮书荣誉、
皮书出版第一人、皮书编辑部

最新资讯：通知公告、新闻动态、媒体聚焦、网站专题、视频直播、下载专区

皮书研创：皮书规范、皮书选题、皮书出版、皮书研究、研创团队

皮书评奖评价：指标体系、皮书评价、皮书评奖

互动专区：皮书说、社科数托邦、皮书微博、留言板

所获荣誉

2008 年、2011 年，中国皮书网均在全国新闻出版业网站荣誉评选中获得“最具商业价值网站”称号；

2012 年,获得“出版业网站百强”称号。

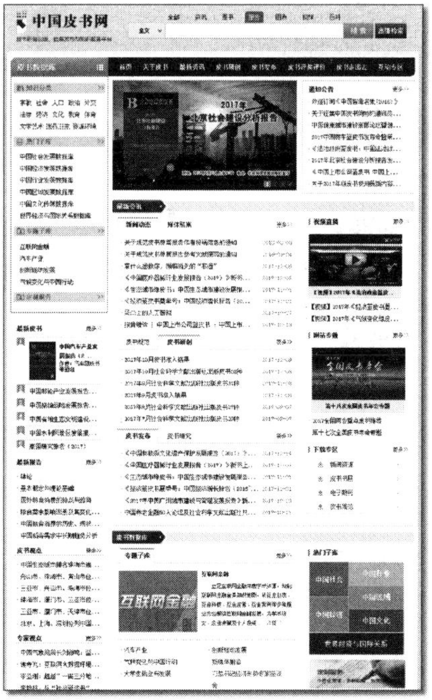

网库合一

2014 年，中国皮书网与皮书数据库端口合一，实现资源共享。